죽은 경제학자와 살아 있는 경제 기자의 대화

-탄생 300주년 애덤 스미스를 만나다-

'자유와 풍요'의 관계를
정숭호가 묻고 스미스가 대답하다

죽은 스미스와 살아 있는 경제 기자의 대화-탄생 300주년 애덤 스미스를 찾아가다

초판1쇄   2023년 5.4
신고번호   199 (2022년 10월 5일 신고)
발행   들꽃과 구름
주소   경북 안동시 광석4길 48 3층
전화   010-5276-1386
ⓒ정숭호 2023
 ISBN 979-11-982152-0-8

이 책은 저작권법에 따라 보호를 받는 저작물이므로 무단 전재와 복제를 금합니다.

이 책 내용의 전부 혹은 일부를 이용하려면 반드시 저자의 서면 동의를 받아야 합니다.

잘못된 책은 구입한 곳에서 바꾸어 드립니다.

이 책은 관훈클럽정신영기금의 도움을 받아 저술 출판되었습니다.

죽은 경제학자와
살아 있는 경제 기자의 대화

-탄생 300주년 애덤 스미스를 만나다-

정숭호 지음

일러두기

*외래어 표기는 외래어 표기 준칙을 따르되 번역서를 인용할 때는 번역자가 표기한 대로 표기했다.
*인용문 출처가 번역되지 않은 외국어 서적일 경우 저자 이름과 도서명을 외국어로, 번역된 서적일 경우 한글로 표기하는 것을 원칙으로 했다.

모든 책은 먼저 나온 책의 독후감이다.

애덤 스미스의 삶과 생각을 전하려고 쓴 이 책은 내가 18세기 후반 스코틀랜드 에든버러로 돌아가 스미스의 자택에서 그와 대화를 나누는 형식으로 진행된다. 조너선 스위프트의 『걸리버 여행기』, C.S. 루이스의 『스크루 테이프의 편지』 같은 가상 여행기나 가상 인물과의 대화에서 영향을 받은 사람, 가상의 역사를 전제한 복거일의 『비명을 찾아서』에 푹 빠졌던 분들이 나의 이 글도 좋아할지 모른다는 기대를 품으며 ….

목 차

책을 시작하며
(자유주의와 시장경제와 법치의 탄생) …… 9

애덤 스미스 연보 …… 15

1. 오늘보다 좋은 내일을 위하여 …… 17

2. 개는 서로 먹이를 바꾸지 않는다 …… 45

3. 정의는 기둥, 선행은 장식 …… 63

4. 권력자의 지배 기술 …… 89

5. 다이아몬드 버클이 가져온 자유 …… 127

6. 자유는 최고·최상의 사업 환경 …… 151

7. 하인보다 종업원이 낫다 …… 185

8. 가르치는 척조차 안 한 교수들 …… 211

9. 볼테르는 존경하고 루소는 미워하고 …… 239

10. 미제스와 하이에크, 스미스의 후계자들 …… 269

참고도서 …… 337

후기 …… 340

책을 시작하며

자유주의 시장경제와 법치의 탄생

꼭 300년 전인 1723년 6월 5일 스코틀랜드 수도 에든버러에 인접한 조그마한 항구 커콜디에서 한 유복자가 태어났다. 경제학을 탄생시킨 애덤 스미스다. 스미스는 "모든 인간의 이기심은 '보이지 않는 손'에 이끌려 서로 조화를 이루고, 사회 전체에 번영을 가져온다"라는 말로 '자유주의 시장경제'의 얼개를 우리에게 보여줬다.

오늘날 대부분 인간행동은 스미스가 『국부론』에서 펼쳐놓은 이 얼개 위-크고 작게 뒤틀린 지점이 있긴 하지만-에서 전개되고 있음을 우리 모두 잘 안다. 이 얼개에서 비롯된 자유무역과 분업으로 현대의 보통 사람들이 예전의 왕이나 군주보다 훨씬 더 풍족한 삶을 살고 있다는 사실 또한 우리는 잘 안다.

스미스가 열두 살 때 커콜디에서 밀수꾼 한 명이 처형되고, 그 처형 전후에 커콜디 주민들 사이에 일종의 '봉기'가 일어났다. 커콜디 주민들은 북해와 발트해 연안 국가와의 교역에서 생기는 수입으로 삶을 꾸리고 있었다.

국내 산업을 지키기 위해 수입품에 높은 관세를 매기는 정부에 불만이 높았던 주민들은 이 밀수꾼을 동정해 시위를 벌였다. 감옥을 지키던 군대가 발포하자 시위대는 발포를 명령한 지휘관을 붙잡아 밀수꾼이 처형될 때 동시에 목을 매달았다. "먹고살려고 한 일에 그렇게 가혹한 처벌을 내리다니!"라는 분노가 주민들을 관과 군에 대항해 일어나게 했다.

스미스의 삶을 꼼꼼히 추적, 1995년 『애덤 스미스의 생애』에 담아낸 스코틀랜드 태생 캐나다 경제학자 이언 심슨 로스(1931~2015)는 "아마도 어릴 때 지켜본 이런 사건들이 스미스가 평생 '간섭 없는 경제, 자유로운 교역'이라는 생각에 몰두케 한 이유일 것"이라고 짐작했다.

어릴 때의 개인적 경험 외에, 스미스가 계몽주의 시대의 사람이라는 점도 그가 인간의 자유를 모든 가치 중 가장 중요한 가치로 여기게 된 배경으로 꼽힌다. '인민-보통 사람'은 군주와 귀족의 안녕과 행복을 위한 '노예'일 뿐이라는 봉건주의 사고는 인간에게는 인간의 권리가 있다는 생각이 핵심인 계몽주의가 등장하면서 사라지게 되었다.

자유는 풍요로운 삶을 누리는 데도 필요하다는 생각을 스미스는 "자유인의 노동이 노예노동보다 값싸다"라거나 "노예는 신분이 자유로울수록 주인의 이익을 위해 봉사한다. 이러한 덕성은 대부분 자유로운 하인들에게서만 찾아볼 수 있다. 노예가 오직 노예로서만 취급되는 곳에서는 찾아볼 수 없다"라는 말로 표현했다.

스미스는 자유로운 경제활동이 모든 인간의 행복을 보장한다고 말했지만, 자본가의 이기심과 탐욕에는 제동을 걸어야 한다고 생각했다. 그는 "다수의 하인을 유지하면 가난해지나 다수의 제조공을 고용하면 부자가 된다"며 기업인의 활동을 사회의 풍요와 연결했지만, "고용주들은 노동임금을 현재 수준 이상으로 인상시키지 않기 위해 언제나 어디서나 일종의 암묵적이지만 끊임없는 통일된 단결을 맺고 있다"라는 사실도 파악했다.

모든 사람이 자유를 누리려면 정의에 기반한 법치-법의 지배-가 필수라는 사실도 스미스는 통찰했다. 스미스는 『국부론』에 앞서 쓴 『도덕감정론』에서 "정의는 기둥, 선행은 장식"이라고 말했다. 남을 불쌍하게 여기는 착한 마음과 착한 행동은 그 자체로 좋은 것이나, 건물에 비유하면, 정의라는 기둥이 쓰러지면 그대로 무너지는 장식에 불과하므로 선행을 말하기에 앞서 정의를 바로 세워야 한다"라고 했다.

 이 책은 과거의 빈곤에서 벗어나 먹고사는 문제는 이제 해결하게 된 한국이 앞으로 더 풍요로워지려면 스미스적인 사고-"자유가 풍요를 가져온다."-가 더 넓고 깊게 확산하여야 함에도 현실은 반대로 흐르고 있다는 인식(매우 많은 사람이 동의할 것이어서 여기서는 더 깊게 언급하지 않을 인식)에서 출발하게 됐다.
 소박하게 말하자면, 이 책은 더 많은 사람이 스미스를 알았으면 하는 바람에서 구상됐다. 한 걸음 더 나아가, 이 책을 통해 스미스를 알게 될 사람들 가운데 그의 『도덕감정론』과 『국부론』을 직접 읽을 사람이 많이 나왔으면 참 좋겠다는 바람도 있다.[1]

 이 책을 준비하면서 그의 철학을 체계적으로 소상히 추적·분석하는 일은 전문가들에게 맡기고 그의 저서와 전기 및 참고한 책자들에서 내가 느낀 바만을 적바림하는

---

[1] 이 책 여러 곳에 『도덕감정론』과 『국부론』을 길게 인용한 것도 그러한 이유에서다. 긴 인용은 자칫 지루하기 쉬우나, 번역문일지언정 이를 통해 스미스 문장을 독자들이 직접 맛봤으면 하는 바람이다.

것이 독자들에게 스미스 사상의 일단-적어도 자유와 관련해서는-을 효율적으로 전하는 방법이자 내 분수를 지키는 수단임을 깨닫게 되었음도 말씀해야겠다. 스미스와 나의 대담 형식으로 이 책을 꾸미려는 생각은 거기서 시작됐다.

스미스의 자유주의적 시장경제 사상은 루트비히 폰 미제스와 프리드리히 하이에크, 두 오스트리아 출신 경제학자에 의해 강화되고 지켜졌다. 미제스와 하이에크는 스미스 사후 사회주의가 시장경제를 뿌리까지 뽑아낼 기세로 위협하자 사회주의의 허구를 철저한 논증으로 밝혀 자유주의 시장경제를 지켜냈다. 사회주의는, 사회주의자들의 말과는 달리 오히려 개인의 자유 침탈, 전체적 빈곤 확대, 사회적 서열 심화 등 사회주의가 척결 목표라고 한 '사회악'을 더욱 악화시킨다는 것이 미제스와 하이에크의 핵심 논지다. 스미스 300주년을 되돌아보는 데 이들의 기여를 무시해서는 안 된다는 생각에 이 책 뒷부분에서는 이 두 사람의 사상과 삶을 간략히 소개했다.

가능한 한 정확하고 쉽게 스미스와 그들의 생각을 옮기려 노력했으나, 솔직히 말하자면 확신이 안 선다. 다만,

"이 책에서 발견되는 모든 오류는 오직 필자 책임"이라는 말로써도 책임이 면해지지 않는 오류는 없기를 바랄 뿐이다.

2023.4. 정승호

애덤 스미스 연보[2]

1723. 6.5 스코틀랜드 커콜디에서 유복자로 탄생. (커콜디 세관장이던 아버지는 두 달 전 병으로 사망.)
1729~1737 커콜디 교회 학교에서 라틴어와 수학, 역사를 배움.
1737~1740 글래스고 대학에서 도덕철학 등 수학.
1740~1746 옥스퍼드 대학 유학. (스코틀랜드 출신 학생들에 대한 옥스퍼드 교수들의 차별 대우 등으로 자진 퇴교.)
1746~1748 커콜디 집에서 어머니의 보살핌 아래 독학.
1748 에든버러에서 도덕철학 등을 주제로 대중강연 시작. 스코틀랜드 지식인들의 주목을 받음.
1750 멘토이자 친구인 데이비드 흄을 만남.
1751 글래스고 대학 윤리학 교수 취임.
1752 에든버러 철학협회 가입, 글래스고 대학 도덕철학 교수로 취임.
1759 『도덕감정론』 출간. 이 책 출간으로 영국은 물론 프랑스 독일 지식인 사회에서도 주목받는 인사가 됨.

[2] 항용 책 뒤에 싣는 '연보(年譜)'를 맨 앞에 내놓은 것은 이 책이 시간적 순서가 아니라 주제에 따라 전개되기 때문에 혹 필요한 분에게 스미스의 삶을 연대기적으로 미리 제공하기 위해서이다.

1764~1766 글래스고 대학 교수직 사임. 영국 최고 귀족 가문의 후계자인 버클루 공작의 멘토로 프랑스 체류.

1766 커콜디에 칩거하면서 『국부론』 집필 시작.

1773 런던 왕립학회(Royal Society of London) 회원.

1775 영국 문인협회 회원.

1776 『국부론』 출간, 6개월 만에 초판 매진.

1777 커콜디에서 나와 에든버러 캐넌게이트 구역의 팬뮤어 하우스로 거처를 옮김.

1778 스코틀랜드 관세청장 취임.

1784 어머니 별세.

1788 어머니와 함께 20대 초반부터 스미스를 뒷바라지 해온 이종 누이 재닛 스미스 별세.

1790 장폐색 등 신병으로 별세. 에든버러 캐넌게이트 교회 묘지에 안장.

1. 오늘보다 좋은 내일을 위하여

<권력이든 종교든 그 어떤 것도 더 나은 삶을 원하는 인간의 본성을 억누를 수 없다.>

1. 오늘보다 좋은 내일을 위하여

나는 스코틀랜드의 수도 에든버러의 오래된 주택 팬뮤어 하우스(Panmure House) 현관 앞에 서 있었다. 올해 (2023년) 탄생 300주년인 '자유주의의 아버지' 애덤 스미스가 마지막 12년을 살았던 집이다. 추적추적 내리는 비를 맞으며 어둑어둑한 주변을 돌아봤다. 처음 와보는데도 풍경이 매우 익숙했다. 축축하면서도 시원한 공기 냄새가 낯설지 않아 몇 번 크게 들이마셨다.

"완전한 자유 체제라는 개념을 창안한 애덤 스미스!"[3] 마침내 그를 만나게 되었다! 그가 남긴 두 권의 책 『도덕감정론』과 『국부론』을 읽으면서, 이 위대한 책을 쓴 그의 전기를 구할 수 있는 만큼 다 구해 읽으면서, 그의 영향을 받은 거학들의 책과 논문을 읽으면서, 또 그가 당대 스코틀랜드 지식인들과 교류하고 학생들을 가르치며 자신의 이론을 가다듬고 발전시킨 에든버러와 글래스고의 역사와 풍습과 풍경을 담은 영상물을 수없이 찾아

---

[3] 로버트 하일브로너, 『세속의 철학자들 (Worldly Philosophers)』 (장상환 역, 이마고) 54쪽. '완전한 자유(perfect liberty)'라는 개념은 『국부론』 4편 9장에 본격 등장한다. "농업국이 수공업자 제조업자 상인을 육성하는 가장 유리한 방법은 완전한 자유를 허용하는 것이다."

보면서 알게 된 그의 삶과 생각을 독자들과 어떻게 효과적으로 무리 없이 생생하게 나눌 것인가 생각하고 있었는데 나도 모르는 사이 에든버러의 이 오래된 주택 앞에 서 있게 된 것이다. 시공간 순간이동이라는 신비한 현상이 나에게도 일어난 것이다.4)

모르지, 잠깐 잠들었다가 에든버러에 와 있는 꿈을 꾸고 있는지도. 어떻든 "Dream comes true!" "Wish granted!" "Fantasy fullfiled!"

L자형 석조주택인 팬뮤어 하우스는 스코틀랜드 의사당 부근 캐넌게이트(Canongate) 지역에 있는 유서 깊은 저택이다. 주변에는 17세기 스코틀랜드 상류 계급 가문에서 지은 비슷한 양식의 저택이 여러 채 들어서 있다. 1691년에 건축된 이 집은 1696년 4대 팬뮤어 백작이 사들인 뒤 그의 이름으로 불렸다. 백작은 1715년 일어난 스코틀랜드 내전(재커바이트의 난)5)에서 왕정복고파를 지

---

4) 나는 이 현상-나도 모르는 사이 시공간 순간이동이 가능하게 된 현상을 '시청백편아자현(視聽百遍我自見)'이라고 부르고 싶다. "비슷한 영상을 수없이 많이 보면 내가 그 속에 들어간다"라는 뜻으로 쓴 건데 물론 "책을 백번 읽으면 뜻이 저절로 나타난다"라는 뜻인 '독서백편의자현(讀書百遍義自見)'을 '응용'한 것이다.
5) 재커바이트(Jacobite)는 1688년 영국에서 일어난 명예혁명을 부정한 반혁명 세력의 통칭. 이들이 명예혁명 때 추방된 스튜어트왕조의 제임스(라틴어로 Jacob) 2세를 영국 왕으로 재옹립하려고 일으킨 게 재커바이

지했으나 패배하는 바람에 이 집을 포함한 모든 재산을 몰수당했다. 스미스가 이 집에 들어왔을 때는 이미 주인이 두어 번 바뀐 뒤였다. 유네스코는 이 같은 역사성을 인정, 이 일대를 문화유산으로 지정했다.[6]

미국이 독립을 선언한 해인 1776년 자유주의 시장경제학의 토대가 된 『국부론』을 써내고 커콜디에 머물던 스미스는 2년 뒤인 1778년 에든버러로 이사 와 1790년 세상을 떠날 때까지 팬뮤어 하우스에서 살면서 로버트 애덤, 에드먼드 버크, 애덤 퍼거슨, 제임스 허튼 등의 지인 및 학자들과 수시로 만나 후대에 '스코틀랜드 계몽주의'[7]로 불리는 사상적 조류를 발전시켰다. 평생 독신이었던 그를 뒷바라지한 어머니는 이곳에 이사 온 6년 뒤, 78세로 별세했다. 커콜디의 세관장이었던 아버지는 그가

트의 난이다.
6) 팬뮤어 하우스는 노후화가 심각해지자 재건축 공사를 거쳐 2018년부터는 강연장 회의실 등을 갖춘 애덤 스미스 기념관 역할을 하고 있다.
7) 16~18세기에 유럽에서 벌어진 사상운동. 오랫동안 사람들의 삶을 지배해온 교회의 권위가 흔들리며 계몽주의가 움을 텄다. 영국 계몽주의라고도 불리는 스코틀랜드 계몽주의는 데이비드 흄, 애덤 스미스 등 스코틀랜드 학자들에 의해 발전됐으며, 인간의 이성을 중시한 프랑스 계몽주의와는 달리 경험을 중시한다. 스코틀랜드 계몽주의에 대한 소개는 『지식인과 사회』(이영석, 아카넷), 로이 포터 『근대세계의 창조 - 영국 계몽주의의 숨겨진 이야기 *(The Creation of the Modern World - the Untold Story of the British Enlightenment)*』(최파일 역, 교유서가) 참조.

태어나기 3개월 전 병으로 세상을 떠났다.

 문을 두드리면서 "무슨 말을 먼저 할까, 어떻게 해야 내 존경의 마음을 한껏 드러낼 수 있을까, 한국이라면 이마가 닿도록 큰절해야 마땅할 만남일 텐데 …"라고 생각하는데 하녀가 문을 열어주고는 거실로 나를 데려갔다.
 내가 방문한다는 걸 누구에게선가 미리 귀띔받았던지 목을 살짝 숙인 나의 인사에 미소로 답한 그는 비에 젖은 나를 난롯가에 앉으라고 손짓하며 영국 사람답게 날씨 이야기로 말문을 열었다. 나는 스코틀랜드와 영국에 관한 동영상을 보면서 이 나라 사람들은 비 많은 나라답게 잘 아는 사이라도 만나면 날씨 이야기로 대화를 시작한다는 걸 알고 있었다.

"비 오는 날은 집에서 책이나 읽으면서 보내는 게 제일 좋은데, 먼 길 오느라 수고 많았소. 한국은 날씨가 어떤가요?"
 큰 키에, 절대로 잘생긴 얼굴은 아니었으나 당대 프랑스의 유명 배우이자 소설가였던 여성이 반했다[8]는 말이

---

8) 프랑스 여배우 마리 장 리코보니(Marie-Jeanne Riccoboni)와 스미스의

믿어질 만큼 온화하고 지적인 목소리였다.
"예, 좋은 날이 많습니다. 하지만 기후변화로 비가 줄어서 걱정입니다. 갈수록 더워지는 것도 걱정이고요."
 나는 이렇게 대답하고 한국 사람답게 집 이야기로 말문을 열었다.
"선생님, 집이 참 좋네요. 선생님에게 참 잘 어울립니다. 위엄이 있으면서도 따뜻하고 주위 경관과 조화도 훌륭합니다."
"맞아요. 그래서 이리로 이사 왔지. 여기서 여생을 보내려고요. 다른 곳으로 또 옮기기엔 이제 나이가 많아요. 친구들도 여기 다 있고."

 그 사이 하녀가 도자기 주전자에 담아온 뜨거운 차를 손수 내 찻잔에 따르던 그는 커다란 나무가 한편에 서 있는 창밖을 잠깐 내다보더니 인생에 더 부러울 게 없다는 표정으로 나를 보고 말했다.
"그래, 뭐든 물어보시오. 약속이 없어 며칠 집에만 있었더니 무료했는데, 마침 잘 됐소. 몇 해 전에는 러셀 로버츠라는 사람이 다녀갔는데 그 후로는 당신이 첫 번째 손님이오. 그 사람은 위스키를 좋아하더구먼. 자기는 경제

 일화는 이 책 9장 참조.

학자인데도 '국부론'보다는 '도덕감정론'에 더 깊이 빠지게 됐다고 말한 것도 인상적이었어요."

 스미스 선생이 러셀 로버츠를 언급하자 나도 그를 알고 있다고 안 할 수가 없었다. 로버츠 교수 -그는 스탠퍼드에서 가르쳤다- 덕분에 시공간을 거슬러 에든버러 팬뮤어 하우스까지 와서 스미스 선생을 만나게 됐으니, 독자들을 위해서라도 설명이 필요했다.

"선생님, 로버츠 교수가 이 집에서 선생님을 뵀는데 선생님께서 보우모어라는 위스키를 한 모금 주셨다고 자랑했더라고요. 그 사람이 선생님 뵀으면 나도 뵐 수 있겠다고 상상했는데 …"9)

"말을 끊어 미안하오만 내가 그때 보우모어를 줬다고? 나는 전혀 기억이 없는데? 그 사람이 어디서 그런 말을 했나요? 그 술 나온 지가 좀 됐지요. 나는 술을 안 마시니까 맛을 잘 모르지만, 좋은 술이라는 사람도 있더라고. 그날도 오늘처럼 비가 제법 내리고 추웠었나? 난롯가에 앉혀 놓고는 몸 데우라고 한 잔 대접했을 수는 있었겠구

---

9) Bowmore. 스미스가 사망하기 21년 전인 1779년에 설립된 '아이라 위스키' 회사, 이 회사에서 출고하는 위스키 상표. 아이라는 스코틀랜드 아이라(Islay) 섬에서 생산되는 위스키의 통칭. 일본 소설가 무라카미 하루키가 보우모어를 '아이라 위스키의 분수령'이라고 했다는 기록도 있다.

먼."

"어느 날 도서관에 갔는데 로버츠 교수가 '도덕감정론'을 해설한 책이 눈에 띄어서 펼쳤더니 그런 대목이 있었습니다."

"궁금하군요. 뭐라고 썼나요?"

"읽어드리겠습니다."

에든버러의 밤, 가느다란 빗줄기가 그칠 기미를 보이지 않는다. 나는 지금 애덤 스미스가 생애 마지막 12년을 살았던 팬뮤어 하우스 앞에서 비를 맞으며 서 있다. 그가 문을 열고 나와 비에 흠뻑 젖은 내 모직 코트를 친절히 받아주었다. 나는 그를 따라 집안으로 들어선다. 그의 벽돌집은 외풍이 심해서인지 몹시 춥다. 하지만 다행히 거실의 난로가 아늑한 거실 공기를 만들어 주었다. 둘러보니 사방이 책꽂이와 책들로 가득 차 있다. 눈짐작으로 대충 봐도 3,000권은 되는 것 같다. 그중 대부분이 지금 보기 힘든 고급스러운 가죽제본이다.

스미스는 나의 젖은 코트가 잘 마르도록 난로 가까이에 걸어두곤 내게 위스키 한 잔을 건넸다. 라프로익이나 라가블린을 주려나? 아니, 그럴 리가 없지. 두 위스키는 1815년과 1816년이 돼서야 생겼으니. 그는 내게 보우모어를 건넸다. (중략). 에든버러에는 무슨 일로 왔소? 교수님을 만나러 왔습니다. 교수님의 사상을 연구하는 데 많은 시간을 보내고 있죠. 그와의 첫 만남, 가슴이 벅차오르는 순간이다.10)

"선생님, 로버츠 교수가 선생님을 만났다고 털어놓은 거 보고 저도 선생님 뵀으면 좋겠다고 생각했는데 저도 모르게 오늘 여기 이렇게 오게 될 줄 몰랐습니다. 오랫동안 선생님 관련 책도 이것저것 찾아 읽고, 스코틀랜드를 소개한 영상도 수십 편 찾아서 보고 또 보고 했더니 제 소원이 이뤄진 모양입니다."
"그럴 수 있지요. 꿈은 이뤄지는 거니까. 우주에서는 뭐든지 가능하지요. 잘 왔어요. 날씨가 좋았으면 더 좋았겠지만 말이오. 이름이 정이라고 했지요? 나도 정 선생이라고 부르리다. 정 선생은 한눈에 봐도 궁금한 게 많아 보이는데, 직업이 저널리스트인가? 어떻든, 뭐든 물어보시오. 아는 만큼 대답하리다."
"감사합니다, 선생님. 기자는 여러 해 전에 그만두고 요즘은 몇 군데 매체에 칼럼을 쓰고 있습니다."

---

10) 러셀 로버츠 『내 안에서 나를 만드는 것들(How Adam Smith Can Change Your Life)』(이현주 역. 세계사) 119~200쪽

"그럼 지금도 저널리스트인 거지. 그렇지 않소? 허허허."

"뭐든 물어보라"라는 그의 흔쾌한 태도에 나는 마음이 더욱 편해졌다.

"제가 선생님을 뵙고자 마음먹은 건 선생님의 '국부론'과 '도덕감정론'을 읽고 감동해서 그 감동을 우리나라 사람들과 나누고 싶어서였습니다. 두 책 모두 한국의 뛰어난 학자들이 번역해서 내놓았지만, 워낙 두꺼운데다 쉽게 읽을 수 있는 내용이 아니라는 생각이 퍼져서인지 읽으려는 사람이 별로 없는 것 같습니다. 저도 '국부론'을 오래전에 사놓고는 지루하고 어려워서 몇 줄 읽다가 덮었는데, 얼마 전에 다시 찾아내 다 읽었습니다. 곳곳에 여전히 송곳같이 예리한 가르침이 있었습니다."

"감동을 받았다니 고맙소. 로버츠라는 그 미국 교수는 경제학자 가운데도 '국부론'을 읽은 사람 별로 없을 거라고 털어놓더군요."

나를 쳐다보는 그의 입가에 따뜻해 보이는 미소가 또 한 번 지나갔다.

"저는 제가 받아들인 선생님의 생각을 제 능력껏 짧고 쉽게 정리한 책을 써서 해 한국 사람들이 선생님의 사상과 삶을 조금이라도 더 잘 알도록 하고 싶습니다. 제 책을 읽고 선생님의 저작을 찾아 읽는 사람이 지금보다 더 많아졌으면 합니다."11)

"더 고맙군요. 그런데 특별히 생각해둔 주제가 있나요? 왜 묻냐면 내 책의 내용이 좀 복잡하고 방대한지라 정 선생 말처럼 '짧고 쉽게 정리'하기 쉽지 않을 거 같아서입니다."

"선생님의 사상을 연구한 분 중 이미 많은 분이 파고든 주제입니다만, 저도 '자유와 시장경제'에 대한 선생님의 생각을 짚어볼 계획입니다. 강을 가로지르는 큰 다리까지 가려면 우선 냇가의 징검다리부터 건너야 할 때도 있지 않습니까? 저는 징검다리가 되어 한국 사람들이 애덤 스미스라는 큰 다리를 좀 쉽고 편하게 건너도록 돕고 싶습니다. 저는 사람들이 그 다리를 건너는 사이에 자유와 시장경제가 우리 삶에 얼마나 소중한지 깨달을 거라고 확신합니다."

"내 책에는 '시장경제'라는 용어가 안 나와요. 그 말과 함께 쓰는 자본주의라는 말도 내가 만든 게 아닌데, 내가 죽고 난 후 나를 연구한 사람들이 생각해낸 그 두 단

---

11) 사실 나는 이 책 제목을 『애덤 스미스를 읽자』로 할 것인지 심각히 고민했다.

어를 내가 만든 걸로 아는 사람들이 꽤 있다고 들었어요. 그건 그렇고, 한국 사람들은 자유와 시장경제가 소중한 걸 모른다는 말이 믿어지지 않는군요. 한국은 자유와 시장경제를 통해 발전하고 국민이 부유해진 나라라고 들었는데."12)

그가 한국 상황을 좀 알고 있어서 그를 찾아온 시공간 여행자가 로버츠 교수 외에 더 있었던 모양이라고 생각하면서 대답했다.

"저 말고 여러 사람이 그렇게 생각하고 있습니다. 한국은 공기가 조금씩 빠져나가는 거대한 풍선과 같다고 생각하지요. 자유와 시장경제라는 공기 말입니다. 풍선이 지구만큼 거대하더라도 공기가 다 빠져 쪼그라들면 그 속에서는 아무것도 살아남을 수 없습니다. 가만둬도 바람이 빠지는 게 풍선인데, 한국이라는 풍선은 그 안에서 사람들이 구멍을 내고 있으니 바람 빠지는 속도가 더 빨라지고 있습니다."

"사람은 숨을 쉬어야 사는데 공기가 줄어들면 공포스럽겠지요. 내가 '도덕감정론'에 '물속 1인치건 100야드건 물에 빠지면 숨을 못 쉬는 건 똑같다'라고 쓴 게 생각나

---

12) '자본주의'라는 용어의 등장에 관해서는 이 책 275~276쪽(10장) 참조.

는군요. 자유도 마찬가지예요. 루슈디라는 20세기 소설가가 자유가 억압된 상태를 허파가 막힌 것에 비유하면서 '아교풀 속에서 공기 방울이 떠오르는 것만큼이나 숨쉬기가 힘들었다.'13)라고 했다던데, 바람 빠지는 풍선 속에 사는 사람들이 느낄 공포도 똑같겠지요."

"제가 폐렴에 걸린 적이 있는데, 그때 그런 공포가 밀려오더라고요. 폐가 제 기능을 못 해 숨을 못 쉬니 이러다가 죽겠구나 하는 공포였습니다. 선생님, 그리고요, 솔 벨로라는 소설가는 '억압은 정밀하지도, 정확하지도 않다. 무언가를 억누를 때는 그 옆에 있는 것들까지 함께 억누르기 마련'14)이라고 썼습니다. 자유를 한 번 탄압하면 걷잡을 수 없는 탄압이 일어난다는 거지요."

"그것도 풍선에 비유할 수 있겠군요. 풍선은 아주 작은 바늘로 찔러도 곧장 터져버리지요. 정 선생, 세계 여러 나라에서 그런 일이 벌어지고 있다는 이야기는 많이 들었소. 심지어는 여기 영국도 예외는 아니라고 하더군요.

---

13) 살만 루슈디 『악마의 시(The Satanic Verse)』(김진준 역, 문학동네). 파키스탄 출신 영국 작가인 루슈디는 이슬람을 비판하는 이 소설을 쓴 후 이슬람 세력으로부터 사형선고(파트와)를 받고 10년간 이름을 숨긴 채 도피 생활을 해야 했다.
14) 솔 벨로 『오기 마치의 모험(The Adventure of Augie March)』(이태동 역, 펭귄클래식 코리아) 솔 벨로는 캐나다 출신 작가로 1976년 노벨문학상을 받았다.

미국 프랑스 독일 등등 시장경제로 잘살게 된 지 오래인 나라도 다 마찬가지라고 합디다."

"하지만 한국이 가장 심합니다. 어떤 분들은 너무 빨리 성장한 후유증이라고 하는데, 저는 숨어 있던 암세포가 갑자기 자라나 한국이라는 나라를 갉아먹고 있다고 생각합니다. 다른 나라들은 체력이 강해 준동하는 암세포를 견디고 있으나 한국은 암세포가 너무 빨리 성장하고, 전이도 빨라 급격히 약해지고 있습니다. 벌써 중환자가 된 것 같다는 생각이 듭니다."

"그 암세포가 한국의 자유와 시장경제, 자본주의를 위협할 만큼 커지고 있다는 말이오? 그러면 안 되지. '국부론'에서 내가 말하고자 한 바로 그것 아니오? 인류는 자유롭기 위해, 무의식적으로, 훗날 시장경제라고 불리게 될 걸 찾아냈고, 시장경제를 통해 더 자유로워졌으며 자유는 시장경제를 더 발전시켰다고 하지 않았소? 그러니 자유를 누르면 시장경제가 막히고, 시장경제가 막히면 자유가 사라지는 거라고 해도 되지요. 자유가 사라지면 사람은 노예가 되지요. 한국 사람들은 그걸 모른다는 건가요? 노예로 살고 싶어 한다는 건가요?"

"현재의 삶을 시장경제, 자본주의에서 비롯된, 노예의 삶이라고 착각한 사람들이 그런 생각을 퍼뜨리고 있습니다. 노예의 삶에서 벗어나려면 시장경제에서 벗어나야 한다고 말하지요. 그들은 시장이 아니라 정부 혹은 공공이 주도하는 경제체제, 즉 계획경제로 가야 한다고 말합니다. 하지만 그런 생각을 퍼뜨리는 사람들 대다수가 자신과 가족의 풍요와 편안함은 끔찍이 챙기는 걸 보면 자기들만 잘살겠다는 생각에서 그러는 것 같기도 합니다."

 사람은 스스로 알아서 하는 존재인데 "너희는 아무것도 몰라, 우리에게 정권을 맡기면 다 알아서 해줄게라고 속삭이는 사람들이 바로 그런 자들, 사회주의자들"이라는 미제스와 하이에크의 말을 생각하는데 그가 말을 이었다.
 "그런 말은 이미 여러 번 들었소. 위선자와 사기꾼들이 허황한 이론과 망상으로 사람들을 사로잡아 빈곤과 굶주림으로 이끌고 갔다는 이야기 말이오. 다른 나라에나 있는 현상인 줄 알았더니 한국에서도 그런 증상이 나타난다는 말이구려. 안타깝네."
 예상 이상으로 그가 내 말을 진지하게 들어주고 호응까지 해주자 자신감이 생겼다. 그는 눈빛으로 계속하라고 말하면서 내 찻잔을 다시 채워주었다.

"선생님, 사실 제가 선생님 저작을 읽게 될 줄은 미처 몰랐습니다. '국부론' 말씀인데요, 20년이나 걸렸습니다만."

"그 책을 다 읽는데 20년 걸렸다구요?"

"제가 읽은 '국부론'은 30년 전인 1992년에 나온 한국어 번역 상·하 두 권15)짜리였습니다. 그때 무슨 바람이 불었는지 신문에서 서평을 읽고 바로 사서 펼쳤는데 끝까지 읽지 못하고 덮어버렸습니다. 상권 초반에 나오는 영국과 스코틀랜드의 화폐 및 금융의 역사, 스페인과 포르투갈이 아메리카 식민지에서 가져온 금·은 가치변동의 역사를 전혀 모르니 선생님의 설명을 따라가지 못했고, 그러니 더 이상 읽을 수 없을 만큼 지루해졌던 게 아닌가 싶습니다."16)

"그럴 수도 있지요. 이해가 안 되는 부분이 길게 늘어져 있으면 중단하는 게 예사지요. 20년 만에 다시 꺼내든 책이 상하지는 않았던가요? 왜 다시 꺼냈지요?"

---

15) 김수행 전 서울대 교수(1942~2015)의 번역으로 동아출판사에서 나온 『國富論』이다. 앞으로 나올 국부론의 거의 모든 문장은 이 책에서 바로 인용했다. 또 『도덕감정론』은 박세일, 민경국 교수가 공역한 비봉출판사의 『도덕감정론』 개역판(2021)에서 인용했다.

16) 하일브로너는 『국부론』이 읽기 쉽지 않은 이유로 "스미스의 주장은 자세한 설명과 관찰로 가득 차 있기 때문이다. 은을 다루면서 스미스는 그에 관한 여담을 쓰느라 75쪽을 할애하고 있다"라고 설명한다. 『세속의 철학자』 67쪽.

"책은 괜찮았습니다. 먼지는 좀 있었지만요, 다시 꺼낸 이유를 말씀드리기 전에, 좋은 책을 읽을 때마다 느끼는 것이지만, 책이라는 건 읽는 사람이 읽을 준비가 돼 있어야 읽을 수 있다는 것을 다시 했습니다. 명저 혹은 고전으로 꼽히는 책일수록 선행 독서가 없으면 접할 기회도 오지 않고, 접하게 되더라도 재미있고 유익하게 읽을 수 없지 않나 싶습니다. 읽는 사람의 경험, 그게 삶의 경험이든 지적 경험이든 적당한 수준에 이르러야만 책이 자신의 문을 열어줘 독자를 안쪽 깊숙이 끌고 들어간다고 다시 생각하게 되었지요.

이번에 '국부론'을 다시 꺼내 들 때도 그랬습니다. 여러 책이 저를 선생님에게로 떠밀었습니다. 그 책들이 '우리를 읽었으면 애덤 스미스에게로 가라. 우리는 전부 애덤 스미스에게서 시작되었으니. 그리고 필요하면 더 거슬러 올라가라'라고 명령했습니다. 괜찮으시다면 그 책들 제목과 저자들 이름을 말씀드려볼까요?"

"책이 책을 불러오고, 책이 책을 낳는 건 사실이지요. 어떤 책을 읽으면 그 책이 소개하거나 언급한 책을 찾아 나서게 되고, 그 책들을 읽다 보면 책을 쓰고 싶은 마음이 생기는 건 분명해요. 그런 점에서 모든 책은 저자가 그때까지 읽은 책의 독후감인 것 같기도 하고…. 어쨌든 나도 젊을 때 그리스·로마 고전과 우리 시대, 후세 사람들이 계몽시대라고 부르는 시기에 쏟아져 나온 책을 읽지 않았으면 내 책을 쓰지 못했을 겁니다. 어떤 책이 내 책을 불렀나요? 어떤 책들이 내 책에 대해서 써보라고 부추겼나요?"

"책 제목과 함께 저자 이름도 말씀드리겠습니다. 루트비히 폰 미제스의 '사회주의,' '인간행동', '경제적 자유와 간섭주의', '자본주의 정신과 반자본주의 심리' 및 F. A. 하이에크의 '노예의 길', '법 입법 그리고 자유', '자유헌정론', '치명적 자만'을 읽었고요, 한국 학자 민경국이 쓴 '하이에크 자유에의 길'과 '자유론'도 말씀드려야겠네요. 미제스와 하이에크가 곧바로 저를 선생님에게 떠밀었다면, 선생님이 말씀하신 계몽시대와 영국 역사를 다룬 책들은 간접적으로 선생님에게 다가가는 길로 저를 이끌었습니다. 로이 포터라는 영국 저술가가 쓴 '근대세계의 창조: 영국 계몽주의의 숨겨진 이야기', 한국인으로서 영국 사회를 깊이 연구한 박지향의 '클래식 영국사'와 '제국의 품격', 이영석의 '지식인과 사회, 스코틀랜드 계몽운동의 역사'도 선생님에 대해 짧지만 강력하게 언급하고 있었습니다."

그가 계속하라는 표정을 지으며 찻잔에 손을 뻗었다.

"스미스 선생님, 이 책들이 선생님의 사상에 대해 한결같이 언급하는 게 있더군요. 사실 저는 그것 때문에 '국부론'을 마저 읽게 됐고, 나아가 '도덕감정론'까지 찾아 읽었습니다. 저자마다 각각 달리 서술했지만, 그들이 선생님 사상의 핵심이라고 생각한 그것을 선생님은 어떻게 쓰셨나, 앞뒤 맥락은 무엇인가를 알고 싶은 호기심을 누를 수가 없었습니다."

"호오, 그게 뭐였지요? 이젠 내가 궁금하군요."

"인간본성에 대한 정의입니다. '오늘보다 좋은 내일을 맞고 싶어 하는 게 인간본성'이라는 선생님의 통찰에 대한 호기심입니다. 선생님께서는 권력이든 종교든 그 어떤 것도 더 나은 삶을 원하는 인간의 본성을 억누를 수 없었으며, 인간은 그 본성을 좇은 결과, 그 본성을 충족하려 노력한 결과, 정치적으로, 경제적, 종교적으로도 자유로워지게 됐다고 말씀하셨지요? 인류가 문명을 이룩한 것도 그 본성 덕이라는 말씀도 하셨고요. 흔히 '국부론은 한 국가의 부는 어떻게 형성되는가'를 서술한 책이라고 하는데, 저라면 '국부론은 부는 자유를 통해 형성된다는 사실을 밝혀낸, 자유에 관한 책'이라고 설명하겠습니다."

"내가 내 책에 그렇게 쓴 건 맞아요. 하지만 후세의 독자가 이야기해주니까 새롭게 들리는군요. 그런데 아까 말한 그분들은 내가 말한 인간본성을 어떻게 표현했나요?"

"그분들 중, 제 생각에 목소리가 가장 컸던 미제스는 '인간행동의 주요 동기는 항상 어떤 불편이며 인간이 행동하는 목적은 가능한 한 그 불편을 없애는 것, 다시 말해 행동하는 인간이 좀 더 행복을 느끼려는 데에 있다'라고 말했습니다. 인간의 모든 행동은 좀 더 행복을 느끼기 위해서라는 말은 인간은 언제나 지금보다 더 나은 미래를 추구하는 존재라는 뜻이지 않습니까? 불편을 없애려 한다는 것은 자유로워지려는 것이고요."

"미제스라는 분은 좀 어렵게 말했군요. '인간은 행복을 추구하는 존재'라고 쉽게 말할 수도 있었을 텐데…."

"이건 어떻습니까? '인간은 더 잘살고 싶은 욕심, 현재 상황을 개선하려는 욕심이 있다'라는 문장인데, 한국의 영국사 전공자인 박지향이 자기 책 '클래식 영국사'에 쓴 '스미스의 명제' 세 가지 중 첫 번째로 꼽은 겁니다."

"다른 두 개의 명제는 뭐지요?"

"두 번째는 '인간은 자기가 가진 것을 남의 것과 바꾸고 싶어 하는 욕구가 있다'라는 것이고, 세 번째는 '인간의 이기심은 훌륭한 자원이기 때문에 이기심을 억제해서는 안 된다'라는 것이었습니다."
"잘 정리했군요. 나는 '국부론'에서 두 번째 명제에 나오는 욕구를 '교환성향'이라고 불렀고, 세 번째 명제의 이기심과 관련해서는, '국부론'보다 먼저 쓴 '도덕감정론'에서 '인간은 자신이 인류의 벗이라는 따위의 환상을 가져서는 안 된다'는 말로 인간의 이기심을 우선하라고 언급한 바 있지요."
"선생님께서도 '항상 지금보다 나은 삶을 추구하려 하는 것이 인간 본성'이라는 말을 '도덕감정론'에서는 그다지 쉽게 서술하지는 않으신 것 같습니다."
"그렇던가요? 내가 어떻게 썼더라…."

삶을 개선하려는 욕망에 관한 스미스의 견해 (1)

인간은 본래 행동하도록 창조되었다. 즉, 인간은 누구나 자신의 타고난 재능을 발휘하여 자신과 다른 사람들이 처한 외부적 환경의 변화를 촉진하여 그것이 모든 사람의 행복에 가장 유리하게 변하도록 행동해야 하는 것이다. (『도덕감정론』 2부 3편 3장)

"그러네, 쉽다고 할 문장은 아니네. 한국 독자들이 나를 좋아하지 않을 것 같네. 허허허."

"선생님이 웃어주시니까 제가 마음이 놓입니다. 하지만 '국부론'에서는 실제 사례를 들어 더 나은 삶을 향하는 인간의 본성을 쉽게 설명하셨지요. 증기 보일러가 제대로 가동하도록 꼬박 그 앞에서 지켜봐야 했던 소년이 친구들과 놀고 싶은 욕망을 어떻게 해소했는지를 설명한 부분 말입니다. '국부론'에서 '자유(liberty)'라는 단어를 처음 등장시키면서 그 과정을 설명하셨지요."

삶을 개선하려는 욕망에 관한 스미스의 견해 (2)

이러한 매뉴팩처(제조공장)를 자주 방문하는 사람들은 보통 노동자들이 자기 자신의 일을 쉽고 신속하게 (처리)하기 위해 발명한 매우 편리한 기계들을 보았을 것이다. 최초의 증기기관의 경우, 피스톤이 올라가고 내려가는 것에 따라 보일러와 실린더 사이의 문을 열었다 닫았다 하기 위해 소년들이 계속 고용되었다. 이들 중 친구와 놀기를 좋아하는 한 소년이 이 문을 밸브 손잡이와 기계의 다른 부분을 끈으로 묶음으로써 그 밸브가 자기의 도움 없이 열리고 닫히며, 자기는 친구들과 **'자유롭게'** 마음 놓고 놀 수 있다는 것을 발견했다. 증기기관이 발명된 이래 달성된 가장 큰 개량 중의 하나는 이처럼 자기 자신의 노동을 절약하기를 원한 한 소년의 발명이었다. (『국부론』1편 1장)

"선생님, 저는 '국부론'이 '도덕감정론'의 부분 부분을 발전시킨 책이라는 생각이 드는데, 그렇게 생각해도 될까요? '도덕감정론'에서 선생님이 강조하신 인간본성, 행복하여지고자 하는 인간의 욕망이 경제활동으로 이어지는 과정을 상세하게 기술한 책이 '국부론'이라는 생각이 들기 때문입니다."
"예를 들면 어떤 것이지요?"
"저축, 즉 자신과 가족을 위해 재산을 축적한 이유 역시 자신의 상황을 개선하려는 욕망이라고 하신 것이 먼저 생각납니다. 또 '도덕감정론'에서는 남의 것, 생명을 포함한 다른 사람의 것을 빼앗아 가는 사람들을 볼 때 생기는 감정이 정의라고 하셨는데, '국부론'에서는 인간들이 사유재산을 서로 인정하게 되는 과정을 정의와 연결해 설명하셨지요. 저는 그 말씀을 사유재산을 인정하지 않는 체제에서는 정의가 존재할 수 없다는 말씀으로 이해했습니다만…"
"맞아요. 내 책을 제대로 읽었군요. 허허허."

"선생님, 저는 정말 선생님 책을 읽다가 인간본성을 말씀하신 부분에 이르러 뼈를 때리는 느낌을 받았습니다. 선생님, 죄송합니다만 한국에서는 남의 말이나 행동에서 깊은 각성을 받으면 '뼈를 때린다'라는 속어를, 황당한 느낌을 받으면 '골을 때린다'는 속어를 많이 쓰고 있어서 이게 저에게도 입버릇이 된 모양입니다. 점잖으신 선생님께 이런 속어를 쓰다니 …"

"괜찮아요. 나도 화가 나면 '개새끼'라는 욕이 입에서 튀어나오는걸요. 허허허."17)

"감사합니다. 어쨌든, 삶을 개선하려는 인간본성에 대한 선생님의 견해를 접한 즉시 인간은 왜 사는지, 인류는 어떻게 해서 문명과 역사를 쌓아오게 됐는지 이해가 됐습니다. 선생님, 그런데 영어로 '뼈 때린다'를 'Hit the nail on the head.'라고 한다는데 선생님 당시에도 이런 영어가 있었나요?"

"글쎄요. 그것보다는 'You went straight to the point.'라는 말을 썼지요. 이게 'Hit the nail on the head.'보다 점잖지만, 재미는 없군요. 말맛이 떨어진다고나 할까. 허허허."

나는 말을 잇기 전에 차를 한 모금 더 마셨다.

---

17) 욕하는 스미스의 일화는 이 책 6장 각주 61) 참조.

"선생님, 저는 삶을 개선하려는 인간의 욕망이 저축을 시작한 원인이며 나아가 개인의 저축을 통한 재산 증식이 사회와 국민의 풍요를 불러오는 원동력이라는 선생님의 말씀도 기억에 남습니다. '국부론' 2편 3장에 그렇게 쓰셨지요."

삶을 개선하려는 욕망과 풍요에 관한 스미스의 견해

"저축을 촉진하는 원동력은 우리의 상태를 더 좋게 하려는 욕망이고, 일반적으로는 조용하고 열정적이지 않지만, 태아 때부터 가지고 있는 것이고, 무덤에 묻힐 때까지 우리 곁을 떠나지 않는다. (중략) 태어나서 죽을 때까지 기간 전체를 통해서 사람이 어떤 변경이나 개선을 희망하지 않을 정도로 자기의 처지에 매우 만족하는 순간은 아마 한 번도 없을 것이다. (중략) 대부분 사람은 재산의 증식으로 자신의 처지를 개선하려 한다. 그것은 가장 속류적이고도 분명한 방법이다. (중략) 자신의 처지를 개선하려는 모든 사람의 공통되고 꾸준한 중단 없는 노력-[즉 개인의 풍요뿐만 아니라 사회와 국민의 풍요가 원천적으로 유래하는 원동력][18]은 때때로 매우 강력한

---
18) 이 책의 『국부론』 인용문 중 '대괄호 [ ]'는 번역자 김수행의 주석(註

것이어서, 개선을 향한 사물의 자연적 진행을 유지하는 데 충분하다." (『국부론』, 2편 3장)

"선생님 책에는 이거 말고도 뼈 때리는 통찰과 지식이 넘칩니다. 그냥 단순히 선생님 생각만을 쓰신 게 아니라 '엄청난 분량의 역사적·사회적·문화적·종교적·국가별 상식이 꽉 차 있어서 이 책을 읽는 것은 교양까지 넓힐 수 있는 가장 좋은 방법'이라는 평가가 꼭 들어맞는 것 같습니다. 저는 인류가 자유롭게 되기까지에 대한 선생님의 통찰과 지식을 제가 제대로 이해했나, 몇 가지 여쭤보고 싶은데 괜찮겠습니까?"
"이런 이야기를 나누는 건 나도 오랜만이오. 나도 내 생각을 정리해보고 싶군요. 비가 덜 내리면 동네를 산책하면서 대화하면 더 좋았을 텐데…"

釋)이다.

2. 개는 서로 먹이를 바꾸지 않는다

<"어떤 개가 다른 개와 뼈다귀를 공정하게, 의도적으로 교환하는 것을 본 사람은 아무도 없다.">

2. 개는 서로 먹이를 바꾸지 않는다

"스미스 선생님, 선생님 고향이 커콜디잖아요. 저기 포스만 건너면 바로 나오는 소도시. 선생님 뵙고 난 후 거기로 가서 선생님 흔적을 찾아볼까 합니다. 선생님께서 태어나 자란 곳이기도 하고, 출향했다가 마흔세 살에 돌아와 10년을 머물면서 '국부론'을 쓰신 곳이기도 하니까요."

"내가 태어난 집은 내가 죽고 나서 50년이 채 안 돼 허물어졌지요. 지금 있는 건물은 그때 새로 지은 것이고. 볼 만한 게 뭐 있을 것 같지 않은데요? 집이 허물어졌는데 내가 쓰던 물건인들 남아 있을까요?"

"선생님께서 스승처럼, 형처럼 따랐던 데이비드 흄 선생이 만년에 여기 에든버러에서 선생님께 '우리 집 창문에서 커콜디의 전망을 볼 수 있어 기쁩니다'라고 편지에 쓰셨다지요? 선생님이 보고 싶다는 것을 그렇게 표현했다고 들었습니다. 흄 선생은 에든버러로 자기를 보러 오지 않겠냐고 편지로 선생님께 몇 번이나 간청했다고도 들었고요?"[19]

---

19) 데이비드 흄(David Hume, 1711~1776)은 경험주의 철학자. 스코틀랜드 계몽주의를 개척했다. 스미스와는 학문적으로, 인간적으로 깊이 맺어져 있다. 흄과 스미스의 우정과 학문에 대해서는 영국 역사학자 데니스

"그분은 나보다 정감이 넘치는 분이었지요. 언제나 쾌활하고 낙천적이었던 분입니다. 나는 그분의 학문뿐 아니라 삶의 태도도 좋아했어요. 열두 살 아래인 나를 정말 친구처럼 대해주셨는데, 그분 아니면 나의 공부와 연구, 책들도 제 모습을 갖추기 힘들었을 겁니다. 하지만 그 무렵 나는, 정 선생이 아는 것처럼, '국부론'을 쓰고 있었습니다. 정말 몸도 맘도 바쁘고 힘들 때였지요. 그래도 가끔은 시간을 내서 흄 선생을 만나 내 책의 내용과 방법론을 놓고 말씀을 나누었지요. 더 오래 사셨으면 좋았을 텐데 너무 일찍 돌아가셨어요. '국부론'이 나오자마자 몇 달 만에 저세상으로 가셨으니 …. "

"저는 두 분이 인간적으로, 학문적으로 그렇게 가까운 사이였음을 '무신론자와 교수'라는 책을 보고서야 알았습니다. 무신론자는 흄 선생이고 교수는 스미스 선생님인데, 참 재미있고 유익한 책이었습니다. 두 분이 학문적으로 또 인간적으로 어떻게 맺어졌는지, 어떤 영향을 서로 주고받았는지를 알 수 있어서 또 다른 호기심을 갖게 되었습니다. 후세에 스코틀랜드 계몽주의라고 알려진 사조를 두 분이 어떻게 끌고 가셨는지도 알게 됐습니다."

"그렇다면 그것도 아시겠군요. 내가 여기 글래스고 대

라스무센의 『무신론자와 교수』(조미현 역, 에코리브로) 참조.

학에서 공부를 마치고 목사가 되기 위해 옥스퍼드에서 공부할 때 기숙사에서 흄 선생의 첫 책인 '인간본성에 관한 논고'를 읽다가 신학 교수님들에게 걸렸던 거? 하마터면 퇴학당할 뻔했지요. 하지만 나도 그때 그 교수님들의 태도를 보고 실망해서 신학자나 목사가 되겠다는 생각은 더더욱 안 하게 됐지요. 어쨌든 '인간본성에 관한 논고'를 비롯한 흄 선생의 저작이 내 생각과 문체에 영향을 많이 준 건 사실입니다."

"선생님의 일생을 다룬 책에는 흄 선생과의 우정, 교류가 빠지지 않더군요. 그런데 선생님, 학교 다닐 때 매일 지나쳤던 커콜디 시장에 못 공장이 있었나요?"

"두 곳이 있었지요. 그런데 그건 왜 묻지요?"

"선생님이 '국부론' 첫 페이지를 '핀 공장의 생산성이 높아진 것은 분업 덕분'이라고 시작하신 게 어릴 때 대장간에서 못을 만드는 걸 보았기 때문이라는 사람이 있어서요. 분업을 통해 전보다 더 자유로워진 인류는 그 결과 노동생산성을 높일 수 있었으며, 노동생산성이 높아짐에 따라 풍요로워졌고, 풍요로워짐에 따라 더 큰 자유를 누릴 수 있었으며 이 자유가 인류를 더 풍요롭게 해왔다는 선생님의 통찰은 그때, 학교에 다닐 때 시장에서 대장간 망치 소리를 들으면서 형성됐다고 봐도 되나요?"

"그럴 가능성이 없지는 않겠네요. 하지만 핀 공장의 분업이 효율적이라는 건 내가 '국부론'을 쓰기 전에 이미 알려졌지요. 그렇다고 내가 핀 공장을 한 곳도 안 가보고 썼다는 건 아닙니다. 핀은 긴 옷을 입은 여성들이 일할 때는 옷을 접어 올려야 해서 많이 필요했습니다. 프랑스 평민 여성들은 매년 100개쯤 되는 핀을 샀어요. 왕실에는 고급 핀 수요가 많았고요.[20] 핀 수요가 많으니 제조공장도 유럽 전역에 들어섰고, 핀 무역도 활발했습니다. 분업이 생겨날 여건이 됐던 겁니다."

분업과 노동생산성 증가에 대한 스미스의 견해

노동생산력의 매우 큰 향상과 [어떤 노동에서도 발휘되는] 숙련·기교·판단의 대부분은 분업의 결과였던 것 같다. 사회의 전반적인 산업에 미친 분업의 효과는 어느 특정 제조업에서 분업이 어떻게 작용하는가를 고찰함으로써 좀 더 쉽게 이해할 수 있다. (중략) 매우 사소한 제조업이지만, 그것의 분업이 자주 언급된 바 있는 핀 제

---

20) Jean-Louis Peaucelle. Pin making in the eighteenth century. 2009. ffhal-01404600f

조업을 예로 들어보자.

 이 업종(분업은 이 업종을 독립된 사업으로 만들었다)에 관한 교육을 받지 않고, 거기에서 쓰이는 기계(분업이 아마 이 기계의 발명을 야기했을 것이다)의 사용에 익숙하지 않은 노동자는 아무리 열심히 일하더라도 아마 하루에 한 개의 핀을 만들 수 없을 것이며, 하루에 20개의 핀은 도저히 만들 수 없을 것이다. 그러나 이 업종이 지금 운영되는 방법을 보면, 작업 전체가 하나의 특수 직업일 뿐 아니라, 그 작업이 다수의 부문으로 분할되어 (중략) 첫째 사람은 철사를 잡아 늘이고, 둘째 사람은 철사를 곧게 하며, 셋째 사람은 철사를 끊고, 넷째 사람은 끝을 뾰족하게 하며, (중략), 이러한 방법으로 18개의 독립된 조작으로 분할되고 있는데 [그 결과] 10명이 하루에 48,000개의 핀을 만들 수 있게 됐다. (『국부론』1편 1장)

"내 전기에는 커콜디 모습도 그려져 있겠군요? 어떻게 썼던가요?"

"선생님 자랄 때는 인구가 1,500명이었으며, 북해에 면해 있어 덴마크와 스웨덴 등 북유럽 국가와의 교역 중심지로 발달했다고 돼 있습니다. 18세기 커콜디 지도도 들어 있고요. 지도에는 선생님 집과 학교와 시장, 선생님이 집시 여인에게 납치됐던 외삼촌 집 위치도 나와 있습니다."

"내 납치 사건도? 그때 구출되지 않았으면 나는 어떻게 됐을까…."

"선생님의 제자던가, 어떤 분은 선생님이 구출된 것을 '유럽의 계몽주의와 상업정책이 구출된 것'이라고 평가했습니다.21) 누구도 이 평가를 부정하지 못할 겁니다. 선생님 저서는 읽는 재미가 넘칩니다. 저만 그렇게 느낀 게 아니더군요. 선생님의 글은 예화가 풍부해서 생생한 느낌을 준다고 강조한 전기 작가도 있더군요. 그는 선생님은 글만 생생한 게 아니라 강연하실 때도 직접 보고 겪은 것은 물론 그리스·로마 고전에서 찾아낸 역사적 사실을 꼭 필요한 자리에 삽입하여 핵심을 곧장 청중에게 전달할 수 있었다고 했습니다. 청중이 선생님의 말씀에 집중하지 않을 수 없었다는 거지요."

"성경이 재미있는 것은 예수님이 필요한 예화와 비유를 가르침 속에 제때제때 집어넣었기 때문이지요. 예수님의

---

21) 스미스 사망 4년 후 1794년에 애덤 스미스에 관한 회상록 『애덤 스미스의 삶과 저술에 관한 설명(Account of the Life and Writings of Adam Smith)』을 출판한 스미스의 제자 듀갈드 스튜어트(1753~1828)의 말이다.

그런 흉내를 내봤는데 좋아하는 사람이 많아서 다행이었지요. 허허."

"스미스 선생님, 국부론은 출간되자마자 단숨에 영국을 벗어나 프랑스 독일 네덜란드 스웨덴 러시아 등 유럽 전역으로 퍼져나갔잖아요? 정곡을 찌르는 비유를 바탕으로 생각을 풀어나갔기 때문이라고 생각합니다. 선생님, 분업이 생산성 향상이라는 효과를 가져왔음을 핀 공장의 사례로 보여준 후 분업이 야기된 원인(원리)을 설명하셨잖아요.
 거기서 '어떤 개가 다른 개와 뼈다귀를 공정하게, 의도적으로 교환하는 것을 본 사람은 아무도 없다'고 하신 거, 저는 그 부분을 읽다가 정말 뼈 때리는 비유라고 생각했습니다. 뼈다귀를 물고 다리를 건너던 개가 강물에 비친 제 모습을 보고, 강 속의 개가 물고 있는 뼈를 빼앗으려고 으르렁대다가 입에 물고 있던 뼈를 놓쳤다는 이솝 우화도 생각났습니다. '욕심을 부리면 제 것도 놓친다'라는 교훈을 가르칠 때 많이 들려주는 우화 말입니다. 그 우화와 선생님의 비유가 상관이 있나요?"
"그 비유가 그렇게나 재미있었나요? 먹이를 비롯해 자기 소유를 다른 사람의 소유와 바꾸는 동물은 인간뿐이라는 것을 강조하려고 '개는 서로 먹이를 바꾸지 않는다' 고 썼지요. 자기 것을 다른 사람의 소유물과 바꾸려는 성향은 인간에게만 있는 본능임을 알아야 분업이 인류 역사의 시작과 함께 생겨난 이유가 설명됩니다. 이솝 우화를 내가 읽었는지는 가물가물하네요, 미안하지만. 허허허."

"그래서 선생님은 '인류는 생산성이 높아질 거라는 생각에서 분업을 시작한 것이 아니라, 즉 분업은 인류가 의도해서 만들어낸 생산방법이 아니라, 하나의 물건을 다른 물건과 거래하고 교환하려는 성향, 즉 교환성향으로 인해 나타난 필연적인 결과'라고 하신 거지요?"

인간의 교환성향에 관한 스미스의 견해

수많은 이익을 가져오는 분업은 원래 [그것이 낳는 일반적인 풍족을 예상해 의도한] 인간 지혜의 결과는 아니다. 분업은 [그와 같은 폭넓은 효용을 예상하지 못한] 인간성의 어떤 성향으로부터-비록 매우 천천히 그리고 점진적이긴 하지만-필연적으로 생긴 결과다. 그 성향이란 하나의 물건을 다른 물건과 거래하고 교환하는 성향이다.

(중략) 이 성향은 모든 인간에게 공통적이며 기타 동물류에서는 발견되지 않는다. 기타의 동물류는 이 성향을 가지고 있지 않으며, 또한 어떤 종류의 계약도 알지 못하는 것 같다. (중략) 어느 개가 다른 개와 뼈다귀를 공정하게 의도적으로 교환하는 것을 본 사람은 아무도 없다.

어느 동물이 인간이나 다른 동물로부터 어떤 물건을 얻으려고 한다면 그 사람 또는 그 동물의 호의를 얻는 방법 외에는 다른 설득 방법이 없다. 강아지는 어미에게 꼬리를 치며 아양 떨고, 애완용 개는 먹을 것을 원할 때 온갖 아양을 떨어 식사 중인 주인의 주의를 끌려고 한다. 사람도 남으로 하여금 자기의 기분에 맞게 행동하도록 할 수 있는 수단이 전혀 없을 때 온갖 아첨을 하게 된다. 하지만 사람은 언제나 이렇게 아첨을 떨 만큼 시간 여유가 없다.

그는 항상 무수한 사람들의 협력과 원조를 받아야 하는데 평생에 자기를 도와줄 몇 사람의 친구를 만들 수 있을 뿐이다. 친구들이라고 해서 평생 그 사람에게 자비를 베풀어주지는 않는 게 대부분의 인간관계다. 그러니 자비를 기다리느니 자기의 이익을 위해 친구나 동료의 이기심을 자극하고 자기의 요망 사항을 들어주는 것이 그들 자신의 이익이 된다는 것을 보여주는 게 훨씬 낫다. 내가 원하는 것을 나에게 달라, 너는 네가 원하는 것을 갖게 될 것이다. 여기서 교환이 시작됐다. 이게 교환의 철칙이다. 무엇을 얻으려면 인간성에 호소하지 말고 그것을 가진 사람의 이기심에 호소해야 한다. '우리가 식사할 수 있는 것은 정육점 주인·양조장 주인·빵집 주인의 자비가 아니라 자신의 이익에 대한 그들의 관심 때문이다.' (『국부론』 1편 2장)

"한국에는 '로키(low key) 전략은 전략이 아니라 구걸'이라는 말도 있습니다."
"'Low key?'"
"국가 간 협상이든 민간의 상거래든, 협상을 할 때 상대의 양보나 아량을 바라고 들어가는 전략은 로키 전략, 당신이 나와 거래하면 당신에게 이익이 되니까 거래를 피하지 말라고 다가서는 것은 하이키 전략인데요. 스스로 약자라고 생각하는 사람이 로키로 나가면 상대방은 '이 사람은 거래가 아니라 구걸하러 왔구나'라며 업신여기게 된다는 거지요. 그렇게 되면 그 사람은 상대방에게 처음 생각했던 것보다 더 많이 줘야 하거나 상대방에게서 덜 받게 된다는 것인데요, 이 이론도 선생님이 말씀하신 교환성향에서 비롯된 것 같군요."

"아마 인류의 역사가 시작되면서부터 하이키 전략이 나타났을 겁니다. 더 받으면 좋은 거니까, 그것도 인간 본성일 테고요. 수렵민족이나 유목민족 가운데 어떤 사람은 다른 사람보다 더 쉽고 훌륭하게 활과 화살을 만들며, 그걸 동료들이 잡아 온 사슴고기와 교환하는데, 이렇게 활이나 화살과 바꿔서 생긴 고기가 자기가 그 활과 화살로 사냥해서 얻을 수 있는 것보다 많은 것을 알게 되면 그 사람은 사냥을 나가지 않고 활과 화살을 만드는 데 열중할 겁니다.

분업은 그렇게 시작된 거지요. 집을 짓는 목수나 칼과 창을 만드는 대장장이, 옷을 만들기 위한 가죽을 손질하는 무두장이가 모두 이렇게 생겨났을 겁니다. 이 사람들은 자신의 노동생산물 중 자기가 소비할 것을 빼고 나머지는 모두 타인의 노동생산물 중 자기가 필요한 부분과 교환할 수 있다는 확실성 때문에 자신의 직업에 몰두했습니다. 더 빨리 더 많이 더 훌륭하게 만들기 위해 자신의 능력을 향상하는 데도 노력했을 겁니다. 그 과정에서 개인 간 재능의 차이가 만들어졌지요."

"선생님, 교환성향은 재능의 차이를 만들기도 했지만,

재능의 차이를 유용하게 만들었다고도 말씀하셨지요?"
"그렇지요. 그런 의미에서 재능은 분업의 원인이 아니라 분업의 결과라고 할 수 있습니다. 철학자와 거리의 짐꾼 사이에 선천적인 재능과 성향의 차이가 있다고 칩시다. 하지만 그 차이는 맹견과 사냥개, 사냥개와 애완견, 그리고 애완용 개와 양 지키는 개 사이의 차이의 반도 되지 않습니다.

동물은, 습관과 교육의 영향을 받기 이전인 인간들 사이에서 나타나는 재능의 차이보다 훨씬 현저한 차이를 가지고 태어나기 때문에 그렇게 된 거지요. 맹견의 힘은 사냥개의 민첩함이나 애완견의 총명함이나 양치기 개의 유순함에 의해 조금도 보완되지 않습니다. 이러한 상이한 자질과 재능의 성과는 그들에게 교환하려는 성향이 없으므로 공동재산이 될 수 없으며, 자기들 무리의 생존조건 향상에 조금도 기여할 수 없습니다. 각각의 동물은 독립적으로 자신을 지탱하고 보호해야 하며, 자연이 그들에게 제공한 각종 재능으로부터 무리 전체를 위한 어떤 이익도 얻지 못하지요."
"개는 서로 먹이를 바꾸지 않을 뿐 아니라 재능도 바꾸지 않으므로 서로에게 도움을 주지 못한다는 말씀이군요. '개만도 못한 인간!'이라는 욕도 그래서 생긴 것 같습니다, 선생님?"

그는 내 농담에 싱긋 웃고는 말을 계속했다.

"하지만 인간들 사이에서는 가장 차이가 나는 재능이 상호 간에 유용합니다. 각각의 재능이 만들어낸 각각의 생산물은 거래 및 교환이라는 인간 성향에 의해 공동재산이 되지요. 이 공동재산으로부터 각자는 타인의 재능으로 생산된 것 중 자기가 필요로 하는 부분을 구매할 수 있습니다. 교환성향이 재능의 차이를 유용하게 한 것이지요. '사회는 노동의 분업이자 노동의 결합'이라고 누가 말했다는데, 옳은 말입니다."

"선생님, 혹시 '교환학'이라는 말을 들어보신 적 있으신지요?"

"그게 뭐지요? 교환성향을 연구하는 학문인가요?"

"그렇다고 할 수 있습니다. 선생님, 사람들이 선생님을 경제학의 시조라고 부르는 것은 아시지요? 교환성향을 바탕으로 하는 인간의 행동을 연구하는 학문에 경제학이라는 이름이 붙었는데, 이런 연구를 사실상 처음 시작하신 분이 선생님이니 그렇게 불러야 하는 게 백번 천번 마땅하지요. 그런데, 앞에서 말씀드린 하이에크라는 경제학자가 자기 스승 미제스의 생각을 이어받아 우리가 경제학이라고 부르는 학문은 '교환학'이라고 해야 옳다고 주장했습니다."22)

"내가 공부하고 책을 쓸 때는 경제학이 아니라 정치경제학이라는 용어가 사용되고 있었는데… 흠, 어쨌든 재미있군요. 그 사람은 왜 그렇게 주장했지요?"

"경제, 즉 이코노미(economy)는 그리스어 oikos와 nomia가 합성된 것이잖아요. 선생님 아시는 것처럼 아리스토텔레스가 가정을 뜻하는 oikos와 관리를 뜻하는 nomia를 결합해 오이코스노미아(oikosnomia)라고 한 이래 이 단어는 가정이라는 단위를 넘어, 한 국가는 물론 세계를 관리하는 것까지 아우르고 있습니다. 국가경제, 세계경제, 심지어는 가정경제라는 말이 사용된 지도 오래지요.

그런데 하이에크는, 선생님이 꿰뚫어 봤듯이, 우리가 말하는 경제활동은 각자가 필요로 하는 물품이나 서비스를 서로 바꾸는, 즉 자발적인 교환에서 시작됐는데, 이런 행동에 '관리'라는 개념을 적용해서는 안 된다고 봤습니다.

관리라는 말에는 어떤 다른 힘으로 개인들의 자발적인 행위를 억제하겠다는 의미가 들어 있으므로, 교환에서

---

22) 하이에크는 『치명적 자만』(자유기업원, 신중섭 역) 8장에서 '오염된 어휘'라는 소제목으로 경제학 등 사회과학에서 잘못 정의되거나 사용되는 어휘를 바로잡을 필요가 있다고 주장한다. 어휘로 '프레임'을 씌우는 사조를 비판한 것이다. 이 책 10장 '하이에크 편' 참조.

비롯되는 인간행동을 연구하는 학문의 이름으로는 적절치 않다고 한 것입니다. 또 그런 의미가 들어 있는 경제학이라는 용어가 자리 잡게 됨에 따라 사람들은 경제는 관리되는 것이라는 의식을 가지게 되었고 이에 따라 개인의 자발성이 침해되는 결과를 가져왔으니 경제학을 교환학이라고 부르는 게 옳다고 한 것이지요."

"교환은 그리스 말로 카탈라테인(katallattein)인데 하이에크라는 사람은 아마 이 단어를 바탕으로 교환학의 영어 이름을 만들었겠군요?"

"그렇습니다. 이 그리스 어휘에서 캐털락시(catallaxy)라는 영어 단어를 생각해냈지요. 하이에크는 자기 책 '치명적 자만'에서 '우리는 시장에서 많은 개별경제의 상호 적응을 통하여 야기되는 질서를 기술하기 위해 'catallaxy'라는 단어를 사용할 것이다. 캐털락시는 소유권법, 불법행위법, 그리고 계약법의 규칙들 내에서 행동하는 인간들을 통하여 시장에 의해 형성되는 특수한 종류의 자발적(자생적) 질서'라고 말했습니다."[23]

"katallatein이라는 그리스어에는 교환하다 말고 '공동체로 수용하다'와 '적을 친구로 바꾼다'라는 뜻도 있는

---

[23] 경제학을 교환학으로 불러야 한다는 하이에크의 견해는 『치명적 자만』에 설명되어 있다.

데, 교환을 하다 보면 적이 친구가 되고, 적이 친구가 되면 두 사람은 공동체를 이룬 것으로 볼 수 있으니까 교환학이라는 어휘를 써도 좋다는 생각이 듭니다."

"자유주의 경제학자로 이름난 뷰캐넌이라는 학자는 경제학을 '사람들이 함께 산다'는 의미에서 공생학(Symbiotics)으로 표현하기도 했습니다.[24] 원래 사회주의자였던 하이에크를 자유주의 경제학으로 이끌었던 미제스는 경제학은 교환과 선택에서 비롯되는 인간의 모든 행동을 분석하는 학문이라는 이유로 인간행동학으로 부르면서 '인간행동'이라는 책도 썼습니다."

"아까, 우리 정 선생을 나한테로 이끈 사람이 미제스와 하이에크라고 했지요? 왜 그렇게 됐는지 이제 이해되는군요."

그는 창밖을 내다보며 말했다.

"비가 그쳤네. 괜찮으면 산책하면서 대화를 계속할까요?"

---

[24] 제임스 뷰캐넌(James M. Buchanan, 1919~2013). "정치인이나 정부 관리는 정책을 결정하고 시행할 때 다른 사람과 마찬가지로 자신의 이익(재선이나 더 큰 권력 등등)을 좇으므로 정부는 작을수록 바람직하다"라는 '공공선택론'을 생각해냈다. 1986년 노벨 경제학상을 받았다.

3. 정의는 기둥, 선행은 장식

<만약 정의라는 기둥이 제거되면 위대하고 거대한 인간사회라는 구조물은 틀림없이 한순간에 산산이 부서지고 말 것이다.>

3. 정의는 기둥, 선행은 장식

애덤 스미스가 생애 마지막 13년을 거주한 팬뮤어 하우스는 에든버러 구시가지 동쪽인 캐넌게이트(Canongate) 구역에 있다. 12세기 중반에 마을로 형성된 곳이다. 부근에 수도원이 있어 '캐넌 사람(Canon은 교회, Gate/Gait는 스코틀랜드어로 사람)'들이 많이 지나다닌 게 이 이름의 유래다. 스코틀랜드의사당과 에든버러박물관, 캐넌게이트교회 같은 오래된 건물과 스코틀랜드 국민시인으로 불리는 로버트 번스 기념탑 같은 명소를 찾아오는 사람들이 많다. 캐넌케이트교회 옆 캐넌게이트 공동묘지에 있는 애덤 스미스의 묘소를 찾는 사람도 많다.

스미스의 묘소는 팬뮤어 하우스에서 약 150미터 떨어져 있다. 걸어서 2분이면 닿는다. 그의 묘비에는 '도덕감정론과 국부론의 저자 애덤 스미스의 유해가 여기 누워 있도다(Here are deposited the remains of Adam Smith, author of the Theory of Moral Sentiments, and Wealth of Nations)'라고 새겨져 있다.

비 온 후의 공기는 쌀쌀하지만 신선했다. 상쾌한 대기 속을 거닐면서 그의 따뜻한 목소리를 더 들을 수 있게 된 게 즐거웠다.

"선생님을 연구하는 학자들은 선생님께서 '국부론'보다 '도덕감정론'에 더 애착을 가지셨을 거라고 하는데, 저도 그런 생각이 듭니다."

"왜 그렇게 생각하지요?"

"선생님께서 '도덕감정론'을 써낸 게 서른여섯이던 1759년이잖아요. 17년 뒤인 1776년에 '국부론'을 내셨고요. 그 17년 동안 선생님은 '도덕감정론' 한 권으로 유럽 지성인들을 팬으로 만드셨지요. 먹고사는 문제를 다룬 '국부론'이 나오면서 이 책의 인기는 전만 못해졌지만, 그렇다고 가치가 낮아지거나 사라진 게 아니었습니다. 선생님께서는 또 '도덕감정론' 개정판을 무려 여섯 번이나 냈는데, 마지막 판, 그러니까 제6판은 워낙 내용을 많이 보완, 보강해서 어떤 학자들은 이 책을 선생님의 첫 책이자 마지막 책이라고까지 말합니다. 그런 말을 들을 정도면 선생님이 큰 애착을 가지신 게 맞는다고 봐야죠."

"여섯 번째 개정할 때는, 책이 나온 지 오래되다 보니 내 이론을 뒷받침할 예시를 더 보충해야 했고, 또 내 이론을 반박한 사람들에게 재반박할 필요가 있어서 손을 많이 볼 필요가 있었습니다. 그러다 보니 5판까지는 6부로 구성된 책이 마지막에는 7부로 늘어났지요."

"제6부 '미덕의 성품에 대하여(Of the Character of V

irtue)'는 새로 쓰신 거지요? 그래서 5판까지는 제6부였던 '도덕철학의 체계'가 제7부가 됐고요. 제1부와 제3부도 많이 고치셨다면서요? 그래서 책이 이전 판보다 부피가 3분의 1쯤 더 늘어났다고 들었습니다. 선생님 건강이 아주 안 좋아서 가까운 분들은 선생님이 언제 돌아가실지 모른다고 걱정이 심했다는 얘기도 있고요. 그렇게 대대적인 개정 작업에 착수해야 할 정도로 선생님을 자극한 반박은 어떤 것들이었나요?"

"그 사이 '국부론'도 두 번이나 고쳤지요. '국부론'을 마지막으로 고친 게, 즉 3판을 낸 게 초판 낸 지 8년 뒤인 1784년인데, 건강이 정말 나빠진 때가 맞습니다. 책상 앞에 오래 앉아 있어서 그랬는지 치핵이 튀어나와 괴로웠고, 장폐색으로 복부에도 통증이 심했어요. 1787년 런던에서 수술을 받았으나 예전만은 못했지요. '도덕감정론' 6번째 개정은 원래 1785년 4월에 착수하려 했는데, 수술 후인 1788년에야 본격적으로 시작할 수 있었습니다. 하지만 일이 커지고 건강은 그냥 그렇고 해서 법학에 관해 새로운 책[25])을 쓰기로 한 계획은 손도 대지 못

---

[25] 『도덕감정론』 6판 서문에서 스미스는 "나는 다른 논저를 통해서 (생략) 법의 대상이 되는 모든 것에서 법과 정부의 일반원리와 이 원리가 서로 다른 시대와 시기에 겪었던 큰 변화들을 설명하도록 노력하겠다고 말한 바 있다. 『국부론』에서 나는 이 약속 중 일부를 수행했는데, (생략) 나머지, 즉 내가 오랫동안 계획했던 법학 이론에 관한 약속을, 지금까지 이

했지요."

 그의 목소리가 우울해졌다. 말하는 사이 우리는 캐넌게이트교회를 지났다. 그가 태어나기 31년 전에 완공된 장로교회다. 오래됐지만 여전히 주말에는 예배가 거행되고, 평일에는 음악회가 열리기도 한다. 옆에는 교회 묘지가 조성되어 있다. 그를 비롯한 스코틀랜드의 유명 인사들이 영원한 휴식 하는 곳이다. 스미스의 주변 인물들은 국부론 3판 개정보다 도덕감정론 개정이 훨씬 더 힘든 작업이라 그의 건강이 악화했다고 전한다. 개정 작업은 1790년 1월에 끝났다. 그는 여섯 달 뒤인 그해 7월 세상을 떠났다.
 자신의 죽음이 떠올랐는지 우울한 기색이 역력한 그를 달래려면 말을 계속 걸어야 할 것 같았다. 건강이 극도로 나빠지는 데도 6판 개정에 나선 이유를 슬그머니 다시 물어봤다.
 "선생님, 어떤 연구자는 선생님이 나빠진 건강에도 불구하고 6판 개정에 애를 쓰신 이유를 기독교 지도자들이

 책을 수정하지 못하게 한 동일한 여러 가지 일거리들 때문에, 이행하지 못하고 있다. 이제 내가 늙어 이 작업을 만족스럽게 수행할 수 있으리라는 기대가 거의 없다는 사실을 인정하면서도 나는 아직 이 계획을 전부 포기하지는 않았고…."라고 썼다. 이 책 10장 2절 '하이에크' 참조

도덕감정론을 반박했기 때문이라고 주장합니다. 또 어떤 연구자는 6판에 데이비드 흄 선생의 사상을 바탕으로 한 사유가 여러 번 펼쳐진 걸로 미뤄 선생님이 흄 선생을 애도하는 마음에서 새로 쓴 거라고도 하고요. 선생님 생각은 어떠신지요?"

"그 사람들이 구체적으로 어떻게 말했는지 궁금하군요."

"선생님께서 도덕성이란 하느님이 부여한 게 아니라 사람들끼리의 공감 작용에서 나온다고 단언한 것이 기독교 지도자들의 분노와 반발을 불러일으켰다고 합니다. 우리의 모든 것, 생각하는 능력을 포함한 우리의 모든 것은 하느님에게서 나왔다고 믿고 가르쳐 온 기독교 지도자들이 도덕이란 시간이 흐르면서 획득되고 발전된 것이지, 인간 본성에 하느님이 직접 새겨 넣은 것은 아니라고 한 선생님을 가만두고 볼 수만은 없었겠지요. '하느님을 무시한 스미스!'라는 공격도 있었다고 합니다."

"제대로 봤군요. 흄 선생은 무신론자였지요. 흄 선생은 내가 국부론을 낸 직후 별세했는데, 임종할 때도 그가 무신론자로서 죽을 것인가, 회심을 해서 하느님께 귀의할 것인가에 사람들의 관심이 쏠릴 정도로 대단한 무신론자였지요.[26] 어쨌든, 신에 대한 그분 생각을 내가 여러 측면에서 발전시킨 것은 맞습니다. 그런데, 우리 정 선생은 내 책에 대해 하고 싶은 말은 없어요? 학자들 말을 전하려고 이 먼 곳까지 오지는 않았겠지요. 정 선생 본인의 생각을 듣고 싶군요. 정 선생도 여기까지 왔을 때는 나에게 하고 싶은 말이 있지 않나요?"

"제가 감히 무슨 말을 드리겠습니까, 저는 그저 다른 위대한 고전들과 함께 '불멸의 신전'을 장식하고 있는 선생님의 책에 감명받아 도대체 이런 책을 쓸 수 있는 사람은 어떤 사람인가, 궁금해 선생님을 뵙고 싶었던 거죠. 다행히 저를 쫓아내지 않고 따뜻하게 맞아주셔서 감사할 뿐입니다. 그런데, 제가 정말 선생님 책을 놓고 한마디 해도 될까요, 감히?"

"내가 겸손한 사람, 신중한 사람을 좋아하고 나 또한 그런 마음가짐으로 살아왔지만, 지나치게 겸손한 건 좋지 않아요. Too polite is not polite!"

'과공비례(過恭非禮)'는 동서양이 같은 모양이라고 생각

---

26) 도덕은 만들어졌다는 생각에는, 정도의 차이가 있지만, 흄과 스미스가 일치했다. 둘 다 기독교 지도자들의 비난을 받았는데, 스코틀랜드에서보다는 잉글랜드에서의 비난이 높았다. 스코틀랜드의 기독교 지도자들 가운데는 계몽사상을 주도한 사람이 많았고, 흄 및 스미스와 학문적 교분을 나눈 사람도 많았던 게 이유일 것이다. (이영석, 『지식인과 사회』 제2장 「종교와 사회」 참조)

하면서 나는 목을 가다듬은 후 말을 이었다.

"그럼 한 말씀 드리겠습니다. 수많은 학자가 지난 200여 년간 '도덕감정론'과 '국부론'을 연구, 분석했으니 전혀 새로운 생각은 아니겠습니다만, 또 아까도 말씀드린 바 있습니다만, 저는 두 책의 내용도 내용이려니와 비유와 예화가 많아서 좋았습니다. 비유와 예화가 풍부해 딱딱한 이론을 흥미롭게 읽었을 뿐 아니라, 선생님의 생각에 동감하지 않을 수 없었습니다. 풍자적이면서 교훈이 넘치는 그 예화들만 찾아 읽어도 교훈이 되겠다 싶었습니다."

"신약성서의 사도행전이나 복음서를 보면 예수님이 비유로 사람들을 가르치는 장면이 많지요. 예수님 설교가 쉽고 재미있으면서 배울 것이 많다는 소문이 나자 예수님을 따르는 무리도 계속 늘어났고요. 물론 내가 성경을 흉내 내려던 것은 결코 아닙니다만. 허허허."

"선생님, 인간에게 정의가 왜 중요한가를 설명하면서 '정의는 기둥, 선행은 장식'이라는 비유를 쓰셨잖아요? 또 '정의는 문법, 선행은 글을 읽기 좋게 쓰는 방법'이라고도 하셨지요. 이 비유를 접했을 때 정말 가슴이 뛰었습니다. 이것과 관련해 말씀 더 드려도 될까요? 제가 선생님의 생각을 바로 이해했는지 여쭙고 싶어서요."

"한국에서 멀리 온 분에게 내가 그 정도도 못 들어주면 안 되겠지요? '늙어서 자기 생각만 하는 노인네'라는 말은 듣고 싶지 않군요."

"선생님, 프랑스에 알베르 카뮈라는 작가가 있었습니다. 선생님 돌아가신 한참 뒤에 태어난 분인데요. 생각이 깊고 글이 좋아서 세상 떠난 지 70년이 지났는데도 따르는 사람들이 많습니다. 이분이 쓴 '반항하는 인간'이라는 책에 이런 말이 있었습니다.

'신정(神政) 형태 하의 왕정은 항시 은총(왕)이 결정권을 보유하도록 함으로써 은총을 정의 위에 두고자 하는 정부다. 정의는 전적인 것이 되고자 하며 절대적으로 지배하고자 한다는 점에서 은총과 공통점을 지닌다. 그 둘이 서로 충돌을 일으키는 순간부터 둘은 어느 한쪽이 죽을 때까지 필사적으로 싸우지 않을 수 없게 된다.'[27)]

저는 이 부분을 읽으면서 카뮈도 선생님에게서 영향을 받았다고 생각했습니다."

---

27) 알베르 카뮈 『반항하는 인간 (Homme Révolté)』(김화영 역, 민음사) 553쪽.

"내 말과 맥락이 닿는 것 같군요. 은총은 왕이 거두면 사라질 뿐이나, 정의는 왕이 베풀 수도 거둘 수도 있는 게 아니니까 왕의 의지와는 상관이 없지요. 선행은 은총과 비슷한 것이지요. 이웃을 불쌍히 여기고 돕는 선행은 필요하고 권장해야 하는 것이지만, 베풀 거냐 말 거냐는 그 사람의 마음에 달린 거지요. 하지만 정의는 있어도 좋고 없어도 좋은 게 아니에요. 정의가 없으면 자기 것을 빼앗길 수도, 심지어는 목숨을 잃을 수도 있으니까 반드시 지켜져야 합니다."

정의와 선행에 대한 스미스의 견해

선행(혹은 자혜)은 건물을 지탱하는 기초가 아니라 건물을 아름답게 꾸미는 장식이므로, 그 실천을 권고하는 것으로 충분하고 그것을 강제할 필요는 없는 것이다. 반면에 정의는 모든 건물을 지탱하는 주요 기둥이다. 만약 그것이 제거되면 위대하고 거대한 인간사회라는 구조물은 틀림없이 한순간에 산산이 부서지고 말 것이다.
(중략) 정의의 준칙은 문법의 규칙에 비교될 수 있고, (선행을 비롯한) 기타 미덕의 준칙들은 비평가들이 고상하고 격조 높은 문장을 쓰기 위해 갖춰야 한다고 정해놓

은 준칙들에 비교될 수 있다. 전자는 정밀하고 정확하며 없어서는 안 되는 것이다. 그러나 후자는 느슨하고 모호하고 명확하지 못하며, 절대적으로 확실한 어떤 지침을 제공하는 것은 아니다. (『도덕감정론』2부 2편 3장 4절)

"선생님께서 인간이 지키고 보호해야 하는 미덕 중 정의를 가장 소중하다고 하신 것은 정의를 지켜야 자유가 지켜지며 자유가 지켜져야 공정한 거래가 지켜진다고 보셨기 때문이겠지요?"
"아까 정 선생이 이야기한 걸 되풀이해야겠군요. 정의감은 인간의 소중한 능력인 공감 중 가장 앞자리에 놓아야 할 공감입니다. 우리는 누군가가 다른 사람의 생명은 물론 그 사람의 가족과 그 사람의 소유물, 즉 재산을 빼앗을 때 빼앗아 간 사람에게는 분노하고, 빼앗긴 사람에게는 동정을 보냅니다. 그러면서 나도 내 생명과 가족과 내가 가진 것을 빼앗길 수도 있겠다고 생각하게 되지요. 정의감은 이런 상황에서 싹이 트고 기능하게 됩니다. 사람들이 억울한 일은 일어나서는 안 되고, 억울한 일이 일어나면 바로잡아야 한다고 생각하는 거지요."
"도덕과 전통 관례, 나아가 법이 생겨난 것은 그래서라고 봐야 한다는 말씀이지요?"

"위반했을 때 가장 강한 보복과 처벌이 요구되는 법은, 우리 이웃의 생명과 신체를 보호하는 법입니다. 그다음은 우리 이웃의 재산과 소유권을 보호하는 법이고, 마지막은 소위 개인적 권리, 바꾸어 말하면 다른 사람과의 약속으로부터 그가 기대하는 것을 보호하는 법입니다. 우리의 생명, 우리의 재산, 그리고 계약을 보호하는 것인데, 이 모든 게 정의의 법입니다. 이게 지켜지지 않으면 우리는 생명을 앗겨도 말할 수 없고 재산을 뺏겨도 항의할 수 없습니다. 계약이 깨져 공정한 거래를 못 하게 돼도 하소연할 수 없습니다. 정의의 법은 우리의 자유를 지켜주는 법이 맞습니다. 내가 정의는 기둥, 선행은 장식에 비교하기 직전에 도둑의 사회에서도 정의는 있다고 쓴 거 기억하나요?"

도둑의 나라의 법에 대한 스미스의 견해

서로에 대한 가해 행위가 시작되는 순간, 서로에 대한 분개와 증오가 나타나는 순간, 사회의 모든 유대관계는 산산조각이 나고, 그 사회의 모든 구성원은 그들 간의 불화 감정이 야기한 폭력과 대립에 의해, 사방으로 흩어지고 의회로 달아나게 된다. 만약 강도와 살인자들 사이에서도 어떤 사회가 존재하려면, **주지하는 바와 같이(as it were)**, 적어도 그들 간에 서로 강탈하거나 살해하는 것을 자제해야만 한다.

따라서 자혜(慈惠)는 사회를 유지하는 데 있어서 정의보다 덜 중요하다. 최선의 상태는 아닐지라도, 사회는 자혜 없이도 존속할 수 있다. 그러나 불의의 만연은 사회를 철저히 파괴해 버린다. (『도덕감정론』 2부 2편 3장)

말이 나온 김에 "사유재산을 인정하지 않는 사회주의에서는 아예 정의라는 개념이 있을 수 없겠네요?"라고 물어볼까 하다가 나중에 기회가 있지 싶어서 '도둑 사회의 정의'에 관한 그의 언명으로 되돌아가기로 했다.

"선생님, 도둑의 나라에도 법이 있다는 말씀이 정곡을 찌른 견해라 제가 그걸로 짧은 글도 하나 썼습니다."

"뭐라고 썼지요?"

도둑의 나라의 정의에 대한 나의 글

애덤 스미스 선생은 『도덕감정론』에서 "강도와 살인자들로만 이뤄진 사회가 있다고 치자. 그 사회에서는 허구한 날 도둑질과 살인이 일어날까? 아니다. 처음엔 그런 사건들이 벌어지겠지만, 시간이 지나면서 그 사회에도 나름 도덕이 생기고 관습이 생기고, 나아가 법이 생기게 된다"라고 말했다.

 스미스 선생은 강도와 살인자들만의 사회에서도 법이 생겨나는 것은 우리끼리는 덜 도둑질하고 덜 죽이자고. 그래야 우리가 생업에 종사하며 살아갈 것 아니냐?'라는 타협의 결과라고 생각했을 것이다.[28]

"내가 쓴 것보다 쉽군요. 그런데, 그 글을 왜 썼나요? 내 글을 소환해야 하는 계기가 있었을 것 같은데."
"아, 예. 글 썼을 때 한국에서 여·야당 대표가 국민 의사를 완전히 무시한 채 자신들의 이익만 보장하는 해괴한 법안에 타협했습니다. 그게 화가 나서 선생님 말씀에 빗대 그들을 비판한 거지요. 그들이 자신들만을 위한 법을 만드는 게 도둑과 살인자들이 법을 만드는 것과 무슨 차이가 있냐고 따져본 겁니다. 이런 일이 워낙 잦은지라 구체적으로 어떤 일이 있었는지는 말씀드리지 않겠습니다."
"그렇군요. 정치인들이란 참…. 여기나 거기나. 옛날이

---

[28] 2022년 4월 23일 글쓴이 페이스북. 당시 여당이 추진한 '검수완박법'을 야당 대표가 덜컥 합의해준 보고 쓴 글이다.

나 지금이나…."

그가 "정치인들이란 참…."이라고 말하면서 말끝을 흐렸으나 그가 무슨 말을 하려 했는지 모를 바 아니었다. "만약 강도와 살인자들 사이에서도 어떤 사회가 존재하려면, 적어도 그들 간에 서로 강탈하거나 살해하는 것을 자제해야만 한다"라는 문장에 **주지하는 바와 같이(as it were)**"라는 표현을 굳이 삽입한 이유가 짐작됐다.

호레이스 월폴은 스미스가 태어나기 직전인 1720년에 임명된 최초의[29] 영국 총리. 재정관리 능력이 뛰어나, 그 무렵 영국 사회를 뒤흔든 초대형 주가조작 사건 ― '남해 거품 사건(South Sea Bubble)' ― 을 능숙하게 수습한다.[30]

하지만 그에게는 곧 정치의 마술사, 사기꾼이라는 별칭이 붙게 된다. 주변 인물들을 요직에 기용해 정부의 모든 부서를 장악했으며, 그의 전횡으로 인해 독직과 배임, 부패와 횡령이 극심해졌다. 월폴은 왕과 왕비, 의원들을 다루는 데도 능란해 무려 22년간이나 영국 정·관계를 지

---

[29] Horace Walpole(1676~1745). 최초의 영국 총리로 불릴 수 있는 인물이지만, 그때의 '총리'는 왕이 임명하고 왕에게만 책임지는 자리였다. 월폴 시대의 부정부패는 박지향 『클래식 영국사』 465쪽 참조.
[30] '남해 거품 사건'은 정치인까지 나서서 투기를 조장한 주가조작 사건이다. 이 사건으로 수천 명의 투자가가 파산했다.

배하면서 수천 개의 관직을 주물렀다.

자신의 성장기에 일어난 부정부패를 스미스가 저서에 전혀 언급하지 않은 이유는 그때까지도 여전히 왕과 귀족들의 서슬이 퍼런 시대였기 때문일 것이다. 하지만 월폴을 비롯한 상류층의 탐욕과 부패는 살아가는 것 자체가 고난인 서민들의 조롱과 풍자까지 모면할 수는 없었다.

"선생님, '거지 오페라(The Beggar's Opera)'[31] 아시지요?"

"존 게이가 쓴 거? 정 선생은 별걸 다 아는군요. 내가 다섯 살 때 처음 무대에 오른 후 오랫동안 엄청난 인기를 끈 작품이지요. 도둑과 창녀들이 주인공인데, 사람들은 곧바로 이 오페라가 월폴과 그 일당을 비꼰 풍자물이라는 걸 알아차렸어요. 훔치고 사기를 치고 몸을 파는 그들의 추악한 짓이 상류층의 부정부패와 무슨 차이가 있냐고 묻는 자극적 구성에다 노래와 반주 또한 대중적 요소가 다분해 귀족들의 탐욕에 넌더리를 내던 서민들이 열광했지요.

---

[31] John Gay(1685~1732). 영국 극작가, 시인. 당시 영국 오페라 시장은 왕족과 귀족의 지원을 받던 독일 출신 작곡가 헨델의 이탈리아식 오페라가 대성황이었으나 존 게이가 최초의 영국식 오페라인 '거지 오페라'를 무대에 올림으로써 헨델과 그의 오페라는 인기가 퇴조하기 시작했다.

그런데, 열풍은 거기까지였어요. 왕과 귀족에 대한 하층민의 불만은 셰익스피어 선생의 연극에도 이미 다뤄졌으니 게이의 날카로운 비판도 그중 하나라고 생각했던 모양이에요. 셰익스피어 선생은 도둑들이 반란군을 이끄는 작품도 썼잖아요? '헨리 6세'에서."32)

"선생님, 아까 말씀드린 카뮈라는 사람이요, 은총과 정의의 다툼이 인간 역사라고 이야기하면서 '레이스를 달려면 속옷이 있어야 하듯, 관대해지기 전에 우선 정의로워야 한다'라고 했습니다. 선생님처럼 레이스는 장식, 속옷은 본질로 본 거지요. 그는 '그러므로 인간은 사치스러운 도덕을 포기하고 건설자의 신랄한 윤리를 가질 필요가 있다'라고 결론 내렸습니다.33) 관용을 사치스러운 도덕이라고 본 것은 선행을 장식이라고 여긴 선생님 생각에서 벗어나지 않은 것 같고, 정의를 건설자의 신랄한 윤리라고 한 것은 집을 짓는 사람은 기둥을 윤리적으로

---

32) 셰익스피어의 「헨리 6세」에서 민중봉기를 일으킨 도둑 잭 케이드는 자기가 왕이 되면 세상이 달라질 거라고 부하들을 꼬드긴다. 하지만 케이드는 헨리 6세를 쫓아내고 왕이 되려는 귀족 리처드의 꼬드김에 춤추는 잔챙이 반란자에 불과했다.
33) 카뮈 『반항하는 인간』 537쪽 참조. '레이스를 달려면 속옷이 있어야 한다'라는 표현은 스미스와 비슷한 시기에 활동한 프랑스 작가 니콜라 세바스티앙 샹포르(1741~1794)의 『성찰·잠언·일화』(1804)에서 인용했다. 카뮈는 1944년 이 책 새 판본이 나올 때 서문을 썼다.

흠 없이 잘 세워야 한다는 뜻으로 이해됩니다. 그가 선생님에게서 영향을 받았다고 말해도 되지 않나 싶군요."
"글쎄요…, 내가 '도덕감정론'을 쓰고 5년 뒤 프랑스로 가서 2년쯤 머물렀을 때 볼테르 선생과 디드로 달랑베르 돌바크 같은 계몽사상가들과 케네 같은 경제학자들을 만나면 그 책 이야기로 먼저 말을 꺼내는 사람들이 있었고, 파리에서는 저녁에 살롱에 가면 이미 그 책을 읽었다며 나를 반기는 귀부인들이 있긴 했지요. 프랑스 학자들이 나도 모르는 새 내 책을 공동 번역해 돌려 읽었던 모양이에요.
 카뮈라는 분이 내 책을 읽었을 수도 있겠지만 그렇다고 해서 나에게서 영향을 받아 그 글을 썼다고 말해서는 안 되겠지요. 인류의 역사는 곧 정의를 바로 세우려 한 기록이니까, 정의가 바로 서야만 자유로운 사회가 가능해지니까, 사회라는 건물을 지탱하는 기둥은 정의라고 생각하는 사람들이 시간적 차이는 있겠지만 지구 곳곳에서 나타나지 않았을까요?"

 그의 말을 듣는데, 문득 『도덕감정론』을 처음 펼쳤을 때 기분을 잡친 기억이 떠올랐다. 애덤 스미스를 오직 국부론의 저자로만 알고 있던 나는 친구에게서 스미스가

『도덕감정론』도 썼으며, 그 책의 논지가 '내 안의 공정한 관찰자'라는 개념을 통해 전개된다는 이야기를 듣고 동네 도서관에서 『도덕감정론』을 찾아 펼쳤다. 소위 민주화 세력의 위선, 그들의 내로남불, 그들의 권력의 사유화가 속속 드러나 한국 사회가 극단적인 분열로 치닫고 있을 때, 그래서 어느 때보다 공정과 상식, 정의가 필요하다고 느끼던 때였다. 다른 이의 시선과 비판이 아니라 내 안에서 나를 지켜보고 비판해주는 '내 안의 공정한 관찰자'가 모두에게 더더욱 필요할 때였다.

 맛있는 걸 앞에 두고 입맛을 다시는 어린아이처럼 잔뜩 기대하고 『도덕감정론』을 펼친 순간 분노가 치밀었다. 어떤 몰상식한 자가 도덕 감정을 가르치는 이 위대한 책 첫 페이지부터 끝까지 곳곳에 밑줄을 검게 치고, 그것도 모자라 그 위에 형광펜으로 덧칠해 놓았던 거다. 여백에 굵은 만년필 글씨로 메모를 해놓은 페이지도 많았다. 도서관 책이 훼손된 걸 본 적이 한두 번 아니나, 이 정도로 심하게 줄 치고 메모하고 색칠까지 한 건 처음이었다. 또 여태 봐온 훼손 도서는 앞쪽 몇 페이지에만 밑줄이 있고 뒤쪽은 읽다가 포기한 듯 손 안 댄 채 깨끗한 게 대부분이었는데, 내가 빌린 『도덕감정론』은 처음부터 끝까지 밑줄과 메모, 노랑 형광펜으로 도배되어 있었다.

스미스의 논지를 이해는 하지만 공감은 하지 않은, 그래서 그자의 마음속 '내 안의 공감자'가 힘을 전혀 쓰지 못하는, '비윤리적 먹물이 든 자'의 소행이 분명했다.

그래도 『도덕감정론』은 첫 줄, 첫 단락부터 흡입력이 대단했다. 스미스의 위대한 통찰이 그자가 칠해 놓은 노란 형광펜의 두꺼운 자국을 뚫고 내 안광 속으로 그대로 흡수됐다.

위대한 통찰-『도덕감정론』의 첫 단락

인간이 아무리 이기적인 존재라 할지라도, 그 천성에는 분명히 몇 가지 행동 원리가 존재한다. 이 행동 원리로 인하여 인간은 타인의 행운에 관심을 갖는다. 그 행운을 바라보는 즐거움 밖에는 아무것도 얻을 수 없다고 생각하더라도 그 행운을 얻은 타인의 행복이 자기에게 필요하다고 생각한다. 연민이나 동정심 또한 이와 같은 것인데, 이것은 우리가 타인의 고통을 보거나 그것을 아주 생생하게 느낄 때 느끼게 되는 종류의 감정이다.

나는 이 첫 몇 줄을 "인간은 이기적인 존재이지만 기본 바탕에는 이와 반대되는 선한 본성도 있다. 그래서 인간은 다른 사람의 운명과 처지에도 관심을 갖는다. 또 자신에게 아무 이득이 없을지라도 다른 사람의 행복을 진심으로 바라기도 한다"라는 말로 받아들였다. '공감'이라는 인간의 본성을 너무나 아름답게, 또 이해하기 쉽게 풀어 쓴 이 멋들어진 첫 단락은 곧바로 아래의 문장으로 이어진다.

우리가 흔히 타인의 슬픔을 보면 슬픔을 느끼게 된다는 명제는, 증명하기 위해 예를 들 필요조차 없는 명백한 사실이다. 왜냐하면, 이 감정은 결코 도덕적이고 인자한 사람에게만 존재하는 것이 아니기 때문이다. 무도한 폭도와 가장 냉혹한 범죄자들에게도 이러한 동정심이 전혀 없다고는 할 수 없다."

뒤이어 스미스는 우리가 '타인의 고통에 대해 동류의식(同類意識 fellow-feeling)을 느끼게 되는 원천'을 설명하면서 누군가가 다른 사람의 다리나 팔을 칼로 찌르려는 장면을 봤을 때에 비유한다.

그런 장면을 보면 우리는 자신도 모르게 저절로 몸을 움츠리거나 다리나 팔을 뒤로 빼게 된다. 그리고 실제로 그가 칼에 찔렸을 때는, 칼에 찔린 사람뿐만 아니라 우리 자신도 어느 정도 그 고통을 느끼고 마음에 상처를 받는다. 느슨한 밧줄 위에서 춤을 추고 있는 사람을 보면서 사람들은 자신도 모르게 몸을 비틀어 꼬면서 몸의 균형을 잡는다. 그 이유는, 사람들은 춤추는 사람이 그렇게 하는 것을 보면서 만약 자신이 그의 처지에 있다면 자기도 그렇게 하지 않을 수 없을 것이라고 느끼기 때문이다.

공감을 설명하기 위한 그의 멋진 비유는 또 있다.

성격이 섬세하고 체질이 허약한 사람들은 거리의 걸인들이 드러내 보이는 상처와 종기를 보고는 자기 신체의 상응하는 부위에 가려움이나 불쾌감을 느끼게 된다고 하소연한다.

공감이라는 인간의 공통된 감정이 내 안의 공정한 관찰자로 자리 잡는 과정을 매우 쉽게 설명한 비유다. 자신의 주장을 생생하게 뒷받침하는 이런 비유 덕분에 독자들은 스미스가 '공감'이라는 『도덕감정론』의 핵심 개념을 의인화한 '내 안의 공정한 관찰자'를 주저 없이 받아들일 수 있게 된다.

'내 안의 공정한 관찰자'에게 나보다 먼저 반한 사람 가운데 앞에서 언급한 미국 경제학자 러셀 로버츠를 꼽지 않을 수 없다. 그는 "경제학자들 가운데 국부론을 읽지 않은 사람이 많다. 나도 그중 한 명이었다"라고 고백한 후 "그런데 나는 경제학자지만 스미스의 책 중 '국부론'보다는 '도덕감정론'에서 더 깊이 감명을 받았다"라고 말한다.

그의 책 『내 안에서 나를 만드는 것들』은 현대 대중문화에서 예시를 많이 끌어와 도덕감정론을 참 쉽게, 읽기 편하게 설명한 책이다. '내 안의 공정한 관찰자'도 그는 편안하게 설명한다.

"'내 안의 공정한 관찰자'란 우리의 상상 속 인물로, 인간의 행동은 이 공정한 관찰자와의 상호작용에 의해 이뤄진다. 공정한 관찰자는 우리와 대화를 나누며 우리의 행동이 도덕적인지 확인해주는 공정하고 객관적인 인물이다. 즉, 어떤 행동이 도덕적인지, 어떤 행동이 옳은지 판단해야 할 때 우리는 이 인물과 얘기를 나눈다."[34]

---

[34] 『내 안에서 나를 만드는 것들』 45쪽

즉 우리가 다른 사람-가까운 친구나 친척은 물론 한 번도 본 적 없는 사람을 포함한-의 불행과 슬픔을 함께 안쓰러워하고, 그의 행운과 즐거움을 함께 즐거워하고 축복까지 하는 것은 바로 우리 모두의 마음속에 있는 공정한 관찰자 덕분이다. 악인을 보면 분노하고, 선인을 보면 본받으려는 마음이 생기는 것도 우리 안의 공정한 관찰자가 우리에게 그렇게 시키기 때문이다.

공정한 관찰자는 또 사소한 일로 격분해 남에게 달려들려 하는 나를 뜯어말리는 친구, 남의 것을 탐내 그것을 훔치려는 나를 막는 친구, 짐을 들고 가는 노인을 함께 돕자고 말하는 친구, 어머니 손을 놓쳐 길에서 우는 어린아이 집을 찾아주자며 앞장서는 친구들이다. 우리가 혼자 있을 때도 나쁜 행동은 삼가려는 마음이, 좋은 행동은 시키지 않아도 하려는 마음을 갖게 하고 그 마음을 행동으로 옮기게 하는 게 '내 안의 공정한 관찰자'다. 그렇다면 우리 속의 양심이 바로 공정한 관찰자 아닌가? 아니다. 다시 러셀 로버츠의 설명을 들어보자.

공정한 관찰자는 양심과 아주 비슷해 보이지만, 고맙게도 스미스는 이 둘의 차이점을 친절히 알려준다. 양심은 각자의 가치관이나 종교 등의 원칙이 정한 기준에 어긋

났을 때 자극을 받는다. 그런데 이런 기준은 상대적이고 개인적이기 때문에 스미스는 큰 가치를 두지 않았다. 이보다는 어깨 너머로 나를 쳐다보는 사람이 인간 대 인간으로 나를 심판한다고 상상하는 것이 더 낫다는 게 스미스의 판단이다.[35]

 도서관에서 낙서투성이 『도덕감정론』을 빌려서 집에 가져왔으나 낙서가 신경 쓰여 몇 쪽 나갈 수가 없었다. 인터넷으로 새 책을 주문한 후에도 화가 가라앉지 않았다. 도서관의, 그 귀중한 『도덕감정론』을 엉망으로 훼손한 그 비도덕적 먹물 낙서꾼이 내 이 책을 읽을지도 모르겠으나 그 전에 스스로 자기 행실을 깊이 반성했으면 좋겠다.

---

35) 『내 안에서 나를 만드는 것들』 45쪽

4. 권력자의 지배 기술

<그의 외모, 그의 태도, 그의 처신 모두가 그보다 비천한 신분으로 태어난 사람들은 도달할 수 없는 그의 우월한 지위의 우아함과 고상함을 두드러지게 한다. 이것들이 바로 그가 사람들을 한층 쉽게 그의 권위에 복종하게 하고, 자신의 뜻에 따라 그들의 의지를 지배하는 기술들이다.>

4. 권력자의 지배 기술

"무슨 생각을 하시오?"
『도덕감정론』을 첫 페이지부터 마지막 페이지까지 망쳐 놓아 다른 사람이 도저히 읽지 못하게 만든 자의 도덕감정은 도대체 뭐란 말인가? 골똘히 생각에 빠져 있던 나를 스미스 선생이 일깨웠다. 제법 오랫동안 거기에 몰두했던 모양이다.
"선생님 책에 누가 낙서를 심하게 한 게 기억나서요. 도서관 책을 망쳐놨더라고요. 그 귀중한 책을…"
 이렇게 대답하고는 말을 돌렸다. 무도한 자의 낙서 이야기로 귀한 시간을 헛되이 보내기 싫었다.
"선생님, 아까도 말씀드렸지만, 선생님을 연구한 학자들은 선생님의 글이 매혹적이라고 합니다. 선생님 책을 제대로 읽는 사람들은 생각이 다 같은 모양이지요. 그분들도 선생님의 글에는 비유와 예화가 적재적소에 나와서 논지를 명확하게 뒷받침한다고 평합니다. 그런데 제 생각에는 비유와 예화를 다루는 방식이 두 책에서 다르다는 느낌이 들었습니다."
"흥미로운 지적이군요. 무엇이 달랐지요?"
"'도덕감정론'에는 예화가 많고, '국부론'에는 비유가 많더라는 겁니다. 예화나 비유나 그게 그거 아니냐고 할 수도 있으나, 한번 다르다고 생각하니 선생님께서 일부러 두 책을 그렇게 쓰셨나, 싶어서요."

"내가 그랬나요? 흠, …."

이번에는 그가 잠시 말을 멈췄다. 내 지적을 생각해보는 듯했다. 그러더니 말을 이었다.

"그런 것 같군요. 내용이 다르면 서술도 달라지겠지요. 하지만 내가 일부러 한쪽에는 예화를, 한쪽에는 비유를 많이 넣은 건 아닙니다. 그런데 정 선생, 아까 우리 집에서 나를 처음 봤을 때 나에 관한 책을 쓰겠다고 했지요? 뭘 어떻게 쓸 건가요? 사람들이 나에게로 다가오는 징검다리가 되도록 쓰겠다고 했는데, 기대가 됩니다. 궁금하기도 하고."

"말씀드리기 쑥스럽습니다만, 우선 '국부론'은 선생님이 거기에 쓴 비유를 제목으로 해서 한 꼭지씩 써나갈 계획입니다. 예를 들면 '국부론' 도입부에서 선생님이 강조한 '인간의 교환본능'은 '개는 서로 먹이를 바꾸지 않는다'라는 제목으로 풀어나가고, '장원을 중심으로 공고하게 구축됐던 중세의 귀족주의가 무너지고 자유농이 확대되는 과정'은 '나의 다이아몬드 버클이 너희에게 자유를 주었다'라는 식으로 제목을 붙여서 써보려는 거지요."

"아예 곧장 비유로 시작하겠다? 제목으로 눈길을 끌어 보겠다? 나도 쉽게, 재미있게 쓰려고 노력했는데, 요즘 한국 사람들한테는 그것도 어려운 모양이지요? 두껍고 긴 책은 일단 머리 아파한다는 말이지요? 내가 살아 있을 때보다 영국이나 미국 사람들 책 안 읽고 문해력이 떨어졌다더니 한국도 그런 현상이 심한가 봅니다."

"책 안 읽는 사람이 많아졌습니다. 한국은 특히 그렇습니다. 이유야 많겠지만 저는 책 말고도 다른 재미난 것, 시간을 보낼 수 있는 게 많아진 게 제일 큰 이유라고 생각합니다. 특히 생각 없이 쳐다만 보면 빠져들 수 있는 TV 프로그램이 한국 사람들을 책에서 멀리 떨어뜨리고 있는 것 같습니다. 요즘에는 휴대전화니, 뭐니 해서 새로 나온 각종 전자기기도 볼거리며 즐길 거리를 24시간 제공하고 있어서 책 안 보는 사람이 더 늘어나고 있습니다."

"TV라는 것이 발명됐고, 그것 때문에 사람들이 책을 멀리한다는 이야기는 자주 들었지만, 아예 책을 읽지 않는 세상이 됐다는 말은 정 선생에게 처음 듣습니다. 책을 읽지 않고 생각을 어떻게 깊게 하겠어요? 사람은 책이 만드는 건데."

"선생님, '국부론'이 1776년에 나왔잖아요? 같은 해 1

월에 토머스 페인이라는 분이 쓴 '상식'이라는 얇은 책이 미국에서 불과 두 달 만에 10만 부나 팔렸다고 합니다.36) 요즘 같으면 두 달 만에 1,000만 부가 나간 것과 같다고 합니다. 소설은 인기가 더 높아 찰스 디킨스라는 영국 인기 작가가 미국을 갔는데, 가는 곳마다 환영 인파로 미어터졌다고 합니다. 좋아하는 작가를 직접 보고 강연을 들으려는 사람들이 그렇게 많았다는 거지요. 한 차례 공연에 수만 명이 몰리는 21세기 대중 예술인들의 인기보다 높으면 높았지 못하지는 않을 거라고 말한 사람도 있습니다."

"그런 걸 전문적으로 연구한 사람이 있나 보군요?"

"닐 포스트먼37)이라는 미국 학자가 1985년에 쓴 '죽도록 즐기기'라는 책에 나옵니다. TV가 책을 죽여 온 과정을 분석한 책이지요. 거의 40년 전에 나온 책이지만, 요즘은 휴대전화기가 TV를 대신하고 있으니 여전히 유효한 분석이라고 생각합니다. '죽도록 즐기기'라는 제목은

---

36) 토머스 페인(Thomas Paine. 1737~1809). 잉글랜드 노퍽 출신 정치평론가. 1776년에 미국에서 출판한 『상식(*Common Sense*)』으로 미국 독립에 큰 영향을 미쳤다.
37) 닐 포스트먼(Neil Postman, 1931~2003). 미국의 매체이론가, 문화평론가. 한국에는 『죽도록 즐기기 (*Amusing Ourselves to Death: Public Discourse in the Age of Show Business*)』(홍윤선 역, 굿인포메이션)와 『교육의 종말 (*The End of Education: Redefining the Value of School*)』(차동춘 역, 문예)이 나와 있다.

TV가 제공하는 오락과 오락화된 뉴스에 빠진 사람들의 행태를 비유한 거지요. 즐길 것만 있으면 죽는 것도 모른다는 말을 한 것 같습니다.

 선생님, 그래도 미국이나 영국 사람들은 책을 많이 읽는 편입니다. 미국은 인구가 한국보다 5~6배 되지만 책은 이보다 몇 배는 더 팔리고 있습니다. 한국에서는 책을 들고 있는 사람을 보기 힘든데 미국에서는 공원이나 비행기 커피숍 같은 데서도 책 읽는 사람이 많거든요. 미국만 그런 게 아닙니다. 일본 사람들도 책을 많이 읽고 많이 써내지요."

"그런데, 정 선생은 왜 책을 내려고 해요? 그것도 나에 관한 책을? '도덕감정론'이나 '국부론'의 내용을 모르는 사람이 많다는데, 나와 내 책에 관한 책을 읽을 사람이 과연 몇이나 될까?"

"앞에서 말씀드린 것처럼 자유와 성장에 관한 선생님의 생각을 내 나라에 더 널리, 깊이 알리고 싶어서입니다. 선생님, 한국은 1950년에 터진 동족 전쟁으로 소멸할 뻔했습니다. 지금 그 전쟁의 원인과 진행을 상세히 말씀드릴 수 없어 아쉽습니다만, 수많은 생명을 앗아간 그 전쟁이 끝난 직후 한국은 모든 것이 폐허가 됐습니다. 적에게 점령당하지 않은 극히 일부 지역 주민을 제외하면 먹을 것, 입을 것, 누워 잘 집이 있는 사람이 없었습니다. 원래 가난하던 나라가 전쟁을 거치면서 세계 최빈국이 된 거지요.

 그때부터 불과 20년 뒤부터 한국은 일어서기 시작했습니다. 얼마 지나지 않아 최빈국에서 먹고살 만한 나라가 되더니 70년이 지난 최근에는 세계의 많은 나라가 부러워하는 부유한 나라가 됐습니다. 그 사이, 사람들이 누리는 자유도 확대됐습니다. 선생님 말씀처럼 된 거지요.

 자유와 풍요가 같이 자라나는 쌍둥이라면 그 쌍둥이가 제대로 자란 게 한국의 오늘날 모습일 겁니다. 물론 빈부격차 같은 문제가 여전하지만, 한국이 풍요롭지 않다거나 자유로운 국가가 아니라는 말은 이제 틀린 말입니다. 저는 선생님 탄생 300주년을 맞아 제가 쓰려는 책이 한국의 풍요와 자유를 지키는 데 조금이라도 도움이 되기를 바랄 뿐입니다."

"정 선생 계획대로 되면 좋겠습니다."

"감사합니다. 하지만 내용이 달콤하고 보들보들하거나, 사회 고발이라는 미명으로 독자의 분노를 부추겨 결과적으로는 사회의 분열을 부르는 책이라면 그나마 관심을 끌겠지만 제 책은 그런 책이 아니니 읽히지 않는 책으로 남아 어쩌면 선생님의 명성을 해칠지도 모르겠습니다.

하지만 선생님, 선생님의 책을 소개하는 책을 씀으로써 저 자신은 즐거울 겁니다. 어쩌면 내 가족, 내 형제자매와 친구들도 좋아할 수 있겠지요. 저는 그걸로 만족할 수 있습니다. 이렇게 선생님 뵙는 영광까지 누리는 저를 부러워할 친구들도 꽤 있을 테니까요."

"좋은 책이 독자의 외면을 받을 때가 많지요. 데이비드 흄 선생은 사상에 혁명을 가져올 것이라며 자신만만하게 '인간본성에 관한 논고'라는 책을 첫 책으로 상재했는데, 사상의 혁명은커녕 독자들의 외면 속에 지독한 혹평만 받았지요. 선생은 낙심한 나머지 '이 책은 인쇄기에서 사산됐다'라고 평생 말했지요. 내가 흄 선생에게 빠진 것은 젊을 때 그 책을 읽었기 때문인데 말입니다."[38]

"어떤 이들은 흄 선생의 그 책은 어렵고 딱딱해서 실패했다고 말합니다. 선생님은 '도덕감정론'을 쉽고 재미있게 써서 멘토가 걸었던 전철을 피했다는 말도 있고요."

"내가 재미있게 쓰려고 노력하기는 했지요. 자랑은 아닙니다만, 허허허. 그런데 '국부론'은 비유를 제목으로 해서 쓰겠다고 했으니, '도덕감정론'은 예화 중심으로 쓰

---

[38] 흄의 이 말은 내용이 뛰어남에도 독자의 주목을 받지 못한 책의 비유로 종종 쓰인다. 데니스 라스무센은 이 말이 "거의 모든 진실은 인쇄기 속에서 사산된다. 마지막 관보처럼 아니면 마지막 연설처럼"이라는 알렉산더 포프의 선언에서 비롯됐다고 한다. 『무신론자와 교수』 42쪽.

겠군요?"

"예. 그러고 싶습니다만 잘 될지는 모르겠습니다."

"좋은 비유가 '도덕감정론'에도 많다면서 예화 중심으로 풀어나가겠다는 이유는 뭐지요?"

"솔직히 말씀드리면, 비유가 너무 많아서 고르기 힘들어 그렇습니다. 선생님은 '도덕감정론'에서 인간의 거의 모든 감정과 인습이 생겨난 원인을 다 다루셨잖아요.

 사랑 증오 두려움 공포 불안 안전 행복 불행 고통 쾌감 아름다움 추함 만족 원망 복수 희망 낙망 질투 시기 명예 권력 물욕 아첨 칭찬 모욕 낭비 유행과 관습 나태 근면 등등 인간의 감정과, 그 감정이 빚어내는 행위를 하나하나 짚어가며 그것들이 어떻게 도덕 감정을 형성했나를 설명하셨는데, 이해가 쉽도록 그때마다 적실한 비유를 들어주셨지요. 그런데 어떤 부분에서는 비유만으로는 부족하다고 생각하셨는지 신화와 역사는 물론 문학 미술 음악 건축 등 예술 작품, 그리고 선생님 당대에 일어난 크고 작은 사건에서 예화를 끌어와 다양한 주장을 더 빛나게 하셨습니다."

"고맙군요. 허허허."

"선생님, 그래서 말인데요. 저는 예화만으로도 '도덕감정론'에 펼쳐진 선생님의 생각을 사람들에게 전할 수 있겠다고 생각하게 됐습니다. 물론 선생님의 생각을 더 깊이 알고자 하는 분들은 책을 펼치면 되겠습니다만. 허락해주시면 한국에 돌아가 그 일에 착수하겠습니다."
 선생은 나의 계획을 흔쾌히 허락해주었다. 아래의 이야기들은 『도덕감정론』에서 내가 추려낸 스미스 선생의 예화다.

고통은 견디고, 비애는 제어해야 할 감정

 카토는 적에게 사방으로 포위되어 더 이상 그들에게 저항할 수 없는 상황에서도 적에게 항복하는 것을 부끄럽게 여기고, 따라서 그 시대의 자랑스러운 행동원칙에 따른다면 스스로 죽음을 선택할 수밖에 없는 상황으로 몰렸다. 그러나 그는 이 불운에도 기가 꺾이지 않았고, 구슬픈 비열한 소리로 우리에게 우리가 언제나 흘리기를 꺼리는 동감의 눈물을 애걸하지도 않았다. 반대로 그는 남자다운 강건함으로 무장하고 자신의 비장한 결의를 실행하기 직전에 평소와 같이 침착하게 그의 친구들의 안전을 도모하는 데 필요한 모든 명령을 내렸다. 카토의 이러한 행동들은 무감각의 효용에 대한 위대한 주창자 세네카(Seneca)의 눈에는, 신들까지 기쁨과 감탄의 마음

으로 지켜볼, 장관으로 비쳤다. (1부 3편 1장)

 세월호 침몰이 한국 사회에 눈물을 유난히 많이 불러왔으며 그 눈물은 악인의 거짓 눈물이 촉발한 것이 아닐까 하는 생각이 깊어질 때, 자신에게 닥친 고통(자기 잘못으로 생겨난 것이 대부분인)은 아무리 작아도 참기는커녕 비명부터 지르는 사람이 많다는 생각이 들 때 이 부분을 읽었다. 메모장에 옮겨 쓰지 않을 수 없었다.
 카토(기원전 234~194년)는 로마의 군인·정치가·작가다. 제2차 포에니 전쟁(기원전 218~202년)에서 로마군을 지휘, 아프리카의 강자 카르타고를 패망시켰다.[39] 스미스는 "큰 고난 속에서도 너그러움과 여유를 가지는 태도가 항상 신성할 정도로 고귀하게 보이는" 이유를 설명하면서 이 예화를 삽입했다. "우리의 본성은 남의 고통이나 비애를 보는 것보다는 그가 그 고통을 견디고 비애를 제어하는 것에 더 감탄하도록 형성되었기 때문"이라는 해석이 예화를 뒤따라 나온다.

 수많은 소소한 어려움 가운데서도 쾌활함을 유지할 수

---

[39] 여기에 등장한 카토는 '대(大)카토'이다. 기원전 95년에 태어나 기원전 46년에 사망한 '소(小)카토'는 그의 증손자다.

있는 사람의 행동은 품위가 있고 보는 사람의 기분도 유쾌하게 한다. 그러나 가장 무서운 재난에서도 같은 방식으로 견딜 수 있는 사람은 인간 이상으로 보인다. (중략). 우리는 그가 그처럼 완전하게 자신을 제어할 수 있는 것을 보고 놀란다. 그는 우리에게 자신의 비애에 대한 세심한 감수성을 우리에게 요구하지도 않는다. (중략). 우리는 일상생활에서 그와 같은 영웅적 관대함을 지닌 사람을 만나면 언제나 큰 감명을 받는다. 우리는 비애에 대해서는 인간의 온갖 약한 모습을 다 드러내 보이는 사람들보다는 이처럼 마치 자신을 위해서는 아무런 감정도 느끼지 않는 것처럼 보이는 사람들에 대하여 더욱 슬퍼하고 눈물을 흘리게 마련이다. 소크라테스가 마지막 독배를 마실 때, 그 자신은 아주 밝고 쾌활한 평정을 보인 반면, 그의 친구들은 모두 울었다.

『그리스인 조르바』의 작가 니코스 카잔자키스도 '고통과 슬픔을 참는 미덕'을 여러 글에서 찬양했다. 카잔자키스의 회고록 『영혼의 자서전』에는 아끼던 사람이 전쟁에서 죽은 어느 이슬람 토후가 부족 사람들에게 이런 명령을 내렸다는 이야기가 나온다.

"그랬다가는 너희들의 슬픔이 가벼워질지 모르니까, 울

거나 소리 지르지 마라!"

 카잔자키스의 소설 『미할리스 대장』에 나오는 '재난 속에서 위엄을 잃지 않은 아버지' 이야기 또한 감동적이다. 그 이야기는 이렇다.

 "어릴 때 어느 해 폭우로 그해 포도 농사를 다 망쳤다. 다른 사람들은 망연자실, 하늘을 원망하거나, 통곡하고 있었다. '아버지!' 내가 소리쳤다. '포도가 다 없어졌어요!' '시끄럽다.' 아버지가 대답했다. '우리는 없어지지 않았어.' 나는 그 순간을 잊지 못한다. 나는 그 순간이 내가 인간으로서의 위기를 맞을 때마다 위대한 교훈 노릇을 했다고 믿는다. 나는 욕이나 애원도 하지 않고 울지도 않으면서, 문간에 꼼짝하지 않고 침착하게 서 있던 아버지의 모습을 항상 기억했다. 꼼짝 않고 서서 재난을 지켜보며, 모든 사람 가운데 아버지 혼자만이 위엄을 지켰다."

 한국의 옛 어른 중에도 아버지의 위엄을 지킨 사람이 드물지 않다. 조선 숙종 때 학자 서계(西溪) 박세당(朴世堂, 1629~1703)도 그런 아버지 가운데 한 분이다. 서계는 명나라만 죽어라 섬기는 것에 반대하고 주자학 일변도인 세상에서 새로운 해석을 도모하며 노자에 관한 책이나 농사 서적을 지은 독창적 학자였다.

정재(定齋) 박태보(朴泰輔, 1654~1689)는 서계의 둘째 아들. 숙종 때 인현왕후의 폐위를 반대하는 상소문을 올린 것이 임금의 분노를 사 친히 죄를 묻는 친국 자리에 끌려왔다. 사정없이 고문을 가해도 애원은커녕 비명이나 신음소리도 내지 않은 것이 스물여덟 혈기 방장한 임금의 심기를 더 자극해 그는 결국 무릎이 부서지고 뼈가 부러졌다.

다음날 전라도 땅 진도로 귀양 가는 길에 하룻밤 머문 한양 노량진의 민가에서 숨지기 직전, 서계는 아들이 유숙한 집을 찾아가 "이제 어쩌겠느냐? 조용히 돌아가거라"라고 분부했다. 아들은 그날 밤 조용히 부친의 마지막 명을 따랐다.

영조 때 사헌부 대사헌을 지낸 후손 박상로(朴相老, 1732~1776)가 지은 것으로 보이는 '박태보전'을 읽고 언론인 임철순은 이렇게 평했다. "참으로 그 아버지에 그 아들입니다. 그렇게 작별하고 나와서는 아들의 이름을 부르며 통곡하는 아버지. 한국사의 인상 깊은 명장면 중 하나입니다."[40]

---

[40] 임철순(전 한국일보 주필), 「박태보전을 읽으면서」(자유칼럼그룹, 2023. 2. 7)

상상이 칠하기 쉬운 허망한 색채

내전에서 무고한 사람들이 흘린 피가 불러일으킨 의분도 찰스 1세의 죽음이 불러일으킨 의분에는 미치지 못했다. 인간의 본성에 무지한 사람들은, 사람들이 자기 아랫사람들의 비참한 모습에 대해 보여주는 무관심과 자기 윗사람들의 불행과 수난에 대해 표출하는 유감과 분개를 보고는, 높은 신분의 사람들의 고통과 죽는 순간의 발작은 낮은 신분의 사람들보다 더욱 격렬할 것이라고 상상하기 쉽다. (1부 3편 2장)

찰스 1세는 스미스가 태어나기 약 100년 전인 1625년부터 1649년까지 재위하며 잉글랜드와 스코틀랜드, 아일랜드를 다스렸다. 왕은 신이 정한다는 왕권신수설을 신봉한 전제군주로 악정과 실정을 거듭하던 그의 치하에서 의회는 수시로 반발했고, 그는 반대 인사들을 체포하거나 투옥으로 맞섰다. 마침내 1640년에 반란이 일어났다. 반란을 가까스로 진압한 그가 1642년 하원에 나가 지도자급 의원 5명을 체포하려 하자 의회는 왕과의 정면 대결을 선언했다. 이 대결이 확대돼 청교도혁명이 일어났다. 1646년 영국 중부 네이즈비에서 벌어진 큰 전투에서 올리버 크롬웰이 이끄는 의회파에게 대패하는 바람에 유폐된 그는 2차 내전을 일으켰다가 다시 실패, 1649년 1월 '국민의 적'으로 지목돼 처형됐다.

스코틀랜드 시민들은 두 차례 내전을 촉발, 수많은 시민을 희생시킨 찰스의 처형을 환영하고 기뻐하기보다는 슬퍼하고 분개했다. 스미스는 스코틀랜드 사람들의 이런 이중감정을 "위대한 사람들의 상태는 완전하고 결함이 없으며 행복한 상태라는 추상적인 관념으로 나타나기 때문"이라고 설명했다.

스미스가 "정치적으로 유력한 사람들의 행복과 영향력에 대한 서민들의 낭만적 시선"이라고 이름한, 우리의 정당한 판단을 왜곡하는 경향은 현대에 들어서도 사라지지 않았다. 이른바 '팬덤현상'이 그런 것 아닌가? 온 가족이 머리를 짜내 자식의 경력과 학력을 위조하는 지식인 가정, 본인은 물론 부인과 아들까지 공적 자산을 사적 이익으로 착복한 정치인 가정은 스미스가 일찍이 제시한 이런 분석으로 평가할 수도 있을 것이다. 이런 사람들만이 아니다. 저명인에게 과하게 동조하는 인간의 성향은 흉악하고 사악한 범죄인을 숭배하는 괴이한 현상까지 낳았다.

별것 아닌 권력자들의 지배 기술

 루이 14세는 대부분의 통치 기간에 프랑스뿐만 아니라 유럽 전역에 걸쳐 위대한 군주의 표본으로 간주 되었다. 그가 이렇게 큰 명성을 획득한 것은 어떤 재능과 덕행을 통해서인가? 그가 모든 일에 성실하고 확고한 정의의 태도로 임했기 때문인가? 아니면 그가 겪었던 큰 위험과 곤란 때문인가, 혹은 그것을 추구하는 과정에서 지켜온 지칠 줄 모르고 한결같았던 노력 때문인가, 아니면 그의 해박한 지식, 예리한 판단력, 영웅적인 용기 때문인가?
 이런 자질 중 어떤 것도 그 이유가 될 수 없다. 무엇보다도 중요한 것은 그가 유럽에서 강력한 군주였고, 따라서 군주 중에서도 최고의 지위를 점하였다는 사실이다. (중략) 그는 자신의 신분과 자신의 신분에만 어울리는, 그리고 다른 사람이라면 매우 우스꽝스러웠을 발걸음과 몸짓을 하였다. 그에게 말하는 사람들의 당황해하는 모습은 그를 즐겁게 하였고 우월감을 느끼게 하였다. 한 늙은 장교가 그에게 무언가를 간청하려 했지만 당황한 끝에 말이 막혀 자기 이야기를 끝낼 수 없게 되자, 그는 다음과 같이 말하였다. "폐하! 폐하의 적들 앞에서는 제가 이렇게 두려워하지 않는다는 것을 알아주십시오."이

장교는 자신이 원했던 것을 얻는 데 전혀 어려움이 없었다. (제1부 3편 2장)

  평민인 스미스는 귀족의 도움을 많이 받았다. 글래스고 대학에 진학할 때, 옥스퍼드대학에 유학 갈 때, 에든버러에서 대중강연을 할 때, 글래스고대학 교수가 될 때, 프랑스를 여행하며 국부론을 쓰기 위한 자료를 수집할 때, 만년에 스코틀랜드 관세청장이 될 때 조상들이 봉사(奉仕)한 여러 귀족 가문의 추천과 후원을 받았다. 스미스는 그들의 배려에 감사해하면서도 계급사회의 모순을 느꼈던 것 같다. 귀족이라는 신분을 빼고는 아무런 능력도 보여주지 못한 사람들을 많이 보았기에 이런 글을 쓴 것 아닐까?
  스미스는 창업군주가 아닌 세습군주나 세습귀족에게 사람들이 쉽게 복종하고 지배당하는 것은 그들이 태어나면서부터 소위 왕실 교육 혹은 귀족 교육을 통해 통치 기술을 배웠기 때문이라고 보았다. 권력자들의 통치 기술을 스미스는 이렇게 설명한다.

  "그(세습군주 혹은 세습귀족)가 하는 말과 행동은 모두 남들의 주목을 받기 때문에, 습관적으로 자신의 일상 행동 하나하나에 주의를 기울이도록 교육받고, 가장 엄밀한 적정성으로 자신의 모든 작은 책무들을 수행하도록 교육받는다. 그는 자신이 얼마나 관심의 대상이 되어 있는지, 사람들이 자신의 모든 의향에 얼마나 호의를 가지고 대하는지를 알고 있다. 그러므로 아무래도 좋은 일들에 대해서도 그의 행동은 그처럼 자유자재하고 고상한데, 이러한 행동은 앞에서 말한 그의 생각에서 자연히 나오는 것이다.

그의 외모, 그의 태도, 그의 처신 모두가 그보다 비천한 신분으로 태어난 사람들은 도달할 수 없는 그의 우월한 지위의 우아함과 고상함을 두드러지게 한다. 이것들이 바로 그가 사람들을 한층 쉽게 그의 권위에 복종하게 하고, 자신의 뜻에 따라 그들의 의지를 지배하는 기술들이다. 이 점에서 그가 실패하는 일은 거의 없다. 이러한 기술들은, 높은 지위와 탁월함의 지지를 받으면, 통상의 경우, 세계를 통치하는 데 충분하다.

『도덕감정론』에서 이 대목을 읽을 때 능력이 검증되지 않았는데도 단지 재벌가에서 태어났다는 사실만으로 소위 '가신'이라는 사람들의 복종과 추앙을 받으며 그 재벌의 총수가 된 사람들이 생각났다. 더러는 뒤늦게 능력을 보여 가업을 지키는 데 성공했지만, 다수는 사치와 방탕이 타고난 무능과 겹쳐 할아버지 아버지가 이뤄놓은 것을 당대에 무너뜨리는 사례가 더 많지 않은가. 정치인 아버지의 후광으로 정치인이 되었으나 능력 발휘는커녕 부정과 부패에 얽힌 2세 정치인들도 속속 생겨나고 있지 않은가.

'존경'은 야심과 경쟁심의 위대한 목적

 우리는 존경받을 만한 사람이 되기를 바라며 실제로 존경받기를 바란다. 우리는 경멸할 만한 인간이 되는 것과 실제로 경멸받는 것을 두려워한다. 그러나 이 세상을 보면, 우리는 곧 지혜와 미덕만이 존경의 유일한 대상이 결코 아니며, 부도덕한 행위와 우둔함만이 경멸의 유일한 대상이 결코 아니라는 것을 깨닫게 된다.
 우리는 세상 사람들의 존경과 관심이 지혜로운 사람과 덕이 있는 사람에게 향하기보다는 부자와 권세가들에게 더욱 강하게 향하고 있음을 자주 목격한다. 우리는 권세를 가진 사람의 부도덕한 행위와 우둔함이 받는 경멸이 아무런 죄가 없는 사람의 빈궁함과 연약함이 받는 경멸보다 훨씬 적은 경우를 자주 목격한다.

존경받을 자격이 있고, 존경을 획득하고, 사람들의 존경과 감탄을 즐기려는 것은 야심과 경쟁심의 위대한 목적이다. (제1부 3편 3장)

스미스는 "존경은 거의 모든 인간이 갈망하는 위대한 목적"이라고 단정한 후 이 목적으로 인간을 이끌어 주는 두 개의 다른 길을 우리에게 보여준다. "하나는 지혜를 배우고 도덕을 실천하는 길"이며 다른 하나는 "부와 권세를 획득하는 길"이다. 스미스는 명백하고 치밀한 논증을 통해 "중류 및 하류 계층의 사람이 미덕과, 적어도 그런 계층의 사람에게 합리적으로 기대되는 정도의 재부를 획득할 수 있는 길은, 다행히도 대부분 거의 동일하다"라고 말한다. 즉 "자신의 직업에서 진실하고 견실한 직업적 능력을 갖춘 사람이 신중하고 정직하며 꿋꿋하고 절제하는 경우, 성공하지 못하는 경우가 없다"라는 게 스미스의 견해였다.

"존경을 획득하고 존경과 감탄을 즐기려는 인간의 욕심은 거의 모든 인간이 갈망하는 위대한 목적"이라고 단정한 사람은 스미스만이 아니다. 독일의 문호 요한 볼프강 괴테는 존경에서 한 걸음 더 나아가 "우리가 존경받으려는 이유는 자유로워지기 위해서"라고 말한다.

괴테와 마지막 9년을 함께 지내면서 그와 나눈 대화를 기록한 요한 페터 에커만에 따르면 "우리는 자기 위에 있는 것을 인정하지 않으려 함으로써 자유를 얻는 것이 아니라, 자기 위에 있는 것을 존중함으로써만 자유로워지는 거네. 왜냐하면 우리는 자기 위에 있는 것을 존경함으로써 자기를 거기까지 높이고, 위에 있는 것의 가치를 인정함으로써 우리 자신도 고귀한 것을 몸에 지니면서, 아울러 그것과 동등하게 될 가치가 있다는 점을 분명히 보여주기 때문"이라는 게 괴테의 설명이다.[41) 괴테의 이 말은 '인정받으려면 먼저 인정하라'는 뜻이리라.

 한편 스미스는 "부자와 권세가에 대해서는 감탄하고 또 거의 숭배하기까지 하는 성향, 그리고 가난하고 비천한 상태에 있는 사람들을 경멸하거나 아니면 적어도 무시하는 성향은 계급차별과 사회질서의 확립 및 유지에 필수적이지만, 동시에 우리의 모든 도덕감정을 타락시키는 가장 크고 가장 보편적인 원인"이라고 개탄했다.

아첨과 비위 맞추기는 상류사회의 성공법

 모든 위대한 덕성들, 즉 국회, 의회 또는 전쟁터에서 적

---
41) 요한 페터 에커만 『괴테와의 대화』(장희창 역, 민음사)

합할 수 있는 미덕들은 타락한 사회에서 가장 두각을 나타내는 오만하고 천한 아첨꾼들로부터 최대의 경멸과 비웃음을 사게 된다. 설리 공작이 루이 13세의 부름을 받고 궁에 들어가서 어떤 긴급 사태에 대해 자기 의견을 말하려 했을 때, 그는 국왕의 총신들과 조정의 대신들이 서로 수군거리며 유행에 뒤처진 자기 옷차림을 비웃는 것을 들었다. 그때 늙은 군인이자 정치가인 설리가 말했다. "폐하의 부친께서는 저에게 황공하게도 조언을 구하실 때마다 언제나 궁정의 광대들에게 저쪽의 대기실로 물러가 있으라고 명하셨습니다."(1부 3편 3장)

설리 공작(1560~1641)은 프랑스 군인이자 정치가였다. 프랑스가 16세기 후반 벌어진 종교전쟁(1562~1598)에서 해방되는 데 크게 기여, 국왕 앙리 4세의 신임을 받았다. 이후에도 여러 전쟁에 나가 프랑스의 승리를 이끌었고 평화 시에는 프랑스의 재정을 총괄, 조세제도를 혁파하는 등 개혁 정치를 주도해 더 큰 신임을 받았다. 그러나 앙리 4세가 죽고 루이 13세가 즉위하자 지난 세월 그의 출세와 왕의 신임을 시기 질투하는 무리의 참소가 그치지 않아 정치에서 물러났다.

스미스는 중류 및 하류 계층은 자기 직업에서 신중하고

절제하며 정직하면 좋은 평판과 그에 어울리는 재부를 쌓을 수 있으나 상류사회의 사정은 그렇지 않음을 보여주면서 설리 공작을 예로 들었다.

"궁정 안에서, 상류사회 사교계에서, 성공과 승진은 총명하고 해박한 동료들의 평가에 의해서가 아니라 무지하고 뻔뻔하고 오만한 윗사람들의 변덕스럽고 어리석은 호감에 의해 결정된다. 그곳에서는 공로와 실력이 아첨과 거짓말로 윗사람의 비위 맞추는 능력에 늘 압도당한다. 이러한 사회에서는 아첨하는 능력이 일을 처리하는 실력보다 더욱 중시된다. (중략) 건방지고 어리석은 상류사회 인사들의 외적인 기품과 사소한 재능들이 전사 정치가 철학자 또는 입법자들의 견실하고 남자다운 미덕보다 통상 더 많은 감탄을 받는다"고 갈파했다.

아첨하고 아부하는 사람을 이렇게까지 경멸한 스미스가 줄리어스 시저(율리우스 카이사르)도 아첨 때문에 죽음을 자초했다는 셰익스피어의 상상력을 차용하지 않은 이유가 궁금했다. 아마도 너무 잘 알려진 일화라 진부하게 여겼거나, 문학적 허구라고 생각했기 때문일 것이다. 시저에게 바쳐진 아첨의 최고봉은 "당신은 아첨꾼을 싫어

하시는군요?"라는 대사다. 양자인 브루투스가 시저를 칼로 찌르는 셰익스피어의 사극「줄리어스 시저」2막 1장에 나온다.

　다음 날 시저를 죽이기로 모의한 브루투스 일파는 그가 원로원 언덕에 나타나지 않으면 모든 게 탄로 날 것이라고 걱정한다. 그중 한 명인 데시우스가 이렇게 말한다. "내가 그에게 '아첨꾼을 싫어하시는군요?'라고 말했더니 그는 '그렇다'고 답했어. 그는 정말로 아첨에 약한 거지. 내가 내일 시저 집에 가서 아첨으로 그를 끌어낼 테니 걱정하지 말게. 자신 있어." 데시우스는 이튿날 아침 일찍 시저 집에 가서 이 아첨을 늘어놓아 시저를 우쭐하게 만든다. 시저는 결국 "간밤에 악몽을 꿨으니 나가지 말라"는 아내의 말을 무시하고 원로원으로 갔다가 비참하게 일생을 마무리한다.

　아첨꾼에 대한 스미스의 비판이나 경멸은 여기서 그치지 않는다. 알렉산더 사후 그가 건설하고 다스린 세계 최대의 제국, 그리스에서 출발하여 페르시아를 거쳐 인도까지에 이르렀던 광대한 제국 마케도니아는 탐욕과 시기심 가득한 부하들의 분열과 갈등으로 인해 순식간에 파멸한다. 스미스는 이 과정을 보여주면서 아첨이 배신으로 이어지는 단계 단계를 분석한다.

배신은 아첨꾼의 몫!

알렉산더 대왕이 자기 사후에도 권력의 자리에 남아서 제국을 다스리도록 했던 저 비천하고, 찬양을 일삼고, 아첨하던 그의 친구들은, 그가 죽은 후 그의 제국을 나눠 갖고, 알렉산더의 가족과 친족들의 유산을 강탈한 후, 그들 중 요행히 살아남은 유족들은 남녀를 불문하고 하나씩 하나씩 차례대로 모두 죽여 없애버렸다. (6부 3편 32절)

스미스는 인류 역사에 이름을 크게 남긴 '위인'들-예를 들면 인류가 처해 있던 상태와 사상에 최대의 변화를 가져온 사람들, 성공한 장군들, 위대한 정치가와 입법자들, 소속된 사람 수가 가장 많고 가장 성공적인 종파나 정당의 언변이 뛰어난 창시자와 지도자들-이 그렇게 될 수 있었던 주요 원인을 "그들의 위대한 공로 그 자체보다는, 그들의 과도한 자만심과 자화자찬 때문"이라고 봤다. 스미스는 이러한 자만심은 "냉정한 정신을 가진 사람이라면 결코 엄두도 내지 못할 사업을 시작하도록 촉구할 뿐 아니라, 추종자들의 복종과 순종을 획득하기 위해서도 필요하지만, 사업이 성공한 후에는 그들이 거의 광기와 어리석음에 가까운 허영에 빠지도록 한다"라고 꿰뚫어 봤다.

 스미스는 '위대한 왕' 알렉산더를 이러한 광기와 어리석음에 빠진 '위인'의 대표적 사례로 꼽으면서 이유를 이렇게 설명했다.

"성공에 도취해 다른 사람들이 자신과 노모 올림피아를 올림피아의 신으로 생각해주기를 바랐던 알렉산더는 자신의 업적보다 자기 부친 필리포스의 업적을 더 높이 평가했다는 이유로 클리투스를 죽였고, 자신을 페르시아식으로 숭배하기를 거부한다는 이유로 칼리스테네스를 고문해서 죽였다. 또한 자기 부친의 위대한 친구였던 덕망 있는 파르메니오를 살해했는데, 이에 앞서서 이 노인의 유일하게 생존해 있던 아들에게 전혀 근거 없는 혐의를 덮어씌워 교수형에 처해버렸다.

 알렉산더의 부친은 항상 말하기를, 아테네인들은 매년 10명의 장군을 발굴해낼 정도로 매우 운이 좋았으나, 자신은 전 생애를 통해서 파르메니오라는 장군 한 명밖에 찾아내지 못했다고 했다. 그리고 자기가 언제나 마음 놓고 안전하게 휴식을 취할 수 있었던 것은 파르메니오의 경계와 세심한 주의 덕분이라고 칭찬했다. 즐거운 연회가 있을 때마다 말하기를 '친구들이여 마시자. 파르메니오가 술을 마시지 않으니 우리는 안전하게 즐겨도 된다'라고 했다. 바로 이런 파르메니오가 있었기에, 그리고 그의 헌책(獻策)이 있었기에 알렉산더도 모든 승리를 거둘 수 있었으며, 만약 그가 없었고 그의 헌책이 없었다면 자신은 단 하나의 승리도 거둘 수 없었을 것이라고 알렉산더 자신도 말한 적이 있다. 바로 이런 사람을 알렉산더는 성공에 도취해서 살해한 것이다."

스미스는 알렉산더 사후 부하들이 배신한 것은 과대망상, 자만심에 빠져 다른 사람들을 무도하게 죽였던 것에 대한 자업자득이라고 평한 것이다. 나중에 카뮈도 스미스를 거들어 "천박한 영혼이 아니고서 어느 누가 알렉산더를 성심껏 찬미할 수 있겠는가?"라고 한마디 했다.[42] '알렉산더 대왕(Alexander the Great)'에서 '위대한(the Great)'이라는 수식어를 천박한 영혼들이 붙인 과장된

---

[42] 카뮈의 이 말은 동시대 프랑스 사상가 시몬느 베이유의 말을 인용한 것이다. 『카뮈, 지상의 인간 2』 (허버트 R. 로트먼 지음, 한기찬 옮김. 한길사) 47쪽.

장식이라고 본 것이다.

총명한 사람은 한 명이 인정해도 만족한다.

진정으로 총명한 사람에게는 총명한 한 사람의 사려 깊고 신중한 시인(是認)이 수천 명의 무지한 열광자들의 요란한 갈채보다 더욱 충심으로부터 우러나오는 만족감을 준다. 그는 파르메니데스의 예를 들어 말할지도 모른다. 파르메니데스가 아테네의 군중 집회에서 한 편의 철학 논문을 읽을 때, 플라톤을 제외한 모든 사람이 그에게서 떠나가는 것을 보면서도 그는 그것을 계속 읽어나갔다. 그러면서 말하기를, 플라톤 혼자만 들어줘도 자기는 충분히 만족한다고 했다. (6부 3편 32장)

스미스는 "비록 성공하고 있을 때 스스로 과대평가하는 사람이 흔히 단정하고 겸허한 미덕을 가진 사람보다 더욱 뛰어나 보이더라도, 그리고 군중들의 갈채와 멀리서 이들을 모두 바라보는 사람들의 갈채가 흔히 후자보다 전자에 대해 훨씬 크다고 하더라도, 모든 사정을 공평하게 평가한다면, 아마도 모든 경우에 있어서 진정으로 우세한 것은 전자가 아니라 후자가 될 것"이라고 말했다.

스미스는 후자에 들어가는 사람들을 진정으로 총명한 사람이라고 부르면서 "진정으로 자신에게 속한 공적을 제외하고는 어떤 공적도 자신에게 속한 것으로 생각하지 않고, 또 다른 사람들이 그것을 자신에게 속한 것으로 생각해주기를 바라지도 않는 사람은 창피를 당할까 봐 두려워하지도 않고, 자신의 실체가 발각될까 두려워하지도 않고 다만 자기 자신의 성품의 진실성과 견고성에 대하여 만족하고 느긋해 할 뿐이다. 그를 칭찬하는 사람은 그렇게 많지도 않고, 그렇게 요란하게 갈채를 보내는 것도 아니지만, 그를 가까이에서 보고 그를 가장 잘 아는 총명한 사람은 그에게 최고의 찬사를 보낸다"라며 그런 사람의 예로 아테네에서 소크라테스를 만나 철학 토론을 벌인 것으로 알려진 고대 그리스 철학자 파르메니데스를 들었다.43)

파르메니데스와 플라톤의 관계와는 뉘앙스가 다르기는 하지만, 동양에도 비슷한 고사가 전해 내려온다. 중국 춘추시대의 협객 예양(豫讓)은 자신을 거두어준 지백(智伯)

---

43) 파르메니데스는 기원전 515년에 태어난 것으로 전해진다. 플라톤은 기원전 427년 전에 태어났다. 파르메니데스가 플라톤에게 감사했다는 이 예화는 파르메니데스가 플라톤보다 86세나 많다는 점 때문에 스미스의 기억착오가 불러일으킨 틀린 예화라는 지적도 있다.

이 조양자(趙襄子)에게 억울한 죽임을 당하자 온몸에 옻칠을 하고 숯을 삼킨 후 벙어리 행세까지 하며 몇 번이나 조양자(趙襄子)를 살해하려 하지만 실패하고 결국 자결한다. 사마천이 『사기(史記)』에 남긴 예양의 행적을 후세인들은 '사위지기자사(士爲知己者死)'라는 말로 기억한다. "선비는 자신을 알아주는 사람을 위해 목숨을 버린다"라는 뜻이다.44)

오만한 자와 허영심 많은 자의 차이

클라렌던 경에 따르면, 에런델 백작이 때때로 궁정에 갔던 이유는 그곳에 가야만 비로소 자기보다 위대한 사람을 발견할 수 있다고 생각했기 때문이다. 그러나 그는 나중에는 궁정에 거의 가지 않았는데, 그 이유는 그곳에서 자기보다 위대한 사람을 발견했기 때문이다. (6부 3편 39장)

17세기 영국 귀족 에런델 백작은 한때 잘 나가던 총신이었으나 왕과 왕족의 미움을 받아 런던타워 감옥에 투

---

44) 『사기(史記)』 예양 편. 사마천은 '士爲知己者死' 뒤에 '여인은 자기를 기쁘게 하는 사람을 위해 꾸민다'는 뜻인 '女爲悅己者容'을 붙여 대구(對句)를 이루었다.

옥됐다가 석방되고, 석방됐다가 또 투옥되는 기구한 삶을 살았다. 반복되는 '상승과 추락', 동시대 귀족 클라렌던이 기록한 에런델의 롤러코스터 삶은 스미스에게 오만과 허영에 대한 사유의 소재가 됐다.

스미스는 오만과 허영을 그다지 위대하지 않은 사람, 보통 사람들이 흔히 품고 있는 두 가지 악덕으로 보았다. 그는 "이 두 가지는 과도한 자아 평가의 변형이란 점에서 유사하지만, 많은 측면에서는 서로 매우 다르다"라고 말한다.

"오만한 사람은 자기와 지위가 동등한 사람들과 함께 있을 때는 언제나 마음이 편치 못하며, 자기보다 지위가 높은 사람과 함께 있을 때는 더욱 그렇다. 이런 자리에서 그는 고상한 자기과시를 할 수 없으며, 그들의 표정과 대화가 그를 압도하기 때문에, 그는 감히 고상한 체할 수가 없다. 그가 의지하는 것은 자기보다 비천한 사람들과의 교제인데, 자신은 그들을 존경하지도 않고, 그들과 교제하고 싶어 한 것도 아니므로, 그들은 결코 그를 유쾌하게 하지 못한다. (중략)

허영심이 많은 사람의 경우에는 사정이 전혀 다르다. 그는 오만한 사람이 자기보다 지위가 높은 사람들과의 교제를 회피하려고 하는 것만큼이나 자기보다 지위가 높은 사람들과 교제할 기회를 찾는다. 그는 지위가 높은 사람들이 내뿜는 빛은 그들 주위에 있는 사람들의 몸에도 빛을 반사한다고 생각하는 것 같다. 그는 영광스럽게도 상류층 사람과 친하게 사귄다는 것을 남들에게 자랑하는 것을 좋아한다. 그는 가능한 한 사교계 인사들, 여론을 좌우한다고 생각하는 사람들, 재치 있는 사람들, 학식 있는 사람들, 그리고 인기 있는 사람들과 교제하려고 한다. 그러나 일단 매우 불확실한 대중들의 호의라는 조류가 어떤 면에서건 그의 절친한 친구에게 불리하게 흐를 때는 언제든지 그는 그 친구와의 교제를 피한다."

하지만 스미스는 사람이 오만한 사람, 허영심 많은 사람으로 명확히 구분되는 것은 아니라고 봤다. 누구나 오만과 허영심이 섞여 있기 때문이다. 스미스는 위의 인용문에 나오는 에런델 경도 그런 사람의 하나라고 봤다.

아무것도 아닌 것에 모든 걸 걸면 아무것도 못 얻는다

에피루스(Epirus) 국왕의 총애하는 신하가 국왕에게 말한 것은 일상의 모든 경우에 그대로 적용될 수 있을 것이다. 국왕은 그 신하에게 자신이 예정하고 있는 모든 정복 계획을 차례대로 설명해줬는데, 그 최후의 정복 계획에 이르렀을 때 그 신하가 말했다. "그런 다음에 폐하께서는 무엇을 하실 작정이십니까?" 그러자 국왕이 대답했다. "그런 다음 나는 친구들과 더불어 지낼 거야. 술을 마시면서 친구들과 사귀도록 노력할 거야…" 그 신하가 다시 물었다. "그러면 무엇이 폐하께서 지금 그렇게 하는 것을 방해하고 있습니까?"(3부 3장)

그리스 아테네 부근 작은 왕국인 에피루스 왕 피로스가 무모한 정복 전쟁에 나서려고 하자 피로스의 신임이 두터웠던 키네아스가 왕에게 생각을 바꾸도록 설득하는 장면이다. 스미스는 『플루타르코스 영웅전』에 나오는 이 예화를 압축해서 『도덕감정론』에 실었는데 원래 내용을 풀어쓰면 다음과 같다.45)

그리스의 일부였던 에피로스의 왕, 피로스는 로마를 공격할 계획을 세우고 있었다. 하지만 왕의 두터운 신임을 받던 키네아스는 왕의 계획이 옳지 않다고 생각했다. 키네아스는 피로스 왕이 종종 자신의 대리인으로 내세웠을

---

45) 『내 안에서 나를 만드는 것들』 128~129.

만큼 훌륭한 문장가이자 협상가였다. 그러나 왕에게 그 계획은 옳지 않다고 직접적으로 말하는 건 훌륭한 생각은 아닐 것이다. 현명한 키네아스는 우회적인 방법을 택했다.

"폐하, 로마인들은 훌륭한 전사임은 물론, 수많은 전쟁 강국을 정복한 민족으로 알려져 있습니다. 만약 신께서 우리가 그들을 이기도록 허락하신다면, 우리는 무엇을 할 수 있겠나이까?"

이렇게 묻는 키네아스의 물음에 왕은 대답했다.

"일단 로마를 정복하고 나면, 이탈리아반도를 통째로 정복할 수 있을 것이다."

키네아스는 그럼 그다음은 어떻게 하시겠냐고 물었고, 왕은 다시 대답했다.

"그다음엔 시칠리아를 정복할 것이다."

키네아스는 다시 그다음은 어떻게 하시겠냐고 물었고, 왕 또한 다시 대답했다.

"리비아와 카르타고가 우리에게 무너질 것이다."

키네아스는 포기하지 않고 "그럼 그다음은 어떻게 하시겠나이까?"라고 묻고 왕 역시 포기하지 않고 "그리스 전역을 정복할 것"이라고 대답했다. 마지막으로, 키네아스가 그다음에는 어떻게 되겠느냐고 묻자, 왕은 마지막으로 미소를 지으며 대답했다.
"내 소중한 친구여, 우리는 편안하게 살 것이다. 그리고 하루 종일 술을 마시고 즐거운 대화를 나눌 것이다."
그러자 키네아스가 왕에게 일격을 가했다.
"그럼, 지금 폐하는 무엇 때문에 그렇게 하지 못하시나이까?"

스미스는 이 예화를 통해 "허영과 우월이라는 경박한 쾌락을 제외하고는, 가장 높은 지위가 제공할 수 있는 모든 쾌락을 개인의 자유만이 존재하는 가장 초라한 지위에서도 발견할 수 있을 것"이라고 주장한다. "욕심을 줄이면 행복하다"라는 말은 틀리지 않지만 실제로 따라 하기는 어렵다. 욕심은 본능이니까.
하지만 이 말을 "쓸데없는 일은 가급적 하지 마라"라고 바꾸면 따르기가 쉬울 것 같다. 비용 대비 산출을 생각하는 건 욕심을 줄이는 것보다 쉽지 않나? 키네아스는 왕에게 "모든 나라를 정복하겠다"는 욕심을 버리라고 말하지 않는다. 그저 "그 힘들고 어렵고, 백성들을 괴롭힐 수밖에 없는 해외 정복이라는 쓸데없는 일을 하지 마라"라는 것 아닌가?

5. 다이아몬드 버클이 가져온 자유

<"그들은 모든 허영 중 가장 유치하고 천하며 지저분한 허영을 누리려고 조상 대대로 내려온 권력과 권위를 버렸습니다. 물론 처음엔 몰랐겠지요. 사치품 때문에 자신의 권력과 권위가 점차 상실되고 있다는 걸. ….">

5. 다이아몬드 버클이 가져온 자유

 캐넌게이트 묘지는 에든버러의 오래된 가로인 하이스트리트에 면해 있다. 서쪽으로 죽 걸으면 에든버러의 중심가인 마일스트리트를 거쳐 에든버러성으로 연결된다. 스미스 선생과 나는 이 길을 따라 조금 더 걸었다. 길 건너 왼편에 따뜻한 조명 아래 빵과 과자가 아기자기하게 진열된 자그마한 빵집이 보였다. 'Mimi's Little Bakehouse'라는 간판이 달려 있었다. 베이지색 홈스펀 재킷에 청바지를 입은 남자와 검정 누비옷 상의에 역시 청바지를 입고 색깔 화려한 비니를 쓴 여자가 들어서고 있었다. 둘 다 키가 크고 젊었다. 둘 다 웃고 있었다. 젊고 싱싱한 두 사람을 주연으로 남녀가 이 빵집에서 데이트하는 장면을 넣어 로맨틱 코미디 영화를 찍어도 되겠다고 생각했다. 그러다가 그에게 물으려던 질문이 떠올랐다.
 "스미스 선생님, 스코틀랜드에서 제일 오래된 빵집이 어딘지 아세요?"
 "글쎄요. 그렇게 묻는 걸 보니 정 선생은 어딘지 아는 모양이군요?"
 "글래스고 아래에 있는 스트레이븐에 있는 '알렉산더

테일러 베이커리'랍니다. 알아봤더니 1820년에 문을 열었고 지금 5대째 영업하고 있다고 하네요. 선생님 뵙고 나면 거기도 가볼까 합니다."

"스트레이븐? 시장이 있던 작은 마을이었는데… 오래된 빵집은 왜 알아봤나요?"

"국부론에서 제일 많이 인용되는 게 '우리가 빵을 먹을 수 있는 건 빵집 주인의 이기심 때문'이라는 구절이잖아요. 선생님에게 이런 생각을 하도록 한 빵집은 어떤 빵집일까, 선생님 당대의 빵집이 아직 스코틀랜드에 남아 있을까, 하는 호기심이 생겨서 찾아봤습니다. 제가 좀 싱겁지요?"

"1820년이면 내가 죽고 나서 꼭 30년 된데…, 문 연 지 200년이 지났으니 역사와 관록을 자랑할 만하군요."

"전통이 깊은 곳이면 빵 맛과 모양도 뛰어나겠지요. 꼭 가서 맛을 보려고 합니다."

"쇼트브레드를 꼭 먹어 보구려. 스코틀랜드 전통 음식이니까 추천하는 거요. 12세기에 만들어 먹기 시작한 건데, 원래는 이스트를 넣던 것을 이스트 대신 버터 넣고 굽기 시작한 이후로 고소한 맛이 두드러지게 됐답니다."

"제가 그것도 좀 알아봤습니다. 원래는 남은 반죽에 이스트를 넣고 구웠고, 이름도 비스킷브레드였는데 이스트

대신 버터를 넣은 후부터 쇼트브레드라는 이름으로 바뀌었다지요. 버터가 아직은 흔한 식재료가 아니어서 서민들은 결혼식이나 새해 첫날에나 먹었다고도 하고요. 맛이 좋은 만큼 값이 비쌌던 거지요. 선생님보다 두 세기 전에 살았던 메리 여왕이 무척 좋아했다는 기록도 있더군요. 20세기 후반에는 스코틀랜드 특산품이라고 소문이 나서 관광객들이 선물로 사가기도 한답니다."

"쇼트브레드를 나보다 많이 아는군요. 그래도 먹어봐야 진짜 맛을 알게 될 겁니다."

"스코틀랜드 평민들이 버터로 만든 쇼트브레드를 그나마 좀 자주 먹게 된 게 메리 여왕 때부터 아닐까요? 제 짐작입니다만."

"왜 그렇게 짐작하게 됐나요? 정 선생은 사소한 것에 관심이 많군요. 디테일을 중시하시나?"

"글쓰기에서 선생님도 디테일을 중요하게 생각하지 않으셨나요? 생생한 묘사는 디테일이 뒷받침하는 거니까요."

"생생한 묘사는 삽화와 같지요. 읽는 사람의 이해를 도와주는 게 삽화이자 디테일이라고 생각해요. 글 쓸 때는 물론이고 강연할 때도 그런 묘사를 많이 하니까 반응이 좋더군요. 그런데, 메리 여왕 때부터 서민들도 쇼트브레드를 먹었을 거라고 보는 이유는 뭔가요?"

"왕이 있어도 귀족의 힘이 더 강력하다는 점이 봉건제도의 특징이잖아요. 영국에서 봉건제도를 무너뜨리면서 중앙집권제의 기초를 놓은 뒤 해외 진출을 본격적으로 추진한 왕이 헨리 7세였고, 메리 여왕의 증조부가 헨리 7세니까, 메리 여왕은 봉건영주, 즉 귀족의 힘이 예전에 비해 크게 약해졌을 때 왕이 됐겠지요. 또 평민들도 봉건영주들의 힘이 약해진 덕에 먹고사는 게 전보다는 조금은 나아졌겠지요. 전보다 수탈을 덜 당했을 것이고, 생산성도 높아졌을 테니까요.

사람들은 살 만해지면 남의 눈치도 덜 보지요. '내 거 내가 먹는데 왜 간섭이야?'라고 하거나 '우리도 맛있는 거 좀 먹자'라고 말하는 사람이 많아졌을 겁니다. 그래서 평민들이 버터 들어간 쇼트브레드를 먹을 기회가 늘어나지 않았나, 짐작해봤습니다."

"허허허. 재미있는 유추군요. 메리 여왕은 어릴 때 프랑스 왕과 결혼했지요. 결혼하자마자 프랑스로 가서 오래 머물렀습니다. 프랑스는 음식이 발달한 곳이니 아마 거기서 쇼트브레드를 맛보고 영국에 돌아와서도 그걸 즐기지 않았나 싶군요. 그건 그렇고, 봉건영주들의 힘이 약해진 결과, 평민들이 전보다 더 풍요로운 삶을 계획할 수 있게 된 건 사실입니다. 귀족들의 힘은 사치품 때문에 약해졌습니다. 내가 '국부론'에도 썼지만, 사치품을 한 번 보더니 갖고 싶어졌고, 하나 가져보니 더 갖고 싶어졌겠지요. 사람들이 보통 그렇잖아요. 번쩍이는 보석으로 꾸며 아름답고 기묘한 물건을 보면 갖고 싶다는 생각이 들지요. 공작과 자작과 백작과 그 부인들의 눈을 홀린 사치품이 다이아몬드 버클뿐이겠어요? 머리와 귀와 목과 팔을 꾸미는 요란하고 휘황찬란한 각종 보석 장신구, 화장품, 멋진 의상, 크고 작은 가구, 말과 마차를 꾸미는 장식품도 있지요."

사치품과 권력에 관한 스미스의 분석

"그들은 다이아몬드 버클이나 하찮고 쓸모없는 물건과의 교환으로 천 명의 일 년분 생활수단을 주었고 그것과 함께 그 생활수단이 그들에게 부여하는 모든 권력을 포기했다." (『국부론』 3편 4장)

"선생님, 자기에게 없는 사치품으로 치장한 귀족을 보고는 '나도 저걸 가져야겠다'라고 마음먹은 귀족도 많았겠지요?"

"그게 당연했을 겁니다. 경쟁심과 질투는 인간 본성이니까요. 그런데 문제는, 갖고 싶은 사치품이 자꾸 늘어나는 데 있었어요. 처음 한두 개야 쉽게 장만했겠지만 사고 싶은 게 많아지면 어떻게 하겠어요? 토지와 토지에서 생산되는 각종 수확물은 창고에 그득하나 사치품을 결제할 '현찰'은 당장 없으니 어떻게 했겠어요? 이것저것 내다 팔다가 결국에는 땅을 파는 수밖에 없지 않겠어요?"

그는 잠깐 쉬었다가 말을 계속했다.

"귀족들은 땅을 팔고 나니 식솔을 먹여 살릴 수가 없게 됐습니다. 가신과 하인과 농노 등 수많은 식솔을 그동안은 영지에서 산출된 농수축산물로 먹이고 재우고 입혔는데, 땅을 팔았으니 예전만큼 많은 식솔을 거느릴 수 없게 된 귀족은 그들을 놓아줘야 했단 말입니다. 이 과정에서 사치품 제조업자들과 상인들과 기능이 있는 일부 평민들이 부유해졌지요. 부유하면 힘이 생기지요. 생애 처음으로 작지만 자기 땅을 소유하게 된 사람도 생겨났습니다. 이들은 이제 자기 땅에서 자신이 키운 생산물로 부를 축적할 수 있었으며, 그렇게 축적된 부로 그들은, 아직은 미미하지만, 전과는 비교할 수 없을 정도의 자유를 누리게 된 겁니다."

"선생님, 봉건시대 이전에도 사치품은 있었지 않나요?

인류가 선사시대에도 사치를 부렸다는 증거가 넘치는데요?"

"물론 사치는 오래된 인간행동이지요. 사치가 정밀기술 발전을 촉진하고 아름다움에 대한 사람들의 안목을 높이는 등 여러 측면에서 인류의 풍요를 유도한 것도 사실이고요. 하지만 내가 유독 봉건 영주들의 사치에 주목한 것은 그들의 욕심을 꾸짖지 않고서는 못 견뎠기 때문입니다. 혹시 다이아몬드 버클 이야기 바로 앞에 내가 써둔 거 기억하나요? 가진 사람들의 욕심을 꾸짖은 거?"

"아, 이 말씀 말이지요? '모든 것은 자기를 위해서 하고 다른 사람을 위해서는 아무것도 하지 않는 것, 이것은 세계의 어느 시대에서나 인간 지배자들의 비열한 좌우명이었던 것으로 보인다.'46) 이 말씀 뒤에 다이아몬드 버클이 자유를 촉발했다고 말씀하셨지요."

"맞아요. 영지에서 거둬들인 모든 생산물은 영주의 것이었지만 영주가 소비할 수 있는 양이나 영주가 거느린 농노가 소비할 수 있는 양은 같았지요. 인간의 위장은 크기가 거의 같으니까요. 영주는 자기 눈에 들어오는 것은 전부 자기 것인 줄 알았지만, 진짜 자기 것은 자기

---

46) 원문은 'All for ourselves and nothing for the people, seems, in every age of the world, to have been the vile maxim of the masters of mankind.'

배에 들어가는 것뿐이라는 데에 분노했습니다. '눈은 배보다 크다(The eye is bigger than the belly.)'라는 속담 들어봤지요? 원래는 배가 고프면 다 먹지도 못할 거면서 눈에 보이는 대로 허겁지겁 접시에 담았다가 그대로 남기는 사람을 비꼴 때 쓰는 속담인데, 영주들의 탐욕을 설명하는 데에도 어울립니다. 생산물이 남으면 하인이나 농노, 땅을 빌려서 농사를 짓는 평민들에게 더 많이 줘 그들의 삶을 풍요롭게 해주기보다는 창고에 쌓아서 썩히거나, 거의 매일 향연을 베풀어 낭비하기에 바빴지요.

워릭이라는 백작은 매일 3,000명을 불러 잔치를 벌였다고 합니다. 땀 흘려 농사를 직접 지은 농민과 가족은 배를 곯고 있는데 말이에요. 그런 귀족들의 눈에 다이아몬드 버클 같은 번쩍번쩍 휘황찬란한 사치품들이 들어온 겁니다. 이건 눈에 들어온 고대로 자기가 가질 수 있는 것들이지요. 귀족들은 이제 자기 혼자만 가질 수 있고 즐길 수 있는 물건을 찾은 겁니다. 버클은 자기 자신만의 것이었지요. 다른 사람과 나누어 가질 수 없는 거, 이게 사치품입니다. 그들은 그런 것을 점점 더 많이 가지려고 했고, 그리하여 그들은 모든 허영 중 가장 유치하고 천하며 지저분한 허영을 누리려고 조상 대대로 내려온 권력과 권위를 버렸습니다. 물론 처음엔 몰랐겠지요. 사치품 때문에 자신의 권력과 권위가 점차 상실되고 있다는 걸. ….."

 그의 목소리가 높아졌다. 귀족계층의 탐욕을 생각하니 분노를 참을 수 없는 모양이다. 사실 그는 언제나 온화한 학자는 아니었다.
 보조금과 관세장벽 같은 정부 지원과 규제로 부를 쌓은 무역업자와 제조업자들이 모이기만 하면 노동자를 착취하고 가격을 올리는 방법만 논의하던 것에도 분노를 터뜨렸고, 글래스고대학 교수일 때는 자연철학 신임 교수직에 지원한 동양언어학 교수가 자기 자신에게 표를 던지는 것을 보고 세 번이나 반대의견을 내기도 했다. 글래스고대학 교수 채용은 교수단 투표로 결정되기 때문에 이 교수의 투표는 규정에 위배되지 않았으나 스미스는 "자기 자신에게 투표해서 원하는 자리로 옮기는 게 옳으냐?"라는 질문을 던진 것이다. 스미스의 마지막 반대는 이 교수가 기어코 원하는 자리로 옮겨 간 후에 계속됐다. 스미스는 마지막 반대에서 "내가 이 투표에는 반대했음을 기록으로 남길 필요가 있어서 반대한다."라고 밝혔다.47)

문득 '탐욕은 눈에 들어 있다'를 일깨우는 우화를 블라디미르 나보코프48)의 책에서 읽은 게 생각났다.

"선생님, '눈은 배보다 크다'라는 속담과 비슷한 교훈을 주는 우화 하나를 아는데 들어보시겠어요? 나보코프라는 러시아 출생 소설가가 쓴 '재능'이라는 소설에 나오는 건데…."

그가 말을 멈췄다. 듣고 싶다는 표정이었다.

나보코프의 우화

"시베리아 키르기스에 한 왕자가 있었는데요, 숲속에서 사냥을 하다가 한 아가씨를 봤답니다. 왕자는 한눈에 반해 그녀의 늙은 어머니에게 말 머리만 한 황금 덩이를 결혼 지참금으로 제시했습니다. '아니요.' 아가씨는 황금 덩이를 외면하고 '이걸 채워주세요.'라며 골무보다 약간 큰 주머니를 주었습니다. 왕자는 가소롭다는 듯 '하나도 채 안 들어가겠는데'라고 말하고는 동전 하나를 자루에 던졌는데 주머니가 차지 않더랍니다. 왕자는 또 하나 던

---

47) 존 래, 『애덤 스미스의 생애』 84.
48) Vladimir Nabokov(1899~1977). 러시아 태생 미국 소설가. 『롤리타』가 대표작으로 꼽히지만, 이외에도 많은 작품과 강연록으로 이름을 알렸다. 인시류(나비와 나방) 연구자로도 이름이 높다.

지고, 또 던지고 …, 결국 모든 것을 던졌지만 주머니는 여전히 차지 않았습니다. 당황한 왕자는 아버지에게 갔으나 왕도 그 주머니를 채우지 못하고 국고만 탕진했습니다. 하도 이상해서 주머니 바닥에 귀를 대본 왕은 바닥에서 짤그랑 소리만 들었을 뿐입니다. 아가씨의 늙은 어머니는 그때야 '이것은 이 세상의 모든 것을 담고자 하는 인간의 눈이랍니다.'라고 말하고는 흙 한 줌을 집어 단번에 주머니를 채웠다고 합니다."

"재미있는 우화이군요. 봉건시대 귀족들의 눈이 대부분 그랬지요. 절대 채워질 수 없는 그 눈을 사치품으로 채우려니 영지를 팔 수밖에 없었고, 줄어든 영지에서 나오는 소출로는 자기가 거느렸던 사람들을 먹일 수 없게 됐고, 결국 그런 과정을 통해 평민과 농노들은 자유를 누릴 수 있게 된 겁니다. 그런데, 아까 왜 사치의 역사는 오래됐는데, 왜 봉건시대에 이르러 사치품이 자유를 가져오게 됐냐고 물었지요?"
"선생님, 사치가 예술과 문화를 발전시키고 풍성하게 했다는 말은 여러 사람이 했습니다만, 사치가 자유를 가져왔다는 생각은 선생님이 처음 하신 것 같습니다?"
"글쎄, 그건 모르겠어요. 나보다 먼저 그런 것에 대해 생각하신 분이 없지는 않겠지요. 어쨌든, 봉건 영주들의 사치가 자유를 가져온 과정을 더 자세히 들여다보면 이런 게 아닐까요. 봉건시대가 붕괴하기 이전에는 왕과 귀족들이 사치품을 가지고 싶으면 그런 것을 잘 만드는 하인이나 노예에게 생산을 명령하면 됐지요. 그 대가는 고작해야 세끼 밥이나, 춥지 않게 지낼 옷가지와 비바람을 막을 집 한 칸이면 됐을 것이고요. 하지만 외국과의 무역이 발전하면서 자기가 거느린 하인이나 노예가 만들 수 없는 사치품이 영국에 들어오게 됐지요. 쇼트브레드를 좋아했던 메리 여왕의 증조부 헨리 7세는 귀족들이 왕권을 흔들지 못하도록 귀족의 권한을 줄이면서 대양 진출과 식민지 개척을 추진했습니다. 그 결과 해외 교역이 활발해졌고, 영국의 귀족이 한 번도 본 적 없는 외국산 사치품이 영국으로 들어오게 됐습니다. 그래서 귀족들은 땅을 팔게 된 겁니다. 그 결과 평민과 노예들의 자유가 신장했지요. 그래서 그들도 왕족처럼 버터가 들어간 쇼트브레드를 먹을 기회가 늘어날 수 있었겠지요."

메리 여왕 때 평민들이 쇼트브레드를 자주 먹게 됐을 거라는 나의 '추론'을 그가 인정해주는 것 같아 신이 난 나는 또 아는 척을 하고 싶었다.

"선생님, 영국 귀족들이 탐낸 사치품은 주로 프랑스제

였지요? 제이컵 브로노우스키49)라는 영국 학자가 '인간 등정의 발자취'라는 책에서 산업혁명 시대를 서술하면서 그렇게 생각할 만한 언급을 해서 드리는 말씀입니다."

"산업혁명? 우리 시대에 시작된 생산기술 발전 같은 것을 그렇게 부른다는 건 알고 있습니다만…, 그 사람이 거기에 관해 뭐라고 썼지요?"

"이렇게요. '프랑스 사람들은 손재주로 장난감 같은 것을 만들었으나 생산도구 발명에는 그다지 관심을 두지 않았다'라고 말입니다."

"흠, 무슨 뜻으로 그런 말을 했는지 짐작이 됩니다."

"좀 더 자세히 말씀드릴까요?"

"그렇게 해주시구려. 재미있을 것 같네."

"이런 내용입니다."

산업혁명에 특히 영국적인 성격을 부여한 것은 그것이 시골에 뿌리를 내리고 있다는 사실에 있다. 수차를 만드는 사람, 시계를 만드는 사람, 대장장이, 운하 건설자 등 모두 시골이 배경이었다. 영국의 기술은 수도에서 멀리

---

49) Jacob Bronowsky(1908~1974). 폴란드 출신 영국 수학자, 철학자. 『인간등정의 발자취(The Ascent of Man)』는 그가 BBC에서 방영한 같은 이름의 다큐멘터리를 정리한 책이다. 국내에는 김은국, 김현숙 공역으로 출간됐다.

떨어진 시골 구석구석에서 이용되었다. 바로 그 점에서 유럽 왕궁의 어두운 골방의 기술과는 달랐다. 프랑스와 스위스인들은 과학적 장난감을 만드는 데는 영국인 못지 않은 재간이 있었으나 그것을 왕족이나 부자들을 위하여 노리개를 만드는 데 사용했다.50)

"프랑스 사람들이 들으면 좀 언짢아할 지적이군요. 브로노우스키라는 사람도 나처럼 영국 사람이라면서요? 영국 사람 가운데 프랑스를 높게 안 보는 사람이 꽤 있지요. 프랑스에도 훌륭한 인물과 전통이 있긴 하지만 말입니다. 하지만 브로노우스키도 관찰과 연구를 한 연후에 그런 말을 했겠지요? 그렇다면 아주 틀린 말은 아니겠구려. 허허허. 하여튼 프랑스가 조만간 시끄러워질 것 같아요. 지금 프랑스의 흐름을 보면 조만간 혁명 같은 게 불가피해 보여요. 시민들이 봉건체제를 더는 참을 것 같지는 않아요.. 1688년 영국에서처럼 말입니다51). 우리는 비교적 조용히 넘어갔는데, 프랑스 사람들은 성격이 영국

---

50) 『인간등정의 발자취』 8장 '동력(動力)을 찾아서'.
51) 1688년 영국에서 일어난 혁명을 말한다. 잉글랜드 의회와 연합한 네덜란드의 오렌지 공(公) 빌럼이 제임스 2세를 퇴위시키고 잉글랜드의 윌리엄 3세로 즉위했다. 한 방울의 피도 흘리지 않고 '명예롭게' 혁명이 이뤄졌다고 해서 명예혁명으로 불린다. 스미스 사망 1년 전인 1789년에 시작된 프랑스 혁명은 명예혁명과는 달리 유혈이 낭자했다.

인들과는 달라서 어떻게 지나갈지는 모르겠지만요. 혁명이 일어난다면 피바람이 무시무시할 텐데 무고한 사람들의 희생이 걱정되는군요."

그가 세상을 떠나기 직전인 1789년에 일어나 10년이나 계속된 프랑스 혁명으로 왕과 왕비와 귀족은 물론 수없이 많은 갑남을녀가 희생됐다는 사실을 그에게 알려주려다가 멈췄다. 시간여행자가 과거의 인물에게 아직 닥치지 않은 미래에 벌어질 일을 알리는 게 옳지 않다는 생각이 들었다. 하던 이야기로 돌아갔다.

"선생님, 사치품의 순기능을 찾아낸 사람도 많더군요. 선생님께서도 아시는 바겠지만 말입니다. 사치, 즉 낭비가 없었더라면 오늘날 인류가 말하는 '문화'가 형성, 발전되지는 않았을 거라고 보는 분들이지요. 한국 학자가 쓴 '로빈슨 크루소의 사치-다시 읽기'라는 책[52]에도 그런 이야기가 있는데, 한 번 들어보시겠습니까? 그분은 '우리가 빵을 먹을 수 있는 건 빵집 주인의 이기심 덕분이다'라는 책도 썼습니다."

---

52) 『로빈슨 크루소의 사치-다시 읽기』는 덕성여대 명예교수 박정자(1943~, 프랑스 문학)가 쓴 책이다. 이 책과 『우리가 빵을 먹을 수 있는 건 빵집 주인의 이기심 덕분이다』 외에 『시선은 권력이다』 『지식인이란 무엇인가?』 『빈센트의 구두』 『시선은 권력이다』 『마이클 잭슨에서 데시다고까지』 등의 저서가 있다.

"내가 '국부론' 첫 부분에 쓴 빵집 주인 이야기를 책 제목으로 쓴 걸 보니 그분 눈도 나와 비슷한 모양이군요. 허허허. 어디 한 번 들어봅시다"
"결론부터 말씀드리면, '사치 혹은 낭비를 인간 본연의 바람직한 행동, 문화를 생산하는 근원으로 생각해보자'라는 것이지요. 즉, 우리의 삶은 꼭 생필품만으로 유지되는 것이 아니다. 우리가 먹고사는 데 꼭 필요한 물품 이외에 더 이상을 생산하지도 않고 소비하지도 않는다면 그것은 동물의 생존 방식이지 인간의 생활 방식이 아니다. 거기에는 더 이상 문화라는 것이 존재하지 않는다.
초과분과 여분의 소비가 문화를 생산해 냈고 또 그것이 문화 자체였다. 따라서 합리주의자와 경제학자들이 만들어 낸 효용이라는 개념, 합리성이라는 개념은 훨씬 더 일반적인 사회적 논리에 따라 재검토해야 한다. 이런 논리에서 보면 낭비는 결코 비합리적인 찌꺼기가 아니라, 보다 높은 사회적 기능을 수행하는 긍정적이고 본질적인 요소이다라고 했지요."[53]
"정 선생, 내가 도덕감정론에서 '효용'이라는 것을 재검토한 바 있어요. 효용 혹은 합리성이라는 개념을 재검토해야 한다는 말을 들으니 그게 생각나는군요."

---

[53] 이 부분은 『로빈슨 크루소의 사치-다시 읽기』 19~22쪽을 정리했다.

"네, 선생님이 그러신 걸 알고 있습니다. 도덕감정론 4부 전체를 효용을 재검토하는 데 할애하셨죠. 효용은 목적인데, 그 목적을 얻기 위해 여러 수단을 동원하다 보면 나중에는 수단이 목적이 되어버리는 혼동이 온다, 그러나 그 혼동이 인류의 생산력을 높이는 효과를 가져왔다고 쓰신 걸 봤습니다."

수단이 목적으로 변한 것에 대한 스미스의 견해

장난감 애호가들을 기쁘게 하는 것은 장난감의 효용이 아니라 그 효용을 촉진하기에 적합한 기계의 성능이다. 그들의 주머니는 편리함과는 거리가 먼 물건들로 가득 차 있다. 그들은 이처럼 불편한 물건들을 더 많이 가지고 다니기 위해 다른 사람들의 옷에서는 찾아볼 수 없는 새로운 호주머니들을 고안해 낸다. 그들은 많은 시시한 것들을 몸에 지닌 채 걸어 다닌다. (중략). 이 중 약간은 가끔 어떤 소소한 용도가 있을지 모르지만, 모두 언제나 없어도 전혀 문제가 될 것이 없는 것들이며, 그리고 이들의 전체 효용은 틀림없이 이런 짐들을 지니고 다닐 때의 피로를 보상해 줄 수 없을 것이다.[54] (『도덕감정론』

---

54) 러셀 로버츠는 이런 생각을 한 스미스를 "사람들이 기기의 성능보다는

4부 1장 6절)

"선생님, 효용을 재검토한 것은 사람들이 오직 부와 권세를 삶의 목적으로 삼는 걸 걱정해서지요? 부와 권세는 행복이라는 효용을 누릴 수 있는 수단일 뿐인데 사람들은 그걸 얻으려 평생 분투하는 게 안타깝다고 본 거 아닌가요? 이렇게 말씀하셨잖아요. '부와 권세를 얻은 사람은 과연 행복한가? 아니다. 부와 권세를 얻은 사람은 그것을 유지하기 위해 더 열심히 일해야 함에 따라 전보다 더 불행하게 될 수도 있다. 하지만 부와 권세는 사람들로 하여금 그것을 소유하고 누리는 즐거움을 상상하게 해 열심히 일하도록 만들었다.', '천성, 즉 하늘의 본성이 이런 방식으로 우리를 기만하는 게 다행스럽다.'라는 선생님의 결론도 뼈를 때리기에 충분합니다. 하하하."

부와 권세는 목적이 아니라 수단이라는 스미스의 분석

부와 권세는 거대한 건조물과 같다. 그것을 건축하려면

기기 자체가 가진 우아함에 더 신경을 쓴다는 것을 스티브 잡스보다 먼저 알아차린 것"이라며 쓰지도 않는 기능이 잔뜩 붙어 있는 휴대전화기 신모델을 찾아 나서는 현대인의 심리를 예로 들었다. 『내 안에서 나를 만드는 것들』 137쪽

평생의 노동이 필요하지만, 그것은 매 순간 그 안에 사는 사람들을 파묻어 버리겠다고 위협하고 있다. 그것들이 무너지지 않고 서 있는 동안에는 거주자들에게 몇몇 사소한 불편들을 덜어줄지도 모르지만, 계절의 모진 혹독함으로부터 그들을 보호해 주지는 못 한다. 그러면서도 그것들은 그 거주자를 항상 이전과 똑같이, 때로는 이전보다 더욱, 많은 불안과 두려움과 비애에, 그리고 질병과 위험과 사망에 노출되도록 내버려 둔다.

(중략).

우리의 상상력은 부와 권세를 가진 사람들의 대저택 안을 가득 채운 아름다운 설비들과 그들의 여유로운 경제생활에 매료된다. 그리고 그 모든 것들이 그들의 안락을 촉진하고, 그들의 궁핍을 저지하며, 그들의 희망을 만족시키고, 그들의 가장 사소한 욕망까지도 즐겁게 하고 위무하는 데 얼마나 적합한가, 하고 감탄한다.

(중략)

부와 권세의 즐거움은 이러한 복합적인 관점에서 고려될 때 비로소 어떤 웅대하고 아름답고 고귀한 것으로서 우리의 상상 속에 깊은 인상을 주게 되며, 따라서 그것을 획득하기 위해 우리가 쏟기 쉬운 모든 노고와 노심초사는 그럴 만한 가치가 있는 것처럼 보이게 된다.

그리고 천성(天性, nature)이 이런 방식으로 우리를 기만한다는 것은 다행스러운 일이다. 인류의 근면성을 일깨워주고 계속해서 일하게 만든 것은 바로 이러한 기만이다.

맨 처음에 인류를 고무시켜 땅을 경작하게 하고, 집을 짓게 하고, 도시와 국가를 건설하게 하고, 과학과 기술을 발명·개량하게 한 것을 바로 이것이었다. 과학과 기술의 발명·개량은 인간 생활을 고상하고 아름답게 만들었으며, 지구의 전 표면을 완전히 변화시켰고, 자연 그대로의 거친 삼림을 쾌적하고 비옥한 평원으로 바꾸었고, 사람의 발길이 닿지 않는 쓸모없는 대양을 새로운 식량자원으로 만들었고, 또한 지상의 다양한 국민 사이의 교류를 위한 큰 대로로 만들었다. 토지는 이러한 인류의 노동에 의해 그 자연적 비옥도가 배가되었고, 훨씬 더 많은 인구를 먹여 살리게끔 되었다. (『도덕감정론』 4부 1장 9~10절)

"이야기에 빠져 제법 많이 걸었군요. 벌써 여기까지 왔네. 이제 돌아가야겠어요."

그가 방향을 오른쪽으로 꺾으며 이렇게 말했다.

"어, 선생님. 제가 사치 경쟁을 벌인 두 여인 이야기를 해드릴까 했는데요? 그냥 심심풀이로 …?"

"유쾌한 데다 교훈적이면 반드시 들어야지요. 허허허."

"영국 귀족들만 상대했던 라 벨르 오테로와 리안 드 푸지라는 두 화류계 여인이 있었습니다. 둘은 모든 면에서 치열한 경쟁자였는데 오테로는 그리스와 집시의 피가 강하게 섞인 혼혈이어서 피부가 가무잡잡하고 정열적으로 보이는 젊은 여인으로서 훌륭한 자태를 돋보이게 하려고 항상 화려하게 옷을 입었으며, 드 푸지는 좀 더 우아하면서도 귀엽게 보였다고 합니다.

 두 여인 간의 싸움은 그때나 지금이나 고급 화류계 여인들이 가장 선망하는 보석들을 가지고 치러졌는데, 어느 날 밤 오테로가 머리부터 발끝까지 값을 매길 수 없을 만큼 비싼 보석들을 감고 카지노에 나타났습니다. 경쟁자에게 도전장을 던진, 눈부신 과시행동이었지요. 사람들은 경쟁자인 푸지가 다음 날 밤 오테로보다 더 화려하게 꾸미고 나타날 거라고 짐작했습니다. 여태까지 둘은 그런 식으로 경쟁을 해왔으니까요. 그러나 푸지는 다음 날 밤에 보석을 하나도 달지 않은 단순한 흰 가운을 입고 나타났습니다. 최고급인 흠 없는 D급 다이아몬드와도 같은 몸매만 두드러졌습니다. 푸지의 휘황찬란한 보석은 그녀를 뒤따라오던 하녀가 달고 나왔습니다. 푸지의 얼굴은 '나는 그까짓 보석 따위는 없어도 충분히 아름답다

구! 라는 표정으로 빛났다'고 합니다. 미국 동물행동학자 리처드 코니프가 쓴 '부자'라는 책에 나오는 우화입니다."55)

"허허, 재미있군요. 질투가 심한 사이의 여인들 사이에서는 충분히 있을 만한 이야기네요. 정 선생, 내일은 뭘 할 계획인가요? 일정이 빡빡한가요?"

"아, 내일은 커콜디에 갔다 올까 합니다. 여기까지 왔으니 선생님 생가 있던 곳은 둘러봐야 할 것 같아서요. 멀지도 않으니까…"

"그럼 내일 오후에는 돌아오겠군요. 오후 일정 없으면 나 한 번 더 보고 갈 수 있겠소?"

"저야 영광이지요. 선생님을 더 뵙는 기회인데, 여쭤볼 게 아직도 많고요."

"그렇다면 아예 내일 저녁을 우리 집에서 나하고 같이 합시다. 내가 내일도 약속이 없어서 적적하겠다 싶었는데 정 선생이 와주면 재미있게 보낼 수 있을 것 같소. 허허허."

---

55) 원제는 『The Natural History of the Rich: A Field Guide』. 이상근 번역으로 까치글방에서 나왔다. 저자는 '부자'를 '호모 사피엔스 페쿠니오수스(Homo Sapiens Pecuniosus)'라는 새로운 문화적 아종(亞種)으로 분류해 일반인과 구분하자고 했다. '페쿠니오수스'는 '돈 많은'이라는 뜻의 라틴어다.

6. 자유는 최고·최상의 사업 환경

<"봉건영주가 없었던 네덜란드에는 일찍부터 자유의 전통이 자리 잡아서 투하된 자본이 많았고, 그 결과 나라의 부가 쌓였지요. 16세기에는 영국이 부러워할 정도로 부유하게 됐습니다. 최고의 사업 환경은 자유입니다.">

6. 자유는 최고·최상의 사업 환경

 다음 날 아침 에든버러 버스터미널에서 커콜디 행 버스에 올랐다. 한 시간 거리다. 버스는 시내를 벗어나 포스만을 가로지르는 퀸스페리크로싱 다리 위로 들어섰다. 스코틀랜드 북동쪽에서 시작된 물줄기들은 포스 만에 모여 북해로 흘러 들어간다. 날이 좋았다. 오른쪽에 다리 두 개가 더 보인다. 가까운 곳에 있는 게 포스로드 브리지, 뒤에 있는 게 포스브리지다.
 스미스 시대에는 이곳에 다리가 없었다. 페리보트가 도강 수단이었다. 커콜디 북쪽에는 세인트앤드루스가 있다. 한국 사람들에게는 세인트앤드루스 골프 코스로 유명한 도시다. 이 골프 코스는 골프의 발상지로 알려진 데다 4대 메이저 대회 중 가장 권위가 인정되는 브리티시 오픈이 자주 열려 골프의 '성지'로 불린다. 하지만 세인트앤드루스는 골프 덕분에 성지가 된 게 아니다. 스코틀랜드 사람들은 11세기부터 기독교 성자 앤드루스에게서 축복 받으러 이곳을 '성지' 순례했다. 포스강 하구 양쪽 주민들의 일상에 필요했던 포스강의 페리는 순례자들을 나르는 데도 필요했다.
 포스강을 가로지르는 다리 중 가장 오래된 것은 1890

년에 개통한 포스브리지다. 약 2.5km 길이인 이 다리는 유네스코 세계문화유산이다. 건설 당시 영국 기술의 상징성을 인정받았다. 포스브리지는 영국 산업혁명을 당겨주고 밀어준 철도의 시대에 기차 전용으로 건설된 다리라 뒤이어 도래한 자동차 시대를 위한 다리가 새로 필요했다. 1964년에 만들어진 포스 로드브리지는 그런 용도로 건설됐다. 자동차가 계속 늘어나고 고속도로가 뚫리면서 이 다리로도 교통량을 소화하지 못해 새로운 다리가 필요했다. 지금 건너고 있는 퀸스페리크로싱은 2017년에 개통된, 세인트앤드루스를 지나 북쪽의 큰 도시 에버딘까지 연결되는 자동차 전용도로다. 2022년에 96세로 세상을 떠난 엘리자베스 여왕이 저절로 떠올랐다.

 1964년에 포스로드 브리지에서 개통 테이프를 끊었던 엘리자베스 여왕은 53년 뒤에는 퀸스페리크로싱 개통 테이프도 끊었다. 에버딘 인근 숲에는 여왕이 숨진 영국 왕실 별장 발모랄성(Balmoral Castle)이 있다. 영국 왕실은 이 성에서 여름휴가를 즐겨 보낸다. 넷플릭스에서 방영한 드라마 '더 크라운'에는 여왕이 발모랄에서 휴가를 보내는 장면이 여러 번 나온다. 여왕은 여기서 사슴 사냥도 하면서 골치 아픈 국내외 현안을 '해결하기 위해' 처칠과 윌슨, 대처 등 총리를 이곳으로 불러 그들의 의

견을 듣고 자기 뜻을 전하기도 했다. 내친김에 이 자동차 전용도로-M90-를 타고 에버딘까지 죽 올라가 발모랄성과 부근 숲을 구경해봤으면 좋겠다는 생각이 들었다.

시차 극복이 덜 된 탓에 깜빡 잠이 들었다. 버스가 멈추고 사람들이 일어서는 기색에 눈을 떴다. 얼마 자지 않았는데도 개운해졌다. 애덤 스미스의 고향이자 위대한 책 『국부론』의 산실 커콜디에 도착했다. 스미스에게, 그리고 인류에게 '자유주의 시장경제 사상'의 씨앗을 심어준 이곳에 마침내 발을 딛게 되었다! 그의 자취를 더듬어볼 생각에 기대는 커지고 발걸음은 가벼워졌다.

애덤 스미스는 1723년 6월 5일 유복자로 태어났다.[56] 아버지 이름 역시 애덤 스미스였다. 스미스 집안은 이 지역 중간 계급이었으며, 아버지 애덤은 커콜디의 세관장으로 있다가 아들이 태어나기 6개월 전에 44세로 급사했다. 역시 이 지역 중간 계급 집안 출신인 어머니 마거릿은 재혼하지 않고 아들을 양육하면서 남은 생을 보냈다. 남편이 남긴 재산이 제법 돼 모자의 생활은 어렵

---

56) 스미스가 태어난 날짜가 아니라 세례를 받은 날짜라는 주장도 있다. 워낙 약하게 태어나서 곧 죽을지도 몰라 출생신고가 미뤄졌으며, 세례를 받을 수 있을 만큼 건강해지자 신고했다는 주장이다.

지 않았다. 스미스의 어머니는 아들을 뒷바라지하는데 자신의 모든 것을, 헌신적으로 쏟아 부었다. 스미스의 제자로 스미스의 삶을 일부 지켜본 듀갈드 스튜어트는 『스미스 회상록』에서 "그러나 어머니의 이런 과잉 때문에 아들의 성격이나 버릇이 나빠진 것은 하나도 없다"라고 썼다. 스미스의 어머니는 스미스가 61세일 때 90세로 세상을 떠났다.

스미스가 세 살 때 이 홀어머니의 가슴을 철렁이게 한 '사건'이 일어났다. 인류가 애덤 스미스라는 위대한 인물을 못 만날 뻔한 사건이었다. 커콜디 집에서 8마일(약 13㎞) 떨어진 친정 나들이를 한 어머니가 친정집 바깥에 잠깐 혼자 둔 아이가 사라졌다. 온 가족이 스미스를 찾아 나섰으나 찾지 못했다. 가족 모두 넋을 잃고 있는데 한 신사가 지나가면서 "몇 마일 저 아래 길에서 한 무리의 집시들을 봤는데 그중 한 여자가 아이를 안고 있었다"라고 말했다. 외삼촌이 '구조대'를 이끌고 곧바로 그 길을 달려 내려가 일단의 땜장이 집시들을 뒤따라 잡았다. 스미스를 안고 있던 집시 여인은 아기를 집어 던지고 달아났다. 스미스의 일생을 본격적으로 다룬 첫 번째 전기 『애덤 스미스의 생애*(Life of Adam Smith)*』 작가

존 래는 "하마터면 스미스는 집시가 될 뻔했다"라고 적었다.57)

 스미스가 열세 살 때 커콜디에서 일어난 사건-커콜디 주민 소요 사건도 주목받을 만한 사건이다. 스미스의 사상과 감성에 평생 영향을 미쳤다고 볼 수 있는 사건이다. 그 사상은 '자유주의 시장경제 사상'이다. 커콜디 주민 소요는 당국이 '자유무역인(free-trader)' 앤드루 윌슨을 처형한 데서 야기됐다. '자유무역인'은 밀수꾼의 다른 말이다. 세관에 걸려 밀수품을 압류당한 밀수꾼 윌슨은 손해를 벌충하려고 관세 징수원을 강탈하려다 붙잡혔다. 붙잡힌 윌슨은 처형을 앞두고 한 번은 커콜디 감옥에서, 두 번째는 에든버러의 감옥에서 탈출을 시도했으나 실패해 결국 처형됐다.
 윌슨 처형 전후에 커콜디 주민들이 들고일어났다. 주민들은 윌슨의 '범죄'는 높은 관세 때문이라며 진압군과 대치했다. 군대는 시민들에게 발포했고 격분한 시민들은 지휘관을 붙잡아 윌슨이 처형되던 날 목을 매달았다. 먹

---

57) 존 래(1845~1915)의 전기는 1895년에 나왔다. 스미스의 제자인 듀갈드 스튜어트가 스미스 사후 3년 뒤에 낸 스미스 회상록은 주로 자신의 기억과 메모에 의지한 것이어서 본격적(Full-Scale) 스미스 전기는 래의 것을 최초로 꼽는다.

고살려고 한 짓을 그렇게 가혹하게 처벌하면 안 된다는 게 커콜디 주민들의 정서였다.

스미스 전기 『애덤 스미스의 생애(The Life of Adam Smith)』를 1995년 출간한 이안 심슨 로스는 '스미스 연구의 대부'로 꼽힌다. 그는 "어릴 때 직접 경험한 이 사건이 스미스가 관세 등 규제를 철폐하고 자유무역을 해야 한다고 촉구한 계기가 됐을 가능성이 크다"라고 주장한다. 태어나기 전에 세상을 떠난 아버지가 커콜디 세관장이었던 사실이 스미스의 생각에 어떤 영향을 미쳤는지는 알 수 없다.58) 확실한 것은 국부론에 기록돼 지금도 회자하는 조세와 밀수에 대한 그의 견해다. 무거운 조세(관세)는 밀수를 부추기는 등의 부작용이 있으므로 관세는 인하해야 한다는, 자유무역에 대한 그의 원칙이다.

관세와 밀수에 관한 스미스의 견해

무분별한 조세는 밀매매의 큰 유혹을 제공한다. 그런데 밀매매의 형벌은 그 유혹의 크기에 비례해 틀림없이 무거워진다. 법률은, 정의에 관한 모든 일반원칙과는 반대

---

58) 앤드루 윌슨 처형과 커콜디 주민 소요는 로스 『The Life of Adam Smith』 23쪽 참조.

로, 먼저 유혹을 만들어내고 그다음 그 유혹에 굴복하는 사람들을 처벌하며, 당연히 처벌을 낮춰야 하는 상황[즉 죄를 짓게 하는 유혹]에 비례해 오히려 처벌을 강화하고 있다. (『국부론』 5편 2장 2절)

 무거운 관세는 때로는 과세 대상 물품의 소비를 감소시키고 때로는 밀수를 조장함으로써, 적절한 관세에 의해 얻어질 수 있는 것보다 더 적은 세입을 정부에게 가져다준다. 소비의 감소로 인해 세입이 감소한다면 해결책은 단 하나 관세를 인하하는 수밖에 없다. (『국부론』 5편 2장 3절)

 스미스는 자기 삶을 기록으로 남기지 않았다. 1790년 7월 세상을 떠나기 훨씬 이전부터 죽으면 메모, 강의록, 편지, 출간되지 않은 저술 원고 등등을 모두 불태우라고 유언했다. "호기심 많은 사람이 내가 남긴 종이 한 장, 글 한 줄로 내 삶과 내 모습을 임의로 상상하는 것이 싫다."라는 말도 했다. 성격과 버릇, 그에 따른 행동 등 그의 삶을 재구성하려면 주변의 증언과 그의 강의를 들었던 사람들의 노트나 메모, 그가 친구에게 보낸 편지 등을 기초로 해야 한다. 다행히 세월이 지날수록 자료가 새로 발굴되었다. '가장 본격적인 스미스 전기'로 꼽히는 로스의 책 등 수많은 스미스 연구서는 모두 이런 전언(傳言)을 통해서 만들어졌다.

그는 딴생각에 빠진 듯 혼잣말할 때가 많았다. 어릴 때부터 그랬다. 모르는 사람은 그를 정신 잃은 사람으로 생각했다. 아는 사람은 멍청하다고 했다. 밤중에 아주 멀리 떨어진 다른 동네에서 잠옷 차림으로 정신없이 걸어 다니는 모습이 그 동네 사람들 눈에 띄기도 했고, 책을 읽다가 무심결에 찻주전자에 빵과 버터를 넣고 한 모금 마신 후 "이렇게 맛없는 차는 처음 마셔본다."라고 투덜댄 적도 있다. 어떤 이는 "짐작하건대 애덤 스미스는 생각할 때 논리의 긴 사슬을 연결하며 쫓아가느라 침묵 속으로 빠져들었던 것 같다"[59]라고 받아들이기도 한다.

 태어났을 때는 병약했으나 차츰 건강해진 스미스는 학령이 되자 언덕배기에 있던 커콜디교구학교(the Burgh School of Kirkcaldy)에 들어갔다. 라틴어 등 문해력 향상에 꼭 필요한 공부를 하면서 연극 대본을 쓰기도 했다. 연극 공연은 당시 스코틀랜드 교구 학교의 유행이었

---

59) 데이비드 워시 『지식경제학 미스터리(Knowledge and the Wealth of Nation)』(김민주·송희령 역, 김영사) 78쪽

다. 대본 쓰기는 스미스가 많은 책을 읽으면서 상상력이 풍부해진 데다 글도 잘 썼기에 할 수 있었던 활동이었다.

커콜디는 석탄 소금 가죽 양모 청어 못 등을 가까운 북해와 발트해 연안국, 프랑스에 수출하면서 한때 인구가 4,500명이나 되던 활발한 항구였다. 그러나 스미스가 태어났을 무렵에는 자코바이트 내전과 스코틀랜드와 잉글랜드의 합병에 영향을 받아 교역의 상당량이 잉글랜드로 넘어가면서 인구는 1,500명으로 급격히 줄었다.

스미스는 정신을 놓을 때가 많았지만 관찰력이 좋아 학교를 오가며 보고 들은 것을 무심히 넘기지 않았다. 기억력도 뛰어나 관찰한 것은 두뇌에 차곡차곡 쌓였다. 학교 가는 길에 거쳤던 커콜디 시장에는 못 공장도 두 곳 있었다. 스미스가 『국부론』 첫 페이지에 핀 제조공장의 분업 과정을 길게 서술하고, 분업이 인류의 생산성을 높여왔다고 단정한 것은 그때 관찰했던 못 공장의 모습이 바탕이 됐을 것이라는 추측을 낳았다.

경제 규모는 전보다 줄었어도 커콜디에는 위로는 귀족과 신사, 아래로는 석탄 및 소금 수출 인부 등 최하층 계급이 공존했고, 북해와 발트해를 오가는 상선의 선원과 상·하역 인부들, 이들이 지켜보는 가운데 처형된 앤드루 윌슨 같은 '자유무역인', 그들을 단속하는 세관 직원도 있었다. 이들과 그들의 작업장은 모두 스미스의 관찰 대상이었고 훗날 『도덕감정론』과 『국부론』을 쓸 때 논리적 추론을 위한 상상력의 근거가 되었다.

열네 살 된 해 스미스는 고전과 수학에 재능이 있는 영리한 학생이라는 칭찬을 들으며 글래스고대학으로 진학했다. 글래스고대학에서 공부(1737~1740)를 마친 후에는 옥스퍼드로 유학한다는 계획이었다. 스미스는 글래스고에서 공부하면서 커콜디의 어머니를 보러 잠깐씩 내왕했으나, 옥스퍼드 유학(1740~1746)을 마치고 1751년 글래스고대학 교수직을 얻기 전까지 5년은 어릴 때처럼 어머니 옆에 머물면서 종종 에든버러로 나가 지식인을 비롯해 지역 지도층 인사들을 상대로 윤리학, 법학, 문학 등을 강연했다. 글래스고대학 재직 중이던 1759년 출판한 『도덕감정론』은 이때부터 그의 머릿속에서 자라나고 있었다고 전기작가들은 전한다.

마흔 살 되던 1763년에 스미스는 12년 동안의 글래스고대학 교수직을 사임하고 스코틀랜드와 잉글랜드 곳곳에 거대한 토지를 소유한 당년 17세 버클루 공작의 멘토가 되어 프랑스 여행을 떠나 볼테르, 케네 등 프랑스의 계몽주의자 및 경제학자들과 교분을 나눴다. 1766년 다시 커콜디로 돌아온 스미스는 10년간 커콜디의 집에서 『국부론』을 집필, 1776년에 출간했다. 평생 독신이었다. 어머니와 이종 누이 재닛 더글러스 두 여인이 그를 돌봤다.

 버스에서 내린 나의 발걸음은 당연히 스미스 생가터로 향했다. 걸을 만한 거리였다. 생가는 오래전에 사라지고 그 자리에 대신 들어선 건물에는 미용실과 같은 자그마한 점포들이 들어섰다. 위대한 스미스의 생가터에 여성의 손톱을 다듬어주고 머리를 매만져주는 미용실이 들어선 게 좀 생뚱맞다고 생각하면서 건물 앞과 뒤, 스미스가 드나들었을 골목길도 살펴보았다. 이 건물은 1834년 스미스의 생가를 허물고 다시 지은 것이다. 그 자체로도 역사성이 있다는 평가를 받아 커콜디의 '역사적 건축물' 리스트에 등재된 건물이다.

 생가터를 나와 해변을 따라 남북으로 뻗은 '해안 산책로(Esplanade)'로 들어섰다. 오른편으로 아득한 북쪽 저 위에까지 쭉 펼쳐진 부드러운 모래밭을 포스만의 파도가 가벼이 철썩철썩 두드렸다. 하얀 거품을 이고 천천히 들어오고 나가는 파도에서는 고요하고 정결한 자장가 곡조가 들렸다. 학교에서 창밖을 내다보던 스미스를 친구들과 선생들은 멍하다고 했겠지만, 사실 그 시간은 그가 고요한 아름다움과 자연의 조화를 느끼면서 감수성을 키우던 시간이었을 거라는 생각이 들었다.

이 산책로에서는 매년 4월 중순 부활절 즈음 엿새 동안 시장이 열린다. '링크스 마켓(Links Market)'이라는 이름이 붙은 이 시장은 무려 700년 전인 1304년부터 열리기 시작해 스코틀랜드 최고(最古)의 시장으로 꼽히고 있다. 또 광장이 아니라 길이 2.5km에 이르는 해안을 따라 수백 개의 점포가 연이어 펼쳐지기 때문에 유럽 최장(最長)의 시장으로 불리면서 매년 25만~30만 명이 찾는 관광명소가 되었다. 매해 봄이면 열리는 이 시장을 찾았을 어린 스미스가 여기서는 무엇을 관찰하고 어떤 상상을 했을까 상상하면서 '애덤 스미스 극장'으로 발길을 돌렸다.

애덤 스미스 극장은 스미스 사후 100년여가 흐른 1899년에 문을 열었다. 당시 커콜디 시장이 스미스 기념관을 짓자며 기금을 내놓자 스코틀랜드 출신으로 미국에서 거부를 쌓은 '철강왕' 앤드루 카네기(1835~1919)가 나머지

자금을 내놓아 완공된 건물이다. 주로 연극 음악 무용 공연장으로 쓰이며 회의, 강연장으로도 이용되는 이 지역 명소다. 행사가 없어서인지 문이 닫혀 있어 외관만 둘러보고는 택시를 불러 커콜디 북쪽 스트레이든리 마을로 향했다. 세 살 스미스가 집시 여인에게 유괴당했던 외가가 있는 마을이다. 주변 풍경이 너무 좋았다. 이런 곳에서 자라면 누구라도 선하게 될 것 같다는 느낌이 드는 곳이었다. 아버지를 보지 못한 스미스에게 아버지 역할을 해준 이는 유괴됐을 때 구조대를 이끌고 집시들을 쫓아가 구출해온 외삼촌 로버트 더글러스였다.

에든버러로 돌아갈 시간이 되었다. 대기하고 있던 택시에 올라 버스 터미널로 갔다. 스코틀랜드 농촌 풍경이 양옆에 평화롭게 펼쳐진 도로를 택시는 고요히 달렸다.

저녁으로 스코틀랜드 전통 음식인 '해기스(Haggis)'를 먹게 될 거라고 상상하면서 팬뮤어 하우스의 묵직한 놋쇠 도어노커를 두드렸다. 어제 문을 열어준 하녀보다 나이가 많이 든 여인이 문을 열어줬다. 재닛 더글러스라고 잠시 착각했다. 재닛은 스무 살쯤이던 1754년 스미스의 집에 들어와 이모(스미스의 어머니)와 함께 30년 이상 긴 세월 스미스를 뒷바라지하다가 스미스가 사망하기 2

년 전인 1788년 팬뮤어 하우스에서 세상을 떠났다. 어머니는 이보다 4년 전에 별세했다. 어머니에 이어 재닛마저 세상을 뜨자 스미스의 건강도 급격히 나빠져 재닛이 숨진 그해 그는 런던까지 가서 치료받았으나 나아지지 않았다. 거실에 들어서자 스미스 선생이 일어나 나를 맞아줬다.

"커콜디는 잘 다녀왔소? 어떻습디까?"
"여기저기 선생님 흔적이 있을 만한 곳은 다 돌아봤습니다. 조용하고 아늑하더군요. 선생님 살아계셨을 때보다는 인구가 많고 번잡해졌겠지요. 하지만 자연과 가까운 자그마한 도시에서의 삶을 찾는 사람들에게는 적당한 곳이라는 생각이 들었습니다. 에든버러와도 가깝고요."
"날씨가 좋아서 다니기는 좋았겠구려?"
 이렇게 말하면서 그는 나를 식당으로 안내했다. 예상했던 대로 식탁에는 해기스가 차려져 있었다. 김이 나는 '해기스'가 '무와 감자조림'과 함께 큰 접시에 담겨 있었다. 옆에는 위스키 한 잔. 해기스는 잘게 다진 양의 허파와 염통 및 간을 귀리와 양파, 향신료, 양 기름과 섞어서 양의 밥통에 넣어 찐 것이다. 고대 스코틀랜드 사람들은 고기보다 쉬 썩는 내장을 편히 먹을 수 있는 방법을 찾다가 이 조리법을 알아냈다. 우리 조상들이 순대를 고안해 낸 것과 마찬가지다. 현지 사람들이 'Neeps and Tatties(순무와 감자)'라고 부르는 요리는 내장을 삶은 육수를 순무와 감자에 끼얹어 조린 음식으로 해기스를 먹을 때는 스코틀랜드 특산 위스키 한 잔과 함께 반드시 곁들여야 한다. 해기스는 이것 없이는 밥을 먹지 않았고, 백석이 '슴슴한 냉면'을 찬미했듯, '해기스에 한 말씀(Address to Haggis)'이라는 찬양 시까지 썼던 스코틀랜드의 '애국 시인' 로버트 번스 덕분에 스코틀랜드 사람들이 더 좋아하게 됐다. 스코틀랜드 사람들은 1759년에 태어나 1796년에 세상을 떠난 번스의 생일인 1월 25일 밤(Burns Night)에는 해기스를 먹으면서 그를 추념한다.

　해기스 맛은 짭짤했다. 접시에 담긴 모양은 변변찮았으나, 세계 어느 나라든 서민 음식의 외양이 다 그러하듯, 한 입 먹어 보니 향신료와 양파 향이 퍼지는 게 훌륭한 맛이었다. 식감도 쫄깃했다.

　"해기스를 잘 드시는군요? 전에도 먹어봤나요?"
　"아뇨. 처음입니다. 한국에는 순대라는 음식이 있습니다. 쌀과, 당면이라는 국수와 여러 가지 채소를 돼지 피에 버무려 돼지 창자에 밀어 넣고 찐 것인데, 순대를 좋아해서인지 제 입에는 맞습니다."

"돼지 피로 버무린 음식이라고요? 한국의 순대는 해기스보다 우리나라의 블랙푸딩과 더 가까울 것 같군요. 블랙푸딩에도 돼지 피가 많이 들어가지요. 내장을 이용한 음식은 어느 나라에도 있을 겁니다. 고기를 마음껏 먹지 못했던 가난한 사람들은 언제나 있었으니까요."

"이탈리아 시칠리아에는 삶은 내장을 빵에 끼워 먹는 내장 샌드위치가 있더군요. TV 여행 프로그램에서 봤는데 맛있게 보였습니다."

"아일랜드 사람들도 내장 요리를 잘합니다. 거기도 척박해서 먹을 게 부족하지요."

"아, 예. 제임스 조이스라는 아일랜드 사람이 쓴 소설 '율리시스'도 주인공이 돼지 내장을 사서 집으로 가는 장면으로 시작하는 것 같습니다."

"위스키도 한 드램[60] 하시구려. 해기스에는 위스키가 제격이지요. 한국 사람들 즐겨 먹는다는 순대에도 곁들여 마시는 술이 있겠군요?"

"예, 소주라고 위스키처럼 좀 독한 증류주가 있습니다. 다른 술도 있으나 소주를 많이 마십니다. 위스키를 한

---

[60] 한국인들이 '한 모금'이라고 말하듯 스코틀랜드 사람들은 아주 작은 양의 음료를 'Dram'이라고 한다.

드램씩 마신다고 하듯 소주는 한 모금씩 마십니다. 저도 그렇고요."

"그런데, 오늘은 내 책 무엇을 주제로 이야기할까요? 먹는 이야기도 좋은 대화 주제이나 정 선생이 음식 이야기하러 이 멀리 온 거는 아니니까."

"선생님, 국부론에 '네덜란드에서는 사업가가 되지 않는 것이 이상하다'라고 쓰셨잖아요? '순 이윤율이 낮을 뿐 아니라 시장이자율도 낮은 나라에서는 아주 부자가 아닌 한 이자로 살아가는 게 사실상 불가능하다, 따라서 중소 규모의 재산을 가진 사람은 사업가가 되거나 어떤 사업에 종사해야만 한다'라고 하면서 네덜란드를 예로 드신 거잖아요?"

"예, 그렇게 썼지요."

네덜란드에서는 사업을 해야 하는 이유

자기의 완전한 부[기존의 법과 제도하에서 가능한 최대의 부]를 이미 획득한 나라, 각 사업 분야마다 투자될 수 있는 최대의 자본량이 이미 투하된 나라에서는 일반적인 순 이윤율이 매우 낮을 뿐만 아니라 [거기로부터 지불될 수 있는] 일반적인 시장이자율도 너무 낮으므로 매우 부유한 사람을 제외하고는 자기의 화폐 이자로 살아가는 것은 불가능하다. 중소 규모의 재산을 가진 사람은 모두 스스로 자기 자본을 운영해야 한다. 거의 모든 사람이 사업가가 되거나 모두 스스로 자기 자본을 운용해야 한다. 네덜란드는 거의 이 상태에 접근하고 있는 것 같다. 거기에서는 사업가가 되지 않는 것이 이상하다. 필요에 밀려 거의 모든 사람이 사업가가 되고 있는데, 옷을 입지 않는 것이 우스운 일인 것처럼 다른 사람들과 달리 사업에 종사하지 않는 것이 우스운 일이다. (『국부론』 1부 1편 9장)

"선생님께서 이자율이나 이윤율을 근거로 들었지만, 사실은 네덜란드는 자유의 나라이므로 사업하기 좋은 나라라는 말씀을 그렇게 하셨다는 생각이 들었습니다."
"내 말의 핵심이 그겁니다. 제일 좋은 사업 환경은 자유입니다. 규제를 최소화하면 사업 분야마다 투자될 수 있는 최대의 자본량이 투하될 수 있고, 그렇게 한 국가는 자기의 완전한 부를 획득할 수 있지 않겠어요? 네덜란드에는 일찍부터 자유의 전통이 자리 잡아서 투하된 자본이 많았고, 그 결과 나라의 부가 쌓였지요. 16세기에는 영국이 부러워할 정도로 부유하게 됐습니다. 정 선생, 그런데 네덜란드가 자유의 나라로 꼽히게 된 이유와 배경도 알겠군요?"

"아, 그럼요. 선생님의 지론인데 제가 모르겠습니까. 네덜란드에는 애초에 봉건제도라는 게 없었기 때문이 아닌가요? 투자가 자유롭다는 건 개인에게 투자할 재산이 있다는 뜻이겠지요. 개인에게 재산이 있다는 건 개인의 재산권이 인정되었다는 말일 테고요. 선생님 말씀대로 봉건제도에서 재산을 가진 사람은 왕과 귀족, 교회뿐이었지요. 이들 외에는 누구에게도 자기 재산이란 게 없었습니다. 자신이 생산한 것이라도 왕과 영주가 내놓으라고 하면 언제든 내놓아야 했지요. 심지어는 목숨까지도 그들에게 달려 있었잖아요. 네덜란드에는 봉건제도가 없었다는 것은 이 나라가 일찍부터 개인의 재산권을 인정했다는 거 아니겠습니까?"

"일찍이 흄 선생도 '자유를 누리려면 자유에 일정한 제한이 있어야 한다'라고 했지요. 남의 것을 주인 동의 없이 가져오는 것은 자유가 아니라면서 '모든 사람이 최대한의 자유를 누리려면 자연의 세 가지 근본원리가 지켜져야 한다'라고 하셨지요. 소유의 안정성, 동의에 의한 양도, 계약 준수의 의무 …."

"선생님은 그 세 가지 근본원리가 암스테르담에서는 일

찍부터 자리 잡았다고 보신 거지요?"

"네덜란드 사람들은 그 원리를 베네치아나 피렌체, 제노바 같은 이탈리아 도시에서 배워왔을 겁니다. 이들 이탈리아 도시는 암스테르담보다 훨씬 일찍 상업이 발달했지요. 규모가 작아 봉건제도가 자리를 잡을 수 없었던 공통점도 있고요."

"선생님, 영국의 산업혁명에 대해서도 비슷한 논지를 펼친 사람이 있더군요. 산업혁명을 가능케 한 영국의 공업 기술 발전은 '헨리 8세 재위 기간에 영국 해군이 이탈리아 선박 기술자들에게서 받은 영향, 수차와 토지 개간 사업에 미친 네덜란드 엔지니어들의 영향 및 영국 최초의 생사 방적공장이 이탈리아 모델을 그대로 모방했다는 사실'을 인정해야만 이해될 수 있다는 거지요."

"누가 그랬지요?"

"루이스 멈퍼드라는 20세기 초 미국 과학기술사 학자가 그랬습니다."[61]

"흠…"

스미스 선생은 잠시 말을 멈추었다. '국부론에 그 부분

---

61) 루이스 멈퍼드, 『기술과 문명(Technics and Civilization)』 (문종만 역, 책세상) 228쪽. 멈퍼드는 "스미스는 기술에 대한 지식이 부족한데다 영국에서 기술변화가 가장 맹렬히 일어났다는 점만 생각해 외국 기술이 영국 산업혁명에 끼친 영향을 간과했다"라고 봤다.

을 안 넣은 걸 후회하나'라는 생각이 언뜻 머리를 스쳤었다. 내가 말을 이었다.

"선생님, 네덜란드가 사업하기 좋은 나라라고 말한 사람이 최근에도 있습니다. '세상에서 가장 자유로운 도시 암스테르담'이라는 책을 쓴 러셀 쇼트라는 미국의 역사가인데요, 이 사람은 암스테르담에는 규제가 없다며 바로 이 점이 이 도시를 사업하기 좋은 나라로 만들었다고 했습니다. 들어보시겠습니까?" 선생이 고개를 끄덕이며 찻잔을 들었다.

암스테르담에서 일어난 경제 혁신의 또 다른 추진 요소이자 이후 수십 년 동안에도 몇 번이나 이 도시에 이로운 방향으로 작용할 요소는 바로, 암스테르담이 유럽에서는 드물게도 현지에서 사업을 하려는 외부인들에게 제약을 거의 가하지 않았다는 것이었다. 이민자라고 해서 동인도회사 같은 정부의 특허를 받은 회사에 들어갈 필요는 없었다. 시민권을 획득할 필요도 없었다. 이미 기반을 잡은 사업가들은 언제든 새로운 사업에 도전하려는 열린 태도를 보이고 있었고, 이민자들은 딱히 다른 곳보다 높은 행정적 장애와 마주하지 않았다.[62]

---

62) 러셀 쇼트, 『세상에서 가장 자유로운 도시-암스테르담(Amsterdam: A

"쇼토라는 사람이 네덜란드에서 왜 봉건제도가 힘을 쓰지 못하게 됐는가에 대해서는 어떻게 설명하던가요? 사유재산제도가 일찍부터 자리 잡은 이유는 뭐라고 하던가요?"

"바다를 면한 저지대여서 원래는 인구가 별로 없던 네덜란드는 신·구교 갈등이 심해지면서 다른 나라에서 종교적 탄압을 피해온 사람으로 인구가 급증했으며, 이 사람들은 먹고살기 위해 척박하더라도 농지를 넓혀야 했기 때문에 간척 기술을 발전시켰다, 간척으로 확보한 땅은 간척에 참여한 모든 사람의 것이었기에 몇 명의 권세가나 귀족이 땅을 독점한 채 위세를 떨칠 수가 없었다고 했습니다. 이 사람 말을 빌리면 '네덜란드에서는 귀족이 평민을 착취 수탈 생사를 좌우하는 권한을 쥔 적이 없었다. 간척으로 만든 땅은 모두의 것이었다. 땅을 가진 평민이 많아서 자유가 넘쳤다, 자유 의식이 먼저 발생했다. 자유가 넘친 덕에 네덜란드는 경제가 일찍 발달했다'라는 거지요. 이 사람은 작은 도시국가에 불과한 베네치아가 한때 지중해를 지배할 수 있었던 것도 그 땅이 귀족의 것이 아니었기 때문이라고 봤습니다. '베네치아도 무

History of the World's Most Liberal City)』(허형은 옮김, 책세상) 160쪽.

역이 융성해 지중해 여러 곳에 식민지를 세웠고, 강대한 오스만 튀르크에 끝까지 맞섰던 곳도 베네치아였다'라는 말했습니다."

 말을 끝내고 선생을 쳐다봤더니 계속하라는 표정이었다.

"선생님, 자유주의의 원천 위대한 애덤 스미스 앞에서 자유의 뿌리에 대해 말씀드리고 있으니 이 이상 영광은 다시 없을 겁니다. 하하하."

 스미스 선생의 환대와 찬사에 제법 큰 소리로 웃으며 농담까지 할 정도로 긴장이 풀어졌다. 배가 부르고 위스키도 한 모금 들어간 덕일 거다. 내친김에 위스키 잔을 끌어당겨 또 한 모금 입에 넣었다. 선생은 가볍게 입술만 대고 잔을 내려놓았다. 그가 술을 별로 좋아하지 않는다는 말을 들은 기억이 났다. '술김에 실수나 하지 않을까'라는 생각이 들어서 나도 잔을 내려놓았다.

"정 선생이 네덜란드를 잘 아는 걸 보니 한국에도 네덜란드가 자유로운 나라라는 게 알려졌나 봅니다?"

"그럼요. 선생님 생존하실 때보다 훨씬 자유로운 나라가 된 것도 알고 있습니다. 암스테르담이 특히 심해 '미친 도시'라고 부르는 사람도 있습니다. 다른 곳에서는 미치지 않으면 하지 못할 일이 벌어지고 있다는 거지요.

마약도 허용되고, 매춘은 신고하면 합법이며, 안락사도 가능한 곳이 됐습니다. 생의 절정기에 좌절을 겪고는 암스테르담까지 가서 안락사를 하려는 두 영국 신사, 한 사람은 영국 최고의 언론인, 다른 하나는 영국을 대표하는 작곡가를 주인공으로 삼은 『암스테르담』63)이라는 소설도 있습니다. 그곳에 가면 세상을 떠나고 싶어 하는 한국 사람들도 볼 수 있다고 합니다."

"정 선생, 그렇다면 나와 동료들, 즉 나중에 스코틀랜드 계몽주의자라고 불리는 사람들이 존 로크 선생에게서 큰 영향을 받은 것도 알겠군요. 왕당파와의 대결에서 패한 3대 섀프츠베리 백작을 따라 네덜란드 암스테르담으로 망명했던 로크 선생이 어마어마한 자유를 누리는 네덜란드 사람들을 보고 나중에 '계몽'이라고 이름 지어진 사상을 본격적으로 가다듬은 것도 아실 것이고?"64)

"그럼요. 흄 선생 이전에 재산권을 인정해야 번영할 수 있다고 한 분이 로크 선생인 것도 배웠습니다. 그분이 '번영은 개인적 소유를 인정하지 않고는 확보할 수 없다'

---

63) 영화로도 인기를 끈 『속죄(Atonement)』『칠드런 액트(Children Act』 등을 쓴 이언 매큐언의 작품이다.
64) 본명이 앤서니 애슐리 쿠퍼인 3대 백작 섀프츠베리(1671~1713)는 로크를 비서로 삼았지만, 학문에서는 로크의 제자였다. 그는 왕정복고에 반대하다 세력이 달려 로크와 함께 네덜란드로 도피했다. 그의 사상은 스미스의 글래스고대학 스승인 프란시스 허치슨에게 영향을 줬다.

라고 하지 않았나요? 자유가 번영의 전제 조건이라는 말이겠지요? 그런데 선생님, 계몽은 영어로 'enlightment'잖아요. 하지만 계몽사상이 제대로 꽃 핀 곳은 스코틀랜드를 포함한 영국이라며 'englishment'라고 쓴 사람도 있습니다."

"나도 알지요. 영어사전을 처음 만든 새뮤얼 존슨이 그렇게 말한 적이 있었지요. 내 보기에 그 사람 좀 싱겁던데 어떻게 그런 재치가 있나 몰라."

"두 분이 싸우기도 하셨다면요? 스미스 박사와 존슨 박사는 '백묵과 치즈(Chalk and Cheese, 물과 기름 사이)'라고 월터 스콧 선생이 쓴 글에 나온다는데요?"[65]

"그래도 존슨 박사, 그 사람은 경제가 중요한 건 알았어요. '인간이 돈 버는 일보다 더 죄를 짓지 않으면서 종사할 수 있는 일은 별로 없다'라는 말도 했으니까요."

"선생님, 로크 선생이, 아까 말씀하신 3대 섀프츠베리 백작의 스승이면서 공식적으로는 비서 겸 주치의였잖아요? 두 사람 사이에 신분 차이가 있지만 함께 영국 계몽사상을 이끈 거 맞지요?"

"그럼요. 두 분 다 경험을 중시했던 분이니까 그렇게

---

65) 스미스와 존슨은 잘 어울리지 못했다. 존슨이 흄을 비판하면서 스미스를 "거짓말쟁이!"라고 부르자 스미스가 "이 개새끼가!"라고 했다는 기록도 있다. 라스무센 『무신론자와 교수』 164쪽.

말해도 되지요. 경험보다는 이성을 앞에 두는 프랑스 사람들과는 달리 우리들의 계몽사상을 이끈 분들은 '경험이 우리의 결정 근거'라고 생각했지요. 물론 나도 그렇고요."

"선생님, 섀프츠베리 백작이 이런 말한 거 아세요?"

"뭐죠?"

"이렇게 말씀하셨어요. 우리는 서로 갈고 닦아주며, 일종의 원만한 부딪힘을 통해 서로의 모서리와 거친 면을 갈아 없애준다."66)

"아, 그거! 멋진 말이지요. 경험의 중요성을 말해주는 멋진 말입니다. 강 상류에 있는 돌들은 뾰족하고 거칠면서 날카롭지요. 이 돌들은 급류에 휩쓸려 하류로 굴러오면서 서로 부딪히며 모서리가 동글동글 예쁜 조약돌로 변합니다. 백작은 사람이 사는 것도 이런 것이다, 다른 사람, 다른 사건을 경험하면서 원만한 인격이 형성된다고 본 것이지요. 뾰족하고 날카로운 사람은 다른 사람과 잘 어울리지 못한다는 뜻도 있는 것 같고요."

"선생님, 선생님의 '보이지 않는 손'에도 그런 뜻이 있지 않나요? 자기 욕심, 자기 이기심만 채우려는 마음을 어떤 형태로 나타낸다면 뾰족한 모양이 될 텐데, 뾰족한

---

66) 로이 포터 『근대세계의 창조』 51쪽.

마음들끼리 만나면 처음엔 서로 상처만 주겠지요. 하지만 오랜 세월 뾰족한 마음들이 서로 부딪히고 또 부딪히다 보면 더는 뾰족해서는 안 되겠다고 깨닫지 않았겠어요? 사람들에게 그런 깨달음을 가져다준 것이 '보이지 않는 손'이 아닌가요?"

"정 선생, 방금 그 말이 내가 '보이지 않는 손'을 생각해낸 게 섀프츠베리 백작의 생각을 살짝 비튼 것에 지나지 않는다는 뜻인가요?"

갑자기 스미스 선생의 말투에서 온화함이 사라지고 냉기가 돌았다. 자신의 위대한 발견-보이지 않는 손-이 결국은 섀프츠베리에서 비롯된 게 아니냐는 내 말이 크게 언짢은 모양이다. 해기스를 한 입 뜨려다가 돌변한 분위기에 깜짝 놀라 고개를 들고 쳐다봤더니 선생은 따뜻한 미소를 짓고 있었다. 장난기가 입가에 머물고 있었다.

"허허허, 농담입니다. 식사 중에 정 선생이 너무 진지해 보여서…. 어떻든, 나에게 영향을 준 사람이 섀프츠베리 백작뿐이겠어요? 우리는 모두 앞선 사람, 앞선 세대의 영향을 받지요. 뉴턴 선생 같은 분도 '내가 남보다 더 잘 보고 더 멀리 봤다면 거인들의 어깨에 올라설 수 있었던 덕분'이라고 하지 않았나요? 뉴턴 선생은 앞선 사람들의 발견, 경험이 쌓였기에 자신의 발견이 가능했음을 이렇게 말했지요. 참 겸손한 말씀이지요. 아, 뉴턴 선생 말씀에도 조약돌이 들어간 게 있군요. '세상에 내가 어떻게 보일지는 나도 모르지만, 나로 말하자면, 보통보다 더 매끄러운 조약돌이나 더 예쁜 조개껍데기를 주우며 이따금 기분 전환을 하는, 바닷가에서 노는 어린아이였던 같다. 그사이 거대한 진리의 대양은 발견되지 않은 채 내 앞에 줄곧 있었다.'"

"3파운드짜리 영국 동전에 '거인들의 어깨에 올라서서(STANDING ON THE SHOULDERS OF GIANTS)'라는 뉴턴 선생의 말씀이 새겨진 걸 여기 와서 알았습니다. 이런 문구가 새겨진 동전을 맨날 사용하니 영국 사람들이 경험을 중요하게 생각하지 않을 수 없겠다는 생각이 들더군요."

"뉴턴 선생과 로크 선생이 서로 존경하는 사이였다는 것도 알겠군요?"

"두 분 다 경험을 중시하고, 그런 만큼 겸손했으니 가까울 수밖에 없지 않았겠습니까. 자신의 분야를 개척한 분들은 자신과 비슷한 업적을 쌓은 분을 인정하고 존경하는 게 보통이지요."

선생 말에 대답하는데 선생이 갑자기 몸을 세우더니 나

를 쳐다보며 "어쩌면 뉴턴 경, 로크 선생, 섀프츠베리 백작이 조약돌이나 조개껍데기를 앞에 놓고 경험이라는 함의를 함께 이야기했을지도 모르겠군요. 훌륭한 통찰은 서로 뜻이 통하는 사람들의 대화에서 비롯될 때가 많으니 말입니다"라고 했다. 새로운 발견을 했다는 표정이 흘렀다. 그러고는 말을 이었다.

"정 선생과 네덜란드 이야기를 하니까 가보지 않았는데도 가본 것 같군요. 정 선생은 네덜란드 가봤나요?"

"아직 못 가봤습니다. 귀국 길에 암스테르담 구경을 잠깐 하기로 여정을 짰습니다. 네덜란드 출신인 빈센트 반 고흐라는 화가를 기념하는 미술관도 들를 계획입니다. 제가 좋아하는 '아몬드꽃' 그림이 거기 걸려 있거든요."

봄이 오기 전, 추위 속에 만개하는 아몬드꽃, 2월 말의 추위와 바람 속에서도 쉬 떨어지지 않는 그 작은 꽃. 마치 가지에 풀로 붙여 놓은 듯 강인하게 그려놓은 고흐의 그 아몬드꽃 그림이 뇌리에 떠오르는데, 스미스 선생은 별 관심이 없었다.

"정 선생은 네덜란드를 어떻게 그렇게 많이 알게 됐나요?"

"많이 안다고 해도 되나 모르겠습니다만, 선생님 뵈러 여기 오기 전에 스코틀랜드 계몽주의에 관한 책을 몇 권

읽었습니다. 어제 말씀드린 것처럼요. 그런 책 대부분이 17~18세기 스코틀랜드 지식인들이 네덜란드 지식인들에게서 영향을 받았다고 쓰고 있습니다. 그래서 네덜란드 암스테르담에 관한 책도 읽게 됐습니다. 아, 선생님, 이번엔 정말 언짢으실 것 같은데, '우리가 빵을 먹을 수 있는 건 빵집 주인의 이기심 덕분'이라는 선생님의 그 명제도 버나드 맨더빌이라는 네덜란드 출신 의사 겸 문필가의 '개인의 악덕은 사회의 이익'이라는 명제에서 출발했다는 주장이 여러 책에 실려 있더군요."[67]

"세상에 처음인 건 없지요. 뉴턴 선생이 말한 것처럼 새로운 지식은 앞선 지식이 없으면 나올 수 없는 것 아니겠어요? 허허허. 맨더빌 박사는 네덜란드에서 활동하다가 스코틀랜드로 건너와서는 우리 앞 세대 분 중 몇 분과 교류했지요. 성격이 좀 냉소적이었다는데 끝까지 그 성격을 못 고쳤다던가 그랬다는군요."

선생이 말을 끝내려는 참에 하녀가 동그란 쟁반을 식탁

---

[67] Bernard de Mandeville(1670~1733)은 네덜란드 출신 의사 겸 도덕 사상가로 영국에서 활동했다. '개인의 악덕, 사회의 이익'은 그의 풍자시 『꿀벌의 우화 (The Fables of Bees)』(최윤재 역, 문예출판사)의 부제이다. 그는 이 풍자시를 통해 영국 사회의 기만과 기성 도덕의 위선적 견해를 비판하며, 인간의 도덕적 약점과 아욕(我慾) 등에서 비롯되는 소비가 부(富)의 증대와 실업의 해소 그리고 국가의 경제 발전을 가져온다고 주장했다. '개인의 악덕은 사회의 이익'이라는 그의 명제는 스미스가 『국부론』에서 인간의 이기심을 중시하도록 한 데 영향을 미쳤다.

에 살포시 놓았다. 쇼트브레드였다. 선생은 피자처럼 6등분 된 쇼트케이크 한 쪽을 내 접시에 덜어주었다.
"내일은 뭘 하시오. 여기 에든버러는 다 돌아봤나요? 내일도 날씨가 좋으면 내가 몇 군데 안내해드리리다. 덕분에 나도 모처럼 에든버러 시내 나들이도 해보고."
"바로 선생님 뵈러 와서 에든버러 시내는 아직 보지 못했는데, 선생님께서 안내해주신다니, 이걸 어떻게 자랑해야 할지 …."
"자, 감격만 하지 말고, 쇼트케이크 좀 먹어봐요. 맛이 나쁘지 않을 겁니다."
그가 웃으면서 말했다. 나는 쇼트케이크 한 쪽을 들고 한입 물었다. 버터의 고소한 맛이 입속을 채웠다.
"선생님, 맛있습니다. 정말 잘 먹었습니다. 어느새 시간이 많이 됐네요. 이제 일어나겠습니다. 내일 아침에 오겠습니다."

7. 하인보다 종업원이 낫다

<"사람들은 남을 위해 일할 때보다 자기 자신을 위해 일할 때 더 많은 걸 이루지요. 자유인은 자신의 생산물이 자기 것이 될 것을 아니까 더 많이 생산하려 하고, 더 좋은 것을 생산하려 하겠지요.">

7. 하인보다 종업원이 낫다

 다음 날 오전 10시쯤 팬뮤어 하우스로 갔다. 전날만큼 쾌청하지는 않아도 걷기에는 좋은 날씨였다. 그는 전기작가들이 전하는 옷차림 그대로였다. 테가 큰 모자를 쓰고 리넨으로 만든 외투를 입고 왼손에는 꽃다발, 오른손에는 지팡이를 들고 있었다. 전기작가들은 왼손의 꽃다발은 18세기 후반 에든버러의 지독한 악취를 쫓기 위한 것이라고 설명한다. 런던의 하수도 시스템은 그가 타계한 지 100년이 지나서야 어느 정도 모양을 갖추었으니 그가 살았을 때 에든버러 시내에서 악취를 피할 수 없었다. 팬뮤어 하우스 부근은 그나마 숲이 가까워 냄새를 가려줬겠지만.
 "정 선생, 어제 미미스 베이크 하우스까지 걸었지요? 그 길 따라 조금 더 걸읍시다. 2km를 약간 더 걸으면 시청이 나와요. 우선 거기 먼저 가봅시다. 그다음에 어디 갈지는 거기서 생각해보자고요. 사실 내가 거기서 더 멀리 걸을 수 있을지 좀 걱정이 되네요."
 시청부터 가보자는 그의 말에 조금 실망했다. 사실 나는 그와 함께 에든버러 1호 관광지로 알려진 에든버러 성에 올라가 에든버러 시가지를 내려다보고 싶었다. 스코틀랜드까지 왔으니 이름난 곳 몇 군데는 보고 가야 할 것 아닌가. 하지만 그가 고령이라는 점과 병이 악화하던 상태임을 깜빡 잊고 있었다. 그는 오래는 못 걷는다는 말을 그렇게 한 것이다.

 예전 스코틀랜드 왕궁이었던 에든버러 성은 팬뮤어 하우스가 있는 캐넌게이트에서 서쪽으로 약 3km 떨어져 있다. 걸을 만한 거리이나 마지막에는 좀 가파른 언덕길을 올라가야 한다. 에든버러에서 가장 높은 암벽 위에 건축된 성벽에 기대서서 그에게서 예전 에든버러 이야기를 듣겠다는 욕심은 접어야 했다. 나는 실망한 속을 감추고 대답했다. (하지만 결과적으로는 안 가길 잘했다. 에든버러 성 관람은 예약제라는 말을 나중에 들었다. 노구의 스미스 선생을 헛걸음시킬 뻔했다.)
"선생님, 스코틀랜드 관세청이 거기 있었지요? 거기 가 보시려는 것이군요. 좋습니다. 거기 가면 감회가 깊으시겠네요?"
"그럼, 그럼. 내가 국부론 낸 이듬해인 1777년부터 죽을 때까지 거기 책임자로 근무했잖아요. 정 선생이 거기가 어떻게 변했는지 내가 궁금해하는 거 이해해주니 고맙군요. 그런데, 악취가 별로 없네. 예전엔 악취가 정말 심했어요. 오죽했으면 내가 이 꽃다발을 매일 아침 들고 다녔겠소. 소용은 별로 안 됐지만 말이오."

그는 악취가 별로 없다면서도 가끔 꽃다발로 코앞을 저었다. 썩은 쓰레기 냄새 대신 등장한 자동차 매연을 쫓으려는 거였다. 도시의 악취는 대부분 빈궁이 원인이다. 빈곤이 심할수록 악취는 더 짙고 불결하다. 전염병이 창궐하고 사람들은 일찍 죽는다. 산업혁명은 18세기 영국의 대도시를 빈궁과 불결의 대명사로 만들었다. 농촌에서 일자리를 찾아 몰려오는 사람들을 도시가 온전히 수용할 수 없었다.

ㄱ 무렵 사회상을 다룬 서적에는 빈민들이 얼마나 처참하고 끔찍하게 살았는가가 책장을 넘기기 어려울 정도로 자세히 적혀 있다. 런던의 인구 밀집도는 상상이 어려울 정도였다. 한 보고에 따르면, 골목길 하나에 있는 27채의 집에 1,100명이 살고 있었다. 인구가 밀집해 있으면 오물도 어마어마하게 많이 나오는 건 당연하다."[68]

악취는 거리에서만 나지 않았다. 로마 점령 시대 이후 서민들에게도 전파된 목욕 습관이 사라져 사람에게서도 심한 냄새가 났다. 로마인들이 물러간 후 목욕을 자주

---

68) 빌 브라이슨 『거의 모든 사생활의 역사(At Home: A Short History of Private Life)』(이덕환 역, 까치) 431쪽

하면 병에 잘 걸린다는 미신 때문에 왕과 귀족 등 상류층도 목욕을 하지 않았다. 매년 한 번씩은 머리를 감기로 했다는 결심을 일기에 적은 귀족도 있다. 1603년에 즉위한 제임스 1세는 식사를 한 후 손가락 끝을 물에 적신 냅킨에 닦을 때를 빼면 물 근처에도 가지 않았다. 아메리카 대륙의 원주민들은 유럽 사람들의 몸 냄새에 기겁했다.69) 영국 대도시의 오물과 사람들 몸에서 나는 악취는 19세기 후반 상하수도 시스템이 제대로 갖춰지면서 사라지기 시작했다.

"선생님 말씀대로, 항상 지금보다 조금이라도 더 나은 삶을 원하는 존재인 인간이 언제까지 악취를 참고 견딜 수 있었겠습니까. 도시 곳곳에 쓰레기는 물론 인간과 동물의 배설물이 쌓여 있는데요? 거기서 악취만 생겼습니까? 콜레라나 페스트 같은 떼죽음을 부르는 전염병도 쓰레기더미에서 나오는 더러운 물과 거기 서식하는 쥐 때문이라는 게 밝혀지지 않았습니까? 쓰레기와 더러운 물을 처리해야겠다는 선각자들의 집념이 하수도 시스템을 만들고 그 덕에 악취는 사라지고 전염병도 크게 줄어들었지요. 영국이 대대적인 토목공사를 통해 하수도 시스

---

69) 『거의 모든 사생활의 역사』 422쪽

템을 구축할 수 있는 국력을 축적한 바탕에는 선생님이 '국부론'에서 제시한 이론, '국가가 부를 쌓으려면 관세 장벽을 쌓을 것이 아니라, 그것을 허물지는 못해도, 최대한 낮춰야 한다'는 가르침을 따른 결과겠지요? 중상주의 국가들이 떠받들던 보호무역 대신 자유로운 교역을 국가 정책으로 채택해야 한다는 선생님의 가르침이 인류의 건강과 복지를 향상하게 시킨 것이 아닐까요?"

"내가 십수 년 동안 에든버러에서 스코틀랜드 관세청장을 지내면서 내 이론을 스코틀랜드의 대외무역에 적용하려고 노력한 건 사실이지요. 또 런던의 고위 관리들에게도 '관세를 낮춰라, 가급적 무역은 자유로이 돌아가도록 하라'라고 기회 닿는 대로 충고했고요. 내 어릴 때 커콜디에서 본 것처럼, 관세를 올리면 밀수가 늘어나요. 관세를 올리면 올릴수록 세수보다는 밀수꾼이 늘어나고 그들이 가져가는 게 더 많아집니다. 결국에는 합법적 교역이 줄어들어 세수가 줄게 되지요.

다른 세금도 마찬가지입니다. 세금은 사법제도의 유지 같은 국가 운영에 필요한 만큼만 걷어야 하지요. 관세를 올려서 외국 물건의 수입을 막고, 국내 산업을 보호 혹은 육성하려는 것은 사람들을 밀수의 유혹에 빠지게 하고, 국내 업자들의 독점적 권한을 키우는 거예요. 그게 일반 국민에게 좋겠어요?"

"선생님 말년에 총리가 된 윌리엄 피트가 런던에서 선생님을 보고 다른 장관들과 함께 자리에서 벌떡 일어나 존경을 표했다는 이야기도 있던데요?70) 국부론을 읽고 자유무역을 더 촉진했더니 영국의 재정이 크게 좋아졌다는 감사를 그렇게 표시했다는 거지요."

"그와 참모들이 내 책을 읽고 정책에 반영한 건 사실일 겁니다. 그가 자리에서 일어났다는 이야기는 와전된 것 같군요. 그가 참모들과 내 책과 내 이야기를 많이 하더라는 이야기는 어떤 사람에게서 들은 적이 있습니다."

"선생님, 선생님이 스코틀랜드 관세청장 지낸 걸 아는 사람이 별로 없더라고요. 아는 사람들도 선생님이 위대한 학자로 이미 유럽 전역에서 존경받게 된데다 수입도 꽤 많았는데 왜 말년에 굳이 관직으로 나갔는지 궁금해 하는 사람도 제법 있습니다. 자유무역을 앞장서서 주장하신 선생님께서 어떤 측면에서는 자유무역에 거스르는

---

70) 스미스와 윌리엄 피트(1759~1806)의 '조우'를 라스무센은 "모든 스미스 전기에서 빠지지 않는 일화"라면서 이렇게 전한다. "1787년 스미스가 피트 총리와 최고위급 장관들이 모여 있는 어떤 방에 들어가자 모두가 그를 반기려 자리에서 일어났다고 한다. 스미스가 다들 앉으라고 하자 피트는 '아닙니다. 먼저 선생님이 먼저 앉으실 때까지 우리는 서 있겠습니다. 우리는 선생님의 모범생이니까요'라고 말했다." 『무신론자와 교수』 313쪽

직책인 관세청장을 맡은 이유가 뭐냐는 거지요. 하긴 선생님이 존경하는 뉴턴 선생도 물리학으로 이름을 떨친 후에 선생님이 태어나기 전인 1699년부터 25년 동안 영국 조폐공사 운영을 맡았으니 흉이 될 건 아니겠습니다만 말입니다."71)

"뉴턴 선생은 조폐공사 운영을 맡아 100~200년 이상 유통된 금화와 은화를 완전히 새로 주조하는 등 큰일을 많이 하셨지요. 내가 스코틀랜드 관세청장을 맡은 건 국부론을 다 쓰고 나니 시간이 많아졌기 때문이라고 해야 하나, 뭔가 할 일이 있으면 좋겠다는 생각이 들었기 때문입니다.

커콜디 해변이 아늑하기는 했으나 오래 머물다 보니까 좀 지겨워졌지요. 친구들은 모두 에든버러에 있었으니 그들하고 가까이에서 어울려야겠다는 생각이 들었습니다. 흄 선생은 세상을 떠났지만 새로운 사상, 새로운 지식, 정치와 경제, 문화의 흐름을 알려면 에든버러의 친구들을 만나야 했어요. 그들도 나를 무척 보고 싶어 했고요. 마침 관세청장 자리가 곧 빈다는 소문이 돌았는데, 일주일에 나흘 출근해서 적당히 하다가 퇴근하면 되는

---

71) 1684년 고전물리학을 집대성한 '프린키피아(수학의 원리)'를 써낸 뉴턴은 1699년 영국 조폐국 감사로 들어갔다가 곧 조폐국 최고 책임자가 돼 사망하기 2년 전까지 그 자리에 머물렀다.

한직이라고 합디다. 내가 그 자리를 맡아야 한다는 추천도 있었고. 그래서 하게 됐지요. 내가 태어나기도 전에 돌아가신 선친께서 커콜디 세관장을 지낸 것도 이유가 될 수도 있겠지요. 그런데 가보니까 들은 만큼 한직은 아닙디다. 허허허."

그의 설명은 그의 전기에 다 나온다. 전기작가들이 관련 자료를 뒤져 유추한 결과물이다. 여기에 그와 그의 제자인 버클루 공작의 관계를 집어넣으면 그가 스코틀랜드 관세청장을 맡게 된 자초지종은 거의 완성된다.

스미스는 버클루 공작에게서 당시로는 제법 큰 액수인 300파운드를 연금으로 받고 있었다. 1764년부터 공작의 가정교사로 3년 가까이 프랑스에 함께 머문 인연 때문이다. 버클루는 이때부터 스미스를 일생의 스승으로 모셨다. 대단한 귀족, 어마어마한 부자인 공작은 스코틀랜드 관직 임용에 상당한 입김을 행사할 수 있는 신분이었다.

스미스는 관세청장직에 지원하면서 버클루 집안의 연금까지 받으면 자신의 명예가 더러워질 거('돈 밝히는 스미스'라는 말을 들을 거)라는 생각에 공작에게 이제 연금을 포기하겠다고 밝혔다. 공작에게서 돌아온 대답은 "안 된다"였다. 공작은 스미스 선생에게 "내 명예도 생각해주십시오, 내가 선생님의 연금 포기를 받아들이면 사람들은 이 버클루가 연간 300파운드를 아끼려고 선생님을 관세청장 시켰다고 말할 겁니다"라고 한 건 제법 유명한 이야기다.

"선생님, 버클루 공작이 연금을 계속 받으라고 한 것 사실인가요?"

"자자, 대화할 때는 언제나 상대방의 마음을 헤아려야 하는 게 교양인의 태도지요. 정 선생, 이제 저쪽으로 갑시다."

다른 사람이 얽힌 돈 이야기는 더 하지 않겠다는 듯, 그는 살짝 웃으면서 길 건너 커다란 건물을 가리켰다.

"저기 저 건물 2층이 스코틀랜드 관세청이지요. 내가 저기서 근무할 때는 새 건물로 아주 멋졌습니다. 아마, 1761년에 완공된 후 왕립거래소(Royal Exchange)로 불렸는데, 지금 보니 외관이 고풍스럽고 연륜이 느껴지는군요. 요새는 이 건물이 무슨 용도로 쓰이는지 아나요?"

"예, 제가 알기로는 에든버러 시의회가 주로 사용하고 있습니다. 에든버러시 산하 공기업인 에든버러 주식회사 사무실도 있다고 합니다. 선생님, 그런데 사람들이 왜 선생님께서 관세청장직을 맡지 않았어야 했다고 말하는지 이유를 말씀드려볼까요??"

"왜죠?"

"이렇게 이야기하는 사람들이 있습니다. 1787년 당시 스코틀랜드 관세청장을 할 수 있었을 사람은 스미스 말고도 수백 명은 있었을 것이다. 그중에는 스미스보다 그 직책을 더 잘했을 사람도 있었을 것이다. 하지만 '국부론'이나 '도덕감정론' 같은 책을 쓸 수 있는 사람은 스미스 단 하나뿐이었다. 그가 왜 생의 마지막 소중한 13년을 관세청장으로 '허비'했는지 모르겠다. 그 스스로 '도덕감정론' 마지막 판 서문에서 자신이 쓰기로 약속한 법학 이론에 관한 책을 쓰지 못한 것을 얼마나 아쉬워했는가? 그는 자신이 모방예술-시, 회화, 조각, 춤, 심지어 음악까지 포함한 범주-이라고 부른 것에 관한 책도 쓰다가 말았다. 이 두 책이 나왔더라면 인류의 정신과 문화는 얼마나 풍성해졌을까?[72]라고 말입니다."

"내가 더 아쉬워하는 부분이에요."

스미스 선생은 법학책을 마무리하지 못해 스스로 아쉬워하는 마음을 짧게 말하고 입을 다물었다. 1790년 1월에 나온 『도덕감정론』 6판 저자 서문에는 그 아쉬움이 실려 있다.[73] 스미스는 이 서문을 쓰고 여섯 달이 지난

---

[72] 스미스의 관세청장 시절은 Nicholas Phillips 『*Adam Smith, An Enlightened Life*』 13장 「Last Years in Edinburgh 1778~90」 참조.
[73] 『도덕감정론』 6판 서문 전문은 이 281~282쪽(10장)에 실려 있다.

1790년 7월 17일 세상을 떠났다. 어릴 때부터 앓아온 장폐색이 사인이다.

"내가 더 아쉬워하는 부분이에요."라고 말한 후 입을 다물고 있는 그의 어두운 표정을 보다가 내가 그의 죽음을 거론한 탓이라는 생각이 들었다. 다른 대화를 시작해야 했다.

그가 병상에서 마지막 나날을 보낼 때, 프랑스에서는 약 1년 전에 발생한 혁명이 나날이 과격하게 진행되고 있었다. 영국 지식인들의 관심도 프랑스 혁명에 집중됐다. 상벽이 무너진 파리의 바스티유 감옥에 억울하게 갇혀 있던 사람들이 쏟아져 나왔다는 뉴스를 그도 들었을 것이다. 인간이 자유를 획득해온 이야기로 대화를 다시 나누고 싶어졌다.

"선생님, 선생님께서는 자유가 인간에게 가장 필요한 가치임을 강조하셨지만 정작 자유란 이런 것이라고 정의를 내린 적은 없더군요. '국부론'에 'freedom'과 'liberty'라는 단어를 각각 45번, 86번이나 쓰면서 자유란 무엇이다, 딱 부러지게 말씀하지는 않았습니다."

"하, 그걸 일일이 다 세어봤어요?"

"세어서 알게 된 게 아니라 검색으로 알아냈습니다. 인터넷의 검색기능을 사용하면 선생님 책에 어떤 단어가 몇 번이나 쓰였는지는 금방 알 수 있습니다. 'free'는 정확히 180번 쓰신 걸로 나옵니다."

"인터넷? 검색기능? 그게 뭔지 설명을 듣고 싶지만 복잡하겠지요? 시간도 오래 걸릴 것이고. 정 선생 시대 사람들은 공부하기가 쉬워졌으리라 짐작됩니다. 검색기능이라는 게 자료를 찾고 분석하는 데 큰 도움이 되는 새로운 기술인 모양입니다?"

"시간이 흐를수록 자료가 늘어나니까 그런 기능 혹은 기술이 개발되지 않았더라면 학문도 발달하지 못했을 겁니다. 제가 감히 선생님의 삶과, 자유에 관한 글을 쓰겠다고 나선 것도 그래서 가능해진 것이고요."

"정 선생은 자유가 뭐라고 생각하나요?"

"남에게 강제하지도, 강제당하지도 않는 게 자유라고 생각합니다. 혼자는 언제나 자유이지만 둘만 있어도 강제하는 사람과 강제를 당하는 사람으로 나뉠 겁니다. 한 사람은 자유인, 다른 한 사람은 노예가 될지도 모릅니다. 하지만 서로 강제하지 않는 사이가 되면 둘의 권리는 동등합니다.

선생님, 자유의 효용도 말씀드리고 싶습니다. 자유는 사람을 행복하게 해준다고 생각합니다. 선생님께서 말씀하셨듯이, 사람은 언제나 지금보다 더 나은 상태를 꿈꾸는 존재이지요. 지금보다 나은 상태는 지금보다 행복한 상태이고요. 자유롭지 않고서는 더 행복한 상태로 나아가지 못하지 않나요."

"자유로워지기 위한 첫째 조건은?"

"굶주림에서 벗어나야 합니다. 풍족해야 자유로워지고 행복해질 수 있다고 생각합니다. 굶주림에서 벗어나려면 많이 생산해야 합니다. 많이 생산하려면 생산자가 자유로워야 합니다. 자기가 필요한 것을 자신이 원하는 방식으로 생산할 수 있어야 합니다. 그러려면 사람은 누구에게도 예속되어서는 안 됩니다. 누구의 노예로서는 자신이 원하는 것을 생산하지 못하니까요. 17세기 영국 시민 계급이 왕정을 뒤집자고 일어난 것도 왕의 노예, 왕의 말 잘 듣는 신민으로 머무는 한 앞으로 더 잘살아보겠다는 희망을 이룰 수 없다고 생각했기 때문 아니었나요?"

"정 선생, '거지는 주는 대로 먹어야 한다'라는 말 들어봤나요? 'Beggars can't be choosers!' 자유는 선택인데, 가난하면 선택할 자유가 없지요."

"얻어먹는 자보다 베푸는 자가 마음이 편하고 힘도 갖기 마련인데, 가난하면 베풀기도 쉽지 않지요. 또 친척이나 친구에게 얻어만 먹게 된 사람은 그들에게 예속된 느낌을 갖지 않나요?"

"얻어먹으면서도 주는 사람에게 예속된 느낌을 안 받으려면 실력이 뛰어나거나 보통 사람들과는 다른 정신세계에서 살아야 가능할 겁니다. 프랑스 사람인 루소가 그랬다지요. 얻어먹으면서도 '고마워할 사람은 얻어먹는 내가 아니라 나에게 밥을 대접하는 영광을 갖게 된 너희들'이라는 생각을 버리지 않았다는 거예요."

"저도 루소가 그런 식으로 살았다고 쓴 글을 읽은 적이 있습니다.74) 선생님, 그런데요, '국부론'에 쓴 '자유인의 노동이 노예노동보다 값이 싸다.'75)라는 말은 결국 그런 생각 끝에 나온 거지요? '다수의 제조공을 고용하면 부자가 되지만, 다수의 하인을 유지하면 가난해진다'라는 명제도 같은 말이고요?"

"자유가 풍족하게 해준다는 것은 참으로 뻔한 이야기인데 사람들이 받아들이기까지는 참 오래 걸렸어요. 물론 아직도 내 말을 제대로 이해 못하는 사람이 많지만요. 어디, 정 선생이 왜 노예노동이 자유인의 노동보다 더

---

74) 폴 존슨 『지식인의 두 얼굴』(윤철희 역, 을유문화사) 1장 「장 자크 루소 위대한 정신병자」 참조.
75) "It appears, accordingly, from the experience of all ages and nations, I believe, that the work done by free men comes cheaper in the end than that performed by slaves." 『The Wealth of Nations』 (p. 107). Olahauski Books. Kindle Edition.

비싼지, 비용이 더 들어가는지 설명해보구려."
 "'국부론' 1편부터 선생님이 주장하신 게 바로 그 이야기잖아요. 3편에서는 이렇게 쓰시기도 했지요. '모든 시대와 모든 민족의 경험은 노예에 의한 작업이 결국 가장 비싸다는 것을 증명한다고 나는 믿는다. 아무런 재산을 획득할 수 없는 사람은 가능한 한 많이 먹고 가능한 한 적게 노동하는 것 외에는 관심을 가지지 않는다.'"

 노예노동이 자유인의 노동보다 비싼 이유를 설명하려다 영국의 노예해방 운동에 스미스가 상당한 영향을 미쳤을 거라는 생각이 들있다. 1562년부터 노예무역에 뛰어든 영국은 막강한 해상 지배력을 바탕으로 200년간 가장 많은 노예를 팔아치운 나라가 되었지만, 스미스가 영국 지식인 사회에 우뚝 솟은 뒤인 1780년대부터 노예무역 폐지 운동이 들불처럼 일어났다. 마침내 영국은 1807년에는 노예무역을 법으로 금지한 최초의 문명국이 됐다.
 "선생님, 당시 노예무역 폐지 운동이 힘을 받은 게 선생님의 노예노동 비용 분석 때문은 아니었나요?"
 "아, 절대 그렇지는 않아요. 영국에서 그 운동이 일어난 것은 순전히 지적이고 이데올로기적이었어요. 도덕적인 것이었다고도 볼 수 있는데, 기독교 복음주의에서 비롯된 박애주의, 인류 전체를 형제로 보는 기독교적 도덕심이 작용한 거지요."76)

"일종의 계몽운동이었다고 볼 수 있겠군요. 그렇다면 선생님이 지적하신 노예노동의 경제적 비효율성이 오로지 지적이고 이데올로기적인 노예무역 폐지 운동에 날개를 달아줬다고 봐야 할 것 같은데요? 이런 대규모 운동이 지적이고 이데올로기적으로만 추진되면 돈과 권력을 지닌 기득권 세력, 이 경우에는 노예 무역상과 노예노동에만 의지한 설탕과 담배 플랜테이션 농장주와 그런 상품 수출입상들이겠지만, 그들의 조직적이고 체계적인 반발에 좌초하기 십상일 테니까요."

"그런 지적은 내가 아니라도 누군가는 했을 겁니다. 노예무역, 나아가 노예제도가 옳지 않다고 생각한 사람이 자꾸 늘어나고 있었으니까요. 자, 이제 그 이야기는 그만하고 내가 물은 것에 대답이나 마저 해보시오. 노예노동이 왜 비효율적이라고 생각하나요?"

"노예는 자신이 애써 생산해도 그게 자기 것이 되지 않는다는 것을 알지요. 게으름을 부리고 요령을 피우지요. 내 것도 아닌데 왜 내가 열심히 일을 하나, 적당히 해도

---

76) 영국의 노예무역 폐지 운동의 출발과 전개는 박지향 『제국의 품격, 작은 섬나라 영국은 어떻게 세계를 지배했는가?』(북21) 155~164쪽 참조.

밥은 주는데. 이런 생각을 하게 되지요. 노예의 주인은 폭력을 써서 일을 시키려 하겠지만 폭력의 결과로 노예가 다치거나 사망하면, 즉 노예가 훼손되면 어떻게 되겠어요. 생산량이 줄어들거나 아예 생산이 전혀 이뤄지지 않지요. 이리하여 노예의 훼손은 노예주의 손실이 됩니다. 하지만 자유로운 노동자의 훼손은 사실상 노동자 자신의 손실입니다. 다치지 않도록 스스로 주의하거나 조심하겠지요. 훼손이 덜 일어나게 됩니다. 노동자가 다치면 고용주도 손실을 보기는 합니다만 일반적으로 노예가 다쳤을 때보다는 훨씬 적은 손실입니다. 물론 노동자가 사업장에서 사고를 당하면 사업자의 책임을 따져 묻는 제도도 계속 강화되고는 있습니다만."
"당연히 그렇게 되어야지요. 임금을 준다는 이유로 사업자가 노동자를 위험에 처하게 해서는 안 되지요. 물론 노동자도 그런 위험에 자신을 노출하는 실수를 피하려는 노력을 기울여야 하고요."

문득 러시아 시인 푸시킨의 시 한 구절이 떠올랐다.
"선생님, 노예를 자신과 같은 인간이라고 생각한 노예주가 과연 몇 명이나 있었을까요? 선생님 돌아가신 후 러시아에 알렉산드르 푸시킨이라는 시인이 태어났어요.

그 사람이 쓴 '예브게니 오네긴'이라는 운문소설에 이런 구절이 있는데 한번 들어보세요.77)

> 정원에서는 하녀들이 열을 지어서
> 덩굴에서 딸기들을 따면서
> 분부에 따라 합창을 한다.

 푸시킨은 이렇게 쓰고는 뒤에 '이 분부는 지주댁 딸기를 못 믿을 입으로 몰래 날름 먹지 못하도록 입으로 내내 노래를 부르게 하려는 의도가 깔린 것으로 시골 지주의 영리한 착상이라오!'라고 설명을 붙였습니다. 선생님, 기막히지 않나요? 노예를 때리는 것만이 폭력이 아니었습니다."
"푸시킨이라는 사람, 재치 있게 러시아 귀족들을 비판했군요."
"선생님, 러시아 시골 지주들이 하녀에게 합창을 시킬 것이 아니라 그들을 자유롭게 해줬으면 더 많은 딸기를 수확할 수 있었겠지요? 아니, 러시아가 사회주의 혁명으

---

77) 알렉산드르 푸시킨(1799~1837). 러시아의 시인이자 소설가. 러시아 근대 문학의 기초를 이루었다. 그의 대표작으로 꼽히는 『예브게니 오네긴』은 러시아 최초의 사실주의 문학작품이다. 차이콥스키는 이 작품을 소재로 같은 이름의 오페라를 작곡했다.

로 망하지 않았을 것이고 귀족들도 파멸하지 않았을 겁니다."

"러시아가 망했다는 이야기는 들었습니다. 귀족들이 처형되거나 가진 것 다 빼앗기고 외국으로 달아났다는 것도 압니다."

"이 시를 읽을 때 하층민이 풍요로워야 전체가 풍요로워진다는 선생님 말씀이 생각나더군요."

하층 계급의 상태에 관한 스미스의 견해

'하층 계급의 상태가 개선되는 것이 사회에 유익하다고 보아야 하는가, 불리하다고 보아야 하는가? 그 대답은 첫눈에는 매우 분명한 것 같다. 각종의 하인·노동자·직공은 모든 대국 인구의 대부분을 이루고 있으므로, 그 대부분의 상태를 개선하는 것은 결코 전체에 불리한 것으로 간주할 수는 없다. **어느 사회라도 그 구성원 대부분이 가난하고 비참하다면 번영하는 행복한 사회일 수 없다.** 국민 전체의 의식주를 공급하는 노동자들이 자기 자신의 노동생산물 중 자기 자신의 꽤 좋은 의식주 생활에 필요한 부분을 가져간다는 것 또한 공평하다.'(『국부론』 1편 8장)

"선생님, 푸시킨이라는 사람은 그 자신도 귀족이면서 귀족의 특권을 비판했으니 특이하다면 특이한 사람이겠지요? '도덕감정론'과 '국부론'이 출간 직후 러시아에도 바로 소개됐으니 혹시 푸시킨도 선생님의 영향을 받지 않았나 모르겠습니다?"[78]

"정 선생, 나를 높이 올려주는 건 좋아요. 하지만 그런 추론을 할 때는 조심해야 합니다. '결론은 증거를 넘어서는 안 된다.' 아마 로크 선생이 이 말씀을 하셨을 텐데, 사소한 단서 한두 개로 전체를 유추하는 건 특히 공부하는 사람에게는 아주 위험한 태도라는 경고입니다. 과학으로 분석하고 설명해야 할 때는 과학으로, 과학적 방식 즉 사실과 사실을 뒷받침하는 증거, 증거를 확인할 수 있는 통계로 접근해야지, 정서적, 감정적으로 접근해서는 안 된다는 것을 강조한 겁니다. 음모와 이간질은 다 감정을 부추기는 것에서 시작됩니다. 무슨 말인지 알겠지요?"

"예. 말씀 새겨듣겠습니다. 조금이라도 심려를 끼쳤다면

---

[78] 스미스는 『도덕감정론』을 출판한 후 글래스고 대학에서 두 명의 러시아 유학생을 가르쳤다. 당시 러시아를 통치한 카트리나 여제의 후원으로 유학하러 온 학생들은 귀국해서 신설된 모스크바 대학 교수로 부임했다. Nicholas Philipson 『*Adam Smith, An Enlightened Life*』 170쪽.

용서해주십시오. 선생님, 그런데, '다수의 제조공을 고용하면 부자가 되지만 다수의 하인을 유지하면 가난해진다'라고 쓰신 거 있잖아요? 이거는 '하층민이 풍요로워야 사회가 풍요로워진다'라는 주장의 다른 표현이지요? '사람들은 일반적으로 타인을 위해 일할 때보다 자기 자신을 위해 일할 때 더 적은 일을 한다고 생각하는데, 이것은 매우 어리석은 생각'이라는 말씀도 그렇고요."

하인과 종업원의 차이에 관한 스미스의 분석

제조공의 노동은 일반적으로 노동대상인 원료의 가치에다 자신의 생활수단의 가치와 고용주의 이윤의 가치를 첨가한다. 반대로 하인의 노동은 아무런 가치를 첨가하지 않는다. 제조공은 임금을 고용주로부터 선대(先貸) 받지만, 임금의 가치가 그의 노동이 가해진 대상의 증대된 가치 속에서 일반적으로 이윤과 함께 회수되기 때문에 사실 고용주는 아무런 비용도 들이지 않은 것이다. 그러나 하인의 생계 유지비는 절대로 회수되지 않는다. 다수의 제조공을 고용하면 부자가 되지만, 다수의 하인을 유지하면 가난해진다. 부유한 상인은, 그의 자본으로는 근면한 사람만을 부양하지만, 그의 지출[즉 수입의 사용]에

의해 대지주와 마찬가지로 게으른 사람을 먹여 살린다. (『국부론』 2편 3장)

"노예와 자유민을 비교하면서 이런 말씀도 하셨지요. '노예들에게는 노동을 수월하게 하고 노동 시간을 단축하는 발명의 재능이 거의 없었으며, 기계류와 작업 배치에 있어서 모든 중요한 개량은 자유민의 발명'이라고요."
"사람들은 남을 위해 일할 때보다 자기 자신을 위해 일할 때 더 많은 걸 이루지요. 앞에서 말한 것처럼 노예는 무엇을 생산해도 자기 것이 되지 않음을 알기 때문에 시키는 일도 잘 하지 않지요. 하지만 자유인은 자신의 생산물이 자기 것이 될 것을 아니까 더 많이 생산하려 하고, 더 좋은 것을 생산하려 하겠지요. 그러다 보면 땅 파는 도구 하나라도 더 효율적인 것, 더 오래 가는 것, 힘을 덜 들이게 하는 걸 새로 만들거나 지금 있는 것을 개량하려는 욕심을 내는 겁니다."
"국부론 1편 1장 끝에서 '유럽 왕의 생활이 근면하고 검소한 농민의 생활을 능가하는 것은 후자가 다수의 아프리카 왕[수만 명의 나체 야만인들의 생명과 자유의 절대적 지배자]의 생활을 능가하는 것보다 크지 않게 됐다'라고 한 것도 자유는 풍요를 가져온다는 선생님의 논지를 미리 보여 주신 것이지요? 선생님 당대에 이미 유럽에서 왕과 농민의 재산 격차, 생활 수준의 격차가 전과는 비교할 수 없을 정도로 줄어들었으며, 유럽 농민이 아프리카 왕보다 훨씬 풍족해진 것은 유럽에서 봉건제도가 붕괴하면서 자유농이 늘어났기 때문이라는 분석이잖아요?"

"분업의 이점을 설명할 때 그렇게 결론 내렸지요. 유럽 농민이 아프리카 왕보다 훨씬 더 잘살게 된 건 경제적, 정치적 자유가 확장된 결과가 맞습니다. 경제적, 정치적 자유의 확장은 또 분업이 가져온 결과인 게 맞지요. 그걸 부인할 수 있나요?"

"말이 비약합니다만 선생님 돌아가신 후 150년쯤 지나서 '이러다가는 인류는 다시 노예의 길로 돌아가게 된다'라는 주장이 나왔습니다."

"누구지요? 누가 그런 말을 했나요?"

"하이에크라는 오스트리아 출신 경제학자입니다. 앞에서 두어 번 말씀드렸으니 이름은 기억하실 겁니다. 1944년에 쓴 '노예의 길'이라는 책에서 그렇게 말해서 당시 큰 파장을 일으켰지요."

"정 선생을 나한테 가라고 떠밀었다는 학자 아닌가요? 정 선생이 미제스라는 사람과 하이에크의 책을 읽다가 나를 공부해야겠다고 마음먹었다면서요?"

"맞습니다. 미제스는 하이에크의 스승이었지요. 두 사람 다 흄 선생님과 스미스 선생님을 비롯한 스코틀랜드 계몽주의의 통찰과 이론을 바탕으로 자유주의 사상을 발전시켰습니다."

"정 선생, 그 사람들 이야기가 듣고 싶군요. 오랜 시행착오 끝에 얻은 자유를 스스로 저버리고 노예의 길로 들어서게 된다는 그 걱정이 왜 생겨났을까? 일정이 괜찮으면 우리 집에 한 번 더 오시겠소? 새로운 이야기를 시작하기에는 오늘 내가 좀 피곤하군요."

"내일은 글래스고에 가려고 일정을 잡았습니다. 선생님께서 학생으로, 교수로 오래 계셨던 글래스고대학과 글래스고 시내 구경을 좀 하고 모레 오겠습니다."

"글래스고. 참 좋은 곳이지요. 지금은 어떻게 변했는지 모르겠지만. 내가 열세 살 나던 해 대학 갈 때 고향 가까운 에든버러나 세인트앤드루스대학을 안 고르고 글래스고대학을 고른 게 참 다행이다 싶을 때가 많아요. 구경 잘하고, 모레나 글피 형편대로 오세요. 사실 나도 내일은 모임 때문에 시간이 좀 빡빡합니다. 정 선생 온다면 어떻게든 시간을 만들겠지만 말이오. 허허허."

8. 가르치는 척조차 안 한 옥스퍼드 교수들

<…반면 옥스퍼드 교수들은 적당히 있다가 급여를 더 받는 자리로 가거나 목회자라면 부유한 신도가 많은 교구를 하나 맡고 결혼도 할 수 있으므로 자신의 앞날을 결정하는 사람들에게 아첨하는 방법을 찾는 데 열성이었다고 생각했다.>

8. 가르치는 척조차 안 한 옥스퍼드 교수들

 다음 날 아침, 전날 못 가본 에든버러 성 관람 예약을 한 후 에든버러 웨이벌리 역에서 글래스고행 기차에 올랐다. 영국 여행길에서 버스는 여러 번 탔으니 이번에는 기차로 가고 싶었다. 에든버러에서 글래스고까지는 기차로 한 시간이면 간다. 스미스는 에든버러에서 말년을 행복하게 보내다가 거기서 세상을 떠났지만, 사실 그는 수도인 에든버러보다는 스코틀랜드 제2의 도시 글래스고를 더 좋아했다.
 스미스가 태어나기 16년 전인 1707년 스코틀랜드는 잉글랜드에 통합돼 영국(The Great Britain)의 일부가 됐다. 스코틀랜드 의회 등 주요 정치 기구가 스코틀랜드 수도 에든버러에서 잉글랜드의 수도인 런던으로 옮겨갔다. 에든버러의 위상은 전보다 크게 위축됐다. 그러나 법률적·종교적으로는 여전히 스코틀랜드의 수도였으며 '북부의 아테네'라는 별칭이 붙을 만큼 학문의 중심지로 스코틀랜드 계몽주의를 이끌고 있었다.
 하지만 에든버러는 스미스가 매일 아침 출근길에 꽃다발을 흔들어 악취를 쫓아야 할 만큼 더러운 도시였다. "주민과 그들의 수많은 동물이 가파르고 좁고 눅눅한 골목의 미어터지는 중세 건물들로 꾸역꾸역 기어들었다. 저녁마다 요강을 거리에 비우고, 쓰레기는 다음 날 아침 청소 때까지 방치되었으며, 어디에나 자욱한 토탄과 석탄 연기가 이 도시에 '올드 리키(Auld Reekie 스코틀랜드 말로 묵은 연기)'라는 별명을 안겨 줬다."

글래스고는 에든버러와 달랐다. 글래스고 역시 본격적인 산업혁명기를 거치면서 상공업이 발달하는 바람에 더럽고 시끄러운 산업화와 도시화의 후유증을 피하지 못했다. 그러나 스미스의 생애에는 '깨끗하고 넓고 잘 정리된 지역'이었다. 글래스고의 지적 분위기 또한 에든버러에 못지않았다. 에든버러대학보다 먼저 설립된 글래스고대학 교수진의 지적 깊이와 열정은 스코틀랜드 계몽주의를 이끈 또 다른 원동력이었다.[79] 스코틀랜드 서해안에 자리 잡은 덕에 글래스고는 대서양 건너 서쪽의 북아메리카 및 카리브해 식민지와의 교역 근거지가 되었다. 글래스고의 지속적인 경제 호황과 인구 증가는 에든버러의 활기를 뛰어넘었다.[80]

스미스는 두 차례, 합해서 16년을 글래스고에서 살았다.

---

79) 스미스 당대 글래스고 분위기는 라스무센 『무신론자와 교수』 86쪽 요약.
80) 주 교역품은 담배, 리넨 등등이었다. 글래스고에는 이런 상품을 취급해 순식간에 거부를 쌓은 사람이 많았다.

글래스고 대학생으로 3년(1737~1740)을 지낸 후 모교 교수로 13년(1751~1764)을 보냈다.

그는 열네 살에 글래스고대학에 입학했다. 10대 후반에 대학에 진학하는 요즘에 비하면 매우 이른 나이지만 그 때의 관행으로는 이상할 게 없었다. 스미스가 집에서 가까운 세인트앤드루스대학이나 에든버러대학을 외면하고 멀리 있는 글래스고대학을 택한 이유는 이모가 살고 있어서 숙식이 편하고, 아버지가 젊을 때 글래스고 시의원을 지낸 덕에 입학허가를 받는 데 도움이 되리라는 현실적 판단이 작용했을 것이다.

글래스고의 성장세를 반영하듯 글래스고대학의 교수진은 에든버러보다 진취적이었다. 도시가 개방적이었던 만큼 종교적 엄숙주의가 학풍을 지배하지 않았다. 교수들은 중력의 작용 등 뉴턴의 과학적 발견에서 비롯된 신사조, 기독교 교리에 적잖이 배치되는 신사조를 받아들이는 데에도 주저하지 않았다. 스미스 연구자들은 그가 이런 점에 이끌려 글래스고로 향했을 수 있다고 본다.[81]

종교적으로 매우 온건했던 도덕철학 교수 프랜시스 허치슨에게서 '경험이 인간 정신을 이끈다'라는 경험주의

---

81) 스미스의 글래스고대학 선택 이유와 거기서 보낸 대학생 시절은 로스의 『The LIfe of Adam Smith』 29~39쪽에서 발췌.

철학에 접근하게 되었고, 수학 교수 로버트 심슨에게서 도덕철학을 과학적으로 사유하는 방법을 익힌 스미스는 열일곱 살 때인 1740년 5월 글래스고를 떠나 어머니 옆에 잠시 머문 후 옥스퍼드로 떠난다.82)

글래스고 중앙역에서 내려 글래스고대학으로 향했다. 학교 부근에 이르자 언덕 위로 세월의 흔적이 은은한 글래스고대학 종탑 꼭대기가 보였다. 벅찬 감정에서 비롯된 전류가 살짝 내 몸을 관통했다. 인류가 번영한 이유를 찾아내고, 그 번영을 더 많은 인류가 더 오래도록 누릴 수 있는 방법-자유와 시장경제-을 인류에게 남긴 스미스의 정신적 고향에 왔다는 설렘이 일었다. 커콜디에 첫발을 디뎠던 그때의 감정과는 또 달랐다.

하지만 이 설렘은 곧 실망으로 변했다. 캠퍼스의 건물 대부분은 해리포터의 마법학교로 써도 되겠다 싶을 만큼 고색창연했으나 스미스가 다닌 그 건물이 아니었다. 글래스고대학은 원래 있던 곳에서 1880년 이곳으로 이전했다. 지금 캠퍼스의 오래된 건물 대부분은 그때 건축됐다. 높이 85m로 학교의 상징처럼 여겨진 벽돌 종탑 역

---

82) Francis Hutcheson(1694~1746)은 도덕철학 교수로 스미스에게 가장 큰 영향을 미쳤다. Robert Simson(1687~1768)은 수학 교수.

시 본관 건물 일부로 1887년 완공됐다. 그때 생각났다. 스미스가 다니던 당시 글래스고대학은 교수 10여 명에 학생 400~500명밖에 되지 않았다는 사실이.[83] 글래스고 일원의 산업이 발전하고 도시가 팽창하면서 인구가 증가하는 바람에 학생도 늘어나 새로운 교사 건축으로 대처했으나 그마저도 곧 한계에 부딪혔다. 이전이 결정된 1870년에는 학생 1,300명을 25명의 정교수와 9명의 계약교수(1년 단위)가 가르쳤으며 도서관에는 1명의 사서와 2명의 사서 보조가 근무했다. 학교 이전에는 꼬박 10년이 걸렸다.[84]

스미스의 흔적을 더듬어보겠다는 기대가 실망으로 변했지만 아주 잠깐이었다. 대학 건물 설계자 이름을 딴 대학본부 안에서 마주친 흰 대리석 애덤 스미스 동상이 실망을 달래줬다. 동상 앞에 잠시 머물렀다가 길 건너 중후한 연륜의 '애덤 스미스 빌딩'이 보였다. 경제학 강의가 진행되는 경제학부 건물이다. 천장 높은 강의실 어딘가에서 붉은 가운을 길게 늘어뜨려 입은 스미스의 목소리가 들려오는 것 같았다.[85] 그가 살아생전 이곳에 와본

---

83) 로스 『The LIfe of Adam Smith』 32쪽.
84) A.L Brown, 『University of Glasgow: 1451-1996』 chapter 2. 32쪽
85) 글래스고에서는 붉은 가운을 입은 교수들이 검은 가운을 입은 학생들을 가르쳤다.

적이라고는 없음에도.

 오래된 건물, 아치형 창문과 높은 기둥, 넓은 강의실과 긴 회랑, 건물 사이사이에 펼쳐진 녹색 잔디와 잘 가꾼 수목, 젊은이들의 발랄한 목소리와 발걸음과 손짓 몸짓 표정이 스미스가 활동한 18세기 중반에서 21세기로 시대를 되돌려 놓았다. 졸업한 지 한참이 지났는데도 대학의 오래된 캠퍼스에만 들어서면 흥분이 차오르고 젊은 시절 추억이 순식간에 펼쳐지던 버릇-나에게만 있는 것은 아닐 것이 분명한-은 졸업한 지 반세기가 지나도 여전했다. 잠시 언덕배기에서 서서 지나간 청춘에 관한 상념에 잠겨 저 아래 시내를 물끄러미 내려다보다가 글래스고 시내 투어버스에 올랐다.

 에든버러로 돌아갈 시간은 좀 남았으나 딱히 뭘 더 볼 생각이 들지 않아 버스에서 내리지는 않고 눈에 들어오는 대로, 지나가는 풍경을 감상했다. 책에서 읽은 이곳에서의 스미스의 삶이 그 풍경 위에 겹쳐 지나갔다.

 글래스고대학에서 공부를 마치고 옥스퍼드로 진학한 스미스는 11년 뒤 모교의 교수로 돌아왔다. 그 사이 옥스퍼드대학에서 6년을 머물렀고, 그 뒤에는 커콜디 집에서 독학으로 실력을 키우다가 에든버러의 유지들을 상대로

논리학과 순수문학 강의를 하면서 성인으로서의 자기 몫
- 생활비를 버는 일 - 을 하고 있었다. 그러던 중 모교
의 논리학 교수 자리가 비게 된다는 뉴스를 접하고 곧장
지원, 교수가 된다. 경쟁자가 한 명 있었으나 글래스고대
학 교수들은 스미스를 만장일치로 받아들였다.

 글래스고대학이 스미스를 발탁한 데는 인맥의 뒷받침도
있었다[86]. 하지만 인맥이 아무리 좋아도 실력이 없으면
도와주고 싶어도 못 돕는 것은 예나 지금이나 마찬가지.
실력과 인성에 과분한 자리를 꿰차고 앉을 수는 있지만
금세 무능이 드러나 지탄의 대상이 되고야 마는 것도 예
나 지금이나 마찬가지다. 스미스의 진짜 인맥은 그의 지
식과 열정과 새로운 강의법에 매료된 에든버러 시민이었
다. 그중에는 스미스가 옥스퍼드에서 배워온 '잉글랜드식
고급 영어'를 배우려는 사람도 있었다. 런던 사람들과 지
적·경제적 교류를 하려면 스코틀랜드 사투리에서 벗어나
세련된 런던 영어를 배울 필요가 있다고 생각한 사람들
이다.[87]

 종교의 지배와 봉건제도의 틀에서 벗어나 과학적으로

---

86) 스코틀랜드 계몽주의 역사에 이름을 남긴 귀족 케임즈 경(Lord
   Kames, 본명은 John Home. 1696~1782. 이 사람도)이 큰 힘을 썼다.
87) 로스 『The LIfe of Adam Smith』 103쪽.

인간과 자연을 이해하려는 계몽주의가 싹트고 있는 새 시대에는 새로운 접근법이 필요하다는 게 스미스의 일관된 자세였다. 스미스는 뉴턴 물리학으로 인간과 인간의 관계를 설명하는 데 앞장섰다. 결과는 대성공이었다. 관련 없는 두 물체가 인력이라는 보이지 않는 힘을 통해 서로 크고 작은 영향을 미친다는 뉴턴의 개념에 매혹된 스미스는 서로 관련 없는 인간들도 그런 메커니즘의 영향을 받고 있다고 생각했다. 훗날 '국부론'에서 '보이지 않는 손'으로 표현한 수요와 공급의 법칙이 바로 인간과 인간을 연결하는 바로 그 메커니즘이었다.[88]

1707년 잉글랜드와의 합병으로 외국과의 교역을 포함한 경제 정책적 결정까지 런던을 중심으로 한 잉글랜드의 영향 아래 놓였던 스코틀랜드의 지도층은 먹고사는 문제는 신이나 왕이 결정하는 것이 아니라 수요와 공급의 법칙에 따른다는 스미스의 이론에 빠져들었다.[89] 잉글랜드에 의존하지 않고 스코틀랜드 경제를 발전시키는 방법을 찾고 있던 자본가와 상인들은 스미스의 이론이 돌파구를 열어줄 것으로 기대했다.

---

88) 스미스의 제자 존 밀라(John Millar)는 "몽테스큐외가 철학에서의 베이컨 경이라면 철학에서의 뉴턴은 스미스 박사였다"고 썼다. 로스 『The LIfe of Adam Smith』 120쪽.
89) 글래스고가 북아메리카와의 교역을 할 수 있었던 것도 런던에서 허락해 줬기 때문이었다.

뉴턴이 물리학의 새 법칙으로 자연에 대해 종전과는 완전히 다른 시각, 새로운 세계관을 열어준 것처럼 보이지 않는 손을 찾아낸 스미스는 인간관계에 대한 사람들의 시각에 새로운 문을 열어주었다. 스미스의 강연은 갈수록 인기가 높아졌다. 애초 1748년 한 해만 하기로 했던 강연은 1750년까지로 연장되었다.

에든버러에서 떨친 지명도와 인맥의 지원에 힘입어 글래스고대학 교수라는 확실한 직업을 갖게 된 스미스는 글래스고에서 교수로서, 1757년에 초판이 나온 『도덕감정론』을 비롯하여 권위 있는 논문을 계속 써낸 저술가로서, 또 뛰어난 대학 행정가로서 능력을 조금도 아끼지 않고 최대한 발휘했다.[90] 글래스고 지식인과 상인들로 이뤄진 각종 클럽-산학협동의 성격이 엿보이는-에도 꾸준히 참석, 새로운 사람과 사귀면서 시야와 경험을 넓혔다.

에든버러 지식인들과의 교류도 계속했다. 주말 아침 마차로 에든버러에 가서 학자와 교수, 문필가 친구들을 만나 새로운 지식을 교환하거나 격한 토론을 한 후 하룻밤

---

90) 평생 "멍하다"는 말을 들었던 스미스가 대학 행정을 맡았을 때는 건물 신축, 회계처리 등 모든 분야를 꼼꼼히 들여다봤다고 한다. 로스 『The LIfe of Adam Smith』 145쪽.

을 묵고 다음 날 아침 글래스고로 돌아왔다. 스미스는 스코틀랜드 지식인 사회에서 가장 두드러진 인물이자 자본가들이 추앙하는 명사가 됐다. 스코틀랜드 계몽 지식인 사회에서 가장 빛나는 인사, 에든버러를 방문하는 국내외 지식인이 꼭 만나고 싶어 하는 인사, 같은 테이블에 앉고 싶어 하는 인사가 됐다.

 미국 독립의 아버지 중 가장 원로인 벤저민 프랭클린을 만난 것도 이때였다. 스미스는 프랭클린과 토론하면서 식민지인 북아메리카 경제가 급속히 성장하고, 본국인 영국의 간섭을 거부하며 독립을 요구할 정도가 된 것은 발전과정에 왕과 귀족의 개입이 없었기 때문이라는 결론을 얻게 된다. 식민지 문제를 다룬 '국부론' 4편에서 스미스는 북아메리카 경제 발전을 생생한 사례로 설명하고 있다. 프랭클린이 전해준 현지 소식이 그런 글을 쓴 바탕이었을 것이다.[91]

 영국과 북미 식민지 사이에 긴장이 높아지자 스미스는 북아메리카 식민지를 독립시키는 것이 영국의 이익에 부합된다고 주장했다. 식민지에서 세금을 걷어 방대한 행정조직과 군대 유지에 필요한 비용을 충당하는 것보다는

---

91) 스미스는 1759년 가을 프랭클린을 처음 만난 이후 편지를 주고받았다. 프랭클린은 미국 독립을 위해 프랑스와 영국을 자주 방문했다. 로스 『The LIfe of Adam Smith』 186쪽

독립 아메리카와의 자유무역으로 영국의 경제적 이익을 도모하는 것이 낫다는 논지다. 이 역시 프랭클린과의 토론 및 다른 경로로 입수한 북아메리카의 정치적 경제적 사정을 분석평가해서 얻은 결론이었다.

 스미스는 이름을 얻은 지식인 다수가 저지르는 실수를 반복하지 않았다. 세속적 상류사회에서 자신을 위해 문을 열어준 것에 지나지 않는 환대를 자신이 그 사회의 일원이 된 것으로 착각하는 실수! 스미스는 권력자 및 부유한 사람들 사이에 끼어 즐거운 시간을 보냈음에도 옳지 않은 것에 대한 비판과 이를 위한 사실 수집에 손을 놓지 않았다.

 스미스 연구자들은 "자유무역 등 경제적 결정에서 자유를 중요히 생각했다고 스미스를 자유방임주의 경제학의 원조로 보는 시각은 틀려도 너무 틀린 것"이라는 지적을 빼놓지 않고 있다. 이런 지적의 근거는 스미스가 '국부론'에서 자본가와 상인, 제조업자들의 무한 탐욕을 예사롭지 않게 비난한 사실에서 확인할 수 있다. 스미스의 뇌리에 박힌 그들은 틈만 나면 노동자들을 착취하는, 조그마한 핑계만 있어도 제품 가격을 올려 소비자들의 주머니를 쥐어짜려는 무리에 지나지 않았다.

자본가와 상인, 제조업자들의 탐욕에 관한 스미스의 비판은 오늘날 자본주의 비판자들의 비판이 스미스에게서 출발하지 않았나 싶을 정도로 서슬이 시퍼렇다.

자본가, 상인, 제조업자들의 탐욕을 비판한 스미스

노동자들의 단결에 관해서는 자주 듣지만 고용주들의 단결에 관해서는 거의 듣지 못한다고 사람들은 말한다. 이 때문에 고용주들의 단결은 매우 드물다고 상상하는 사람은 이 문제뿐만 아니라 세상을 잘 모르는 사람이다. 고용주들은 노동임금을 현재의 수준 이상으로 인상시키지 않기 위해 언제나 어디서나 일종의 암묵적이지만 끊임없는 통일된 단결을 맺고 있다. (『국부론』 1편 8장)

동업자들은 즐겁게 놀거나 기분전환을 위해 서로 만나는 경우가 매우 드물지만, 만나기만 하면 대화는 언제나 국민 대중에 대한 음모[즉 가격인상을 위한 어떤 술책]로 끝난다. (『국부론』 1편 10장)

독립 전이던 북아메리카와의 교역, 특히 기호품인 담배와 설탕 수입이 늘어나면서 갑자기 부자가 된 사람, 증가하는 물동량을 실어 나를 대서양 횡단 화물선 건조로

떼돈을 번 조선업자 등 글래스고 신흥 부자들의 화려하고 풍성한 모임에서 언제나 환영받고 최상의 대접을 받던 스미스! 그러나 그는 글래스고의 재계의 타이쿤들이 서민들의 삶에 끼칠 악영향도 주의를 기울여 살피고 기록한 진짜 지식인, 진정한 지성인이었다.92)

다시 기차를 타고 에든버러로 돌아와 에든버러 성으로 바로 갔다. 볼 것이 많아 제대로 보려면 세 시간은 걸린다. 대충 구경한 후 에든버러 시내를 한 바퀴 돌아보고 숙소로 돌아가기로 했다. 길고 가파른 언덕을 걸어 올라가 성벽에서 북쪽을 내려다보니 포스만이 회색 구름 아래에서 물결치고 있었다. 그 너머가 커콜디다. 고개를 왼쪽으로 돌리면 에든버러 중심가가 한눈에 들어온다. 높고 삐죽삐죽한 건물이 다른 곳보다 유난히 많다. 이 도시의 랜드마크인 것 같았다. 잠시 후 내려가면 저 건축물들이 무엇인지 알 수 있겠지.

성벽 끝에 엄청 커다란 대포가 보였다. 'One O'Clock

---

92) 스미스가 부자들이 잘살게 마련인 자유방임주의만 옹호한 인물로 그려지게 된 것은 듀갈드 스튜어트가 "프랑스 혁명을 이념적으로 부추긴 인물, 당시 프랑스의 부익부 빈익빈을 앞장서서 비판한 인물로 스미스가 지적되는 것을 막기 위해 의도적으로 스미스의 일생을 '순화'시켰기 때문"이라는 주장도 있다. 영국 역사학자 엠마 로스차일드가 이런 주장을 내놓은 대표적 학자다.

Gun'이라는 이름이 붙어 있는 이 대포는 1861년부터 매일 오후 1시면 발사된다. 포스만의 항구에 정박한 선박들은 이 대포 소리에 시간을 맞췄다. 대포가 큰 만큼 소리가 굉장해서 저 아래 시가지에서도 깜짝 놀라는 사람이 있다고 한다. 1시 지나서 올라오기 잘했다는 생각이 들었다.

 전쟁박물관, 지하감옥을 지나 예전 스코틀랜드 왕들의 거처였던 '로열팰리스'로 들어섰다. 왕관과 함께 전시된 '스톤 오브 스콘(Stone of Scone)' 앞에서 발을 멈췄다. 언제인지 정확히 알 수 없는 시기에 에든버러 북쪽 스콘 지역에서 캐낸 돌을 장방형으로 다듬은 의자다. 의자지만 보통 의자는 아니다. 절반은 스코틀랜드 사람들의 자존심, 절반은 스코틀랜드 사람들의 치욕으로 이뤄진 의자다.

 스코틀랜드 왕들은 이 돌의자에 앉아 대관식을 치렀다. 스코틀랜드의 역사와 영광과 자부심을 상징하던 이 의자는 1296년 스코틀랜드를 침공한 잉글랜드 왕 에드워드 1세가 승리의 기념으로 런던 웨스트민스터 성당으로 가져가 잉글랜드 왕들의 대관식 의자 속에 집어넣었다. 잉글랜드를 다스리는 자가 스코틀랜드를 다스린다는 의미였다.

 스코틀랜드를 떠난 지 654년 뒤, 1950년 12월 크리스마스 날 이 의자가 감쪽같이 사라졌다. 네 명의 스코틀랜드 대학생이 원래 있던 자리로 옮겨 놓으려 몰래 가져간 이 돌은 1951년 4월 스코틀랜드의 한 성당에서 발견돼 웨스트민스터로 되돌아갔다. 1953년 엘리자베스 여왕의 대관식까지 치른 이 돌의자는 1996년 영국 정부의 결정으로 에든버러 성으로 돌아와 로열팰리스에 전시됐다.

바깥의 벤치에 앉아 멀리 포스만을 내려다보며 생수 한 모금을 마시는데, 옥스퍼드 유학 시절 스미스가 눈앞에 다가왔다. 스코틀랜드 출신이라는 이유로 잉글랜드 출신 교수들에게 차별받고 6년 동안 그것을 견디다 옥스퍼드 생활을 접고 포스만을 건너 고향으로 돌아가는 청년 스미스의 모습이 눈앞에 그려졌다. 1740년 5월 글래스고대학에서 마지막 학기를 마친 스미스는 커콜디로 돌아가 어머니 곁에 잠시 머물다가 한 달 뒤 옥스퍼드대학 밸리올(Balliol) 컬리지에 도착한다. 앞으로 6년간 이곳에 머물면서 학자로서의 실력을 닦을 터였다. 옥스퍼드 교수들의 가르침 없이 스스로의 힘으로 ….

무슨 과목을 누구에게서 배웠는가, 누구와 교유하고 무슨 생각을 했는가 등등 스미스의 옥스퍼드 생활 역시 거의 알려진 게 없다. 어머니에게 썼던 편지, 비슷한 시기에 옥스퍼드에서 공부했던 사람들의 일기나 편지를 통해 짐작할 수 있을 뿐이다. 스미스 전기작가들은 이런 자료와 '국부론'에 나오는 대학 교육에 관한 스미스의 생각을 통해 그가 옥스퍼드에서 보낸 시간은 결코 즐겁고 보람찬 시간이 아니었다고 본다.

스미스는 『국부론』 5편 1장에 "여러 해에 걸쳐 옥스퍼드 교수들은 대부분 가르치는 척하는 것조차 포기했다"라고 썼다. 5편 1장은 국부(세입)를 증진하기 위한 바람직한 교육은 어떻게 이뤄져야 하는가를 서술한 장이다. 영국은 물론 프랑스 독일 이탈리아 스페인 등 유럽 각국의 대학 교육 실태를 꼼꼼히 열거하고 분석한 위 인용문에 등장한 옥스퍼드뿐이다. 한 줄밖에 안 되지만 경멸에 가까운 이런 비판을 받고서는 어떤 대학, 어떤 교수들도 얼굴을 들고 다닐 수 없을 것이다.

스미스는 옥스퍼드에서 무슨 일을 겪었기에 이렇게도 무자비하게 옥스퍼드의 교수들을 비판했을까? 6년이나 다닌 학교 스승들을?

스미스가 진학하기 전에 이미 옥스퍼드는 게으르고 불성실하고 부패한 교수들 때문에 평판이 크게 나빴다. '옥스퍼드는 국가적 수치'라는 모욕적 언사로 비난하는 사람도 있었다. 교수들은 "먹고 마시고 자고 일어나면 학생들 주머니를 털 생각만 한다"는 사람도 있었다. 교수들이 새로운 지식을 받아들이려는 생각을 아예 하지 않으니 커리큘럼은 낡을 대로 낡았고, 필수 독서 목록에는 원본이 아니라 축약본이 올라가 있었다. 교수들이 과연 원본을 읽기나 했는지 의심하는 학생들이 나올 수밖에 없었다. 이런 옥스퍼드에 대해 잉글랜드의 식자들은 "어떤 것도 옥스퍼드를 대신할 수 없다"는 해묵은 자만심이 옥스퍼드를 헤어날 수 없는 병통에 빠트렸다고 한숨을 쉬었다. 스미스와 동시대 사람인 에드워드 기번은 "나는 옥스퍼드 모덜린 칼리지에서 열네 달을 보냈는데, 이때야말로 내 삶에서 가장 무익하고 게으르게 보낸 기간이었다"라고 쓰기도 했다.[93]

스미스도 이런 사정을 소문으로 들어 알고 있었다. 옥스퍼드보다는 글래스고대학이 훨씬 더 진취적이며, 교수

---

93) Edward Gibbon(1737~1784). 영국 역사학자. 『로마제국 흥망사(The History of the Decline and Fall of the Roman Empire)』를 썼다. 그의 옥스퍼드대학 비판은 1986년 판 『옥스퍼드대학사(The HIstory of the University of Oxford)』에 실려 있다.

나 커리큘럼 등 모든 측면에서 훨씬 더 낫다고 생각했을 게 분명하다. 그런데도 옥스퍼드로 진학한 이유는 정확히 알 수 없다. 다만 스미스 전기작가들은 "옥스퍼드를 졸업하면 자신의 길을 찾기 쉬울 것"이라는 친지들의 말을 듣고 어머니가 아들을 그리로 보냈을 것으로 추측하고 있다.

스미스가 옥스퍼드의 만만치 않은 학비를 충당할 장학금을 확보한 것도 이유일 것이다. 스미스가 받은 것은 '스넬 장학금'이다. 스코틀랜드의 귀족 존 스넬이 1677년 스코틀랜드의 인재를 키우기 위해 조성한 기금이다. 스넬 장학생으로 선발되면 11년간 옥스퍼드의 단과대학인 밸리올 컬리지의 학비와 기숙사비를 받을 수 있었다. 처음에 열두 명을 선발했고, 졸업하거나 학업을 중도에 그만두는 학생이 있으면 그 숫자만큼 새로 장학생을 뽑았다.

옥스퍼드는 스넬 장학금은 반겼을지 몰라도 스넬 장학생들은 반기지 않았다. 잉글랜드 사람들의 스코틀랜드 사람들에 대한 불신-반란을 일으킬지 모른다는 의심-이 원인일 수도 있다. 스코틀랜드 사람들은 가난하고 불결하다는 잉글랜드 사람들의 편견 때문일 수도 있다.

당시 스코틀랜드와 잉글랜드의 경제적 격차는 상당히 컸다. 스코틀랜드 서민들은 귀리로 만든 거친 빵을 먹었지만 잉글랜드에서는 서민이면서 밀가루로 만든 흰 빵을 먹는 사람이 있었다. 섭취하는 식품이 다르니 사람들의 외양도 달랐다. 잉글랜드 사람들은 멀쑥한 반면 스코틀랜드 사람들은 초췌한 편이었다. 스미스는 커콜디에서 옥스퍼드까지 여드레를 말을 타고 내려오면서 이 차이를 직접 목격하고 느꼈다.

오랜 여행 끝에 옥스퍼드에 도착한 첫날 스미스는 밸리올 칼리지 식당에서 모욕적인 대우를 직접 겪는다. 스미스는 저녁 메인 메뉴로 나온 노가니에는 손을 내지 읺고 멍하니 고개를 박고 있었다. 친구들이라면 늘, 수시로, 봐온 모습이었다. 아무 생각 없이 멍하니 앉아 있는 자세는 스미스를 평생 따라다닌 트레이드 마크였다.

학생들의 식사 서비스를 맡은 하인 하나가 이런 스미스를 보고는 어깨를 툭 쳤다. 기록된 대화는 없지만 아마 "이봐요 학생, 왜 안 먹고 쳐다보기만 하지? 스코틀랜드에서는 이렇게 좋은 도가니를 못 봤나 보네? 가난하다니 이렇게 큰 소를 키울 수 없겠지?"라는 모욕이었을 것으로 전기작가 로스는 짐작한다.[94]

스코틀랜드 사람에 대한 무시는 밸리올 컬리지 학장이 앞장섰다. 레이라는 이름의 이 학장은 스넬 장학생들에게 기숙사에서 가장 나쁜 방을 배정해서 악명이 높았다. 스코틀랜드 장로교도인 학생들을 영국 국교로 강제 개종시키려 하기도 했다. 스코틀랜드 학생들이 항의해도 아랑곳하지 않던 그는 스미스를 포함한 스넬 장학생들이 자신들을 장학생으로 뽑아준 글래스고 교육 당국에 대접을 바로 받을 수 있도록 해달라는 진정서를 보내자 "얘들은 왜 저러냐. 맨날 불평이나 하고…. 영원히 다른 데로 사라져버렸으면 좋겠다. 저것들 진짜 싫다!"라는 반응을 보였다.

스미스는 자기가 원하는 지식-뉴턴이나 로크가 토대를 마련한-을 옥스퍼드에서는 배울 수 없다는 사실을 다시 확인하고, 도서관에서 원하는 책을 읽으며 자기 공부에 몰두했다. 스미스가 옥스퍼드에 입학했을 때는 뉴턴이 '프린키피아(Prinkipia, 수학의 원리)'를 출간, 물리학 연구의 방향을 완전히 바꾼 지 무려 50년이 지났는데도 이 대학의 교육은 여전히 2,000년 전 아리스토텔레스가 남긴 사상을 중심으로 이뤄졌고, 뉴턴에게 '프린키피아'를

---

94) 로스 『The Life of Adam Smith』 60쪽

출판하라고 권했던 에드워드 핼리(핼리 혜성 발견자) 같은 뛰어난 과학자가 학생들을 가르친 적이 있었음에도 스미스 당대의 옥스퍼드는 뉴턴 물리학을 가르치지 않았다.

 밸리올 식당 장부에서 기숙사 식당에서 밥을 먹은 학생 명단을 조사한 스미스 연구자들은 스미스가 야외 활동은 하지 않았으며 기숙사를 거의 떠난 적이 없었음을 알아냈다. 또 스미스가 도서관을 매우 유용하게 활용했으며 장학금으로 많은 책을 사들인 것으로 본다. 프랑스어를 공부해 데카르트, 파스칼, 라로슈코프, 라신느, 모리보 등 프랑스 철학자와 문인들의 책을 읽고 영어로 번역했다가 자기가 번역한 것을 다시 프랑스어로 번역한 후 "외국어 공부는 이렇게 해야 좋다"라고 말했다는 기록도 찾아냈다. 주변 사람들은 "스미스는 옥스퍼드에 배우러 가지 않고 하고 싶은 것을 하러 갔다"고 말했다.

 기숙사에서 자기 하고 싶은 것을 하던 스미스는 데이비드 흄의 책을 읽은 것이 들통나 위기에 처하게 됐다. 흄의 첫 책인 『인간 본성에 관한 논고(*A treatise of Human Nature*)』가 그 책이다. '신앙심' 깊은 옥스퍼드 교수들은 스코틀랜드 출신 무신론자 흄의 책을 '신성한 옥스퍼드'의 스코틀랜드 학생 방에서 찾아내고는 경악했고, 스미스는 교수들이 학생의 방까지 뒤져 '불온서적'을 검열하는 데 경악했다. "사람은 혼자 있는 방에서도 절제하는 삶을 살아야 하지만 그가 홀로 있는 그 방에서 한 짓을 옳다 그르다 따져서는 안 된다." 스미스는 이때의 경험을 발전시켜 사상과 표현의 자유에 대해 다음과 같이 언급했다.

아무런 행동도 야기하지 않은 사상의 비열함이 행동의 비열함만큼이나 강력한 복수가 필요한 것으로 세상 사람들의 눈에 보인다면, 모든 법정은 사실상 이단자를 심문하던 종교재판소(inquisition)로 변할 것이다. (『도덕감정론』 2부 3장)

"물 표면에서 1인치 아래에 있는 사람이나 100야드 아래에 있는 사람은 숨을 쉴 수 없다는 점에서는 같다"라는 스미스의 이 명언은 『도덕감정론』 7부 2편 2장에 나온다. "자유와 독립은 아무리 조금 침해되어도 안전과 행복을 누릴 수 없다"라는 뜻이다. 흄의 책을 압수당한 밸리올 컬리지 기숙사에서의 충격은 스미스에게 자유의 가치를 깊이 새겨 놓았다.

옥스퍼드 교수들의 '타락'은 스미스에게 '경쟁'을 생각하게 했다. 교수들 사이에 경쟁이 없기에 옥스퍼드 교수들이 이렇게까지 '타락'했다고 보았다. 글래스고대학 교수들은 학교에서 급여를 받지 않고 학생들에게서 수업료를 바로 받았기 때문에 옥스퍼드 교수들보다 알찬 교육을 제공하고 학생들을 만족시킬 수 있었다고 보았다. 교수들이 수입을 늘리려면 더 많은 학생을 강의실로 불러들여야 하며 그러려면 강의 준비를 제대로 한 후 수업에 나서야, 즉 교수 자신의 경쟁력을 키워야만 했다고 본 것이다. 반면 옥스퍼드 교수들은 적당히 있다가 급여를 더 받을 수 있는 자리로 승진하거나, 그가 목회자라면 부유한 신도가 많은 교구를 하나 맡고 결혼도 할 수 있으므로 수업에 충실하는 것보다는 자신의 앞날을 결정하는 사람들에게 아첨하는 방법을 찾는 데 열성이었다고 생각했다. 스미스는 교수 사이에 경쟁이 필요한 이유를 여러 사례와 논증으로 밝히고 있는데, 전기작가들은 사례의 출처를 스미스가 밝히지는 않았지만 대부분 옥스퍼드에서 수집한 것으로 보고 있다.

스미스는 1746년 8월 옥스퍼드를 떠났다. 스넬 장학금을 5년 더 받으면서 옥스퍼드에 머물 수 있었으나 바로 전 해 일어난 '자코바이트 반란'이 옥스퍼드의 스넬 장학생에 대한 반감을 더 부추기자 미련 없이 귀향길에 올랐다. 당시 영국을 통치했던 하노버 왕가에 대해 이전 영국 통치 왕조였던 스튜어트왕조의 쫓겨난 왕자 제임스(라틴어로 자코바, Jacoba) 지지자들인 자코바이트 반란군은 한때 런던 외곽 100여km까지 진격했으나 왕실 군에 의해 진압됐다. 학장 레이를 포함, 자코바이트를 옹호한 옥스퍼드 교수들은 하노버 왕실 지지자들이 많았던 스넬 장학생들을 더 미워하지 않을 수 없었다. 6년 전에 온 길을 되돌아 커콜디 고향 집에 도착한 스미스는 불안한 정정이 계속되자 옥스퍼드에서 이미 익숙해진 독학으로 자기 공부를 계속했으며 답답할 땐 포스만 바다에 뛰어들어 몸과 마음을 새롭게 했다.

에든버러 성에서 내려와 이 도시의 대표 가로인 로열마일로 갔다. 여기 있는 스미스 동상을 보는 게 이날 마지막 일정이다. 이 동상은 2008년에 건립됐다. 스미스의 시선은 가깝게는 자기 묘가 있는 캐넌게이트를, 멀리는 커콜디로 향하고 있었다. 교수 가운 자락에 살짝 가려진 오른손이 놓여 있다. 전 세계의 교역이 보이지 않는 손에 의해 더 증진되라는 뜻이다. 바로 부근에는 같은 조각가(알렉산더 스토다르)의 작품인 데이비드 흄 동상이 있다.

 스미스는 옥스퍼드에서 흄의 책을 읽으면서, 비록 교수들에게 걸리기는 했지만, 흄의 사상에 매료됐다. 자연과 인간은 신의 뜻에 따라 만들어진 것도, 신의 마음에 따라 움직이는 것이 아니며, 사람은 행복을 추구하는 존재이고, 국민의 경제적 선택을 통제하려는 정치인들의 시도는 무익하거나 역효과를 가져오며, 자유무역은 관련 당사자 모두에게 이익을 가져온다는 흄의 사상은 『도덕감정론』과 『국부론』 곳곳에 스며 있다. 스미스가 커콜디로 돌아와 에든버러에서 대중강연을 할 때 처음 만난 그들은 서로 존경하고 인정하며 우정과 학문을 함께 다듬고 가꾸었다.

9. 볼테르는 존경하고 루소는 미워하고 …

<루소가 영국 도피를 결심할 무렵 프랑스에 있던 스미스는 프랑스 지식인 사회에 나도는 루소의 평판을 들었고, 흄이 루소를 도울 건가 말 건가를 고심한다는 사실을 알고는 그에게 루소 문제에 발을 담그지 말라고 당부하는 편지를 보냈다.>

9. 볼테르는 존경하고, 루소는 미워하고…

에든버러에서 여섯 번째 아침을 맞았다. 날이 흐리다. 스미스 선생을 만나는 건 오늘이 마지막이다. 내일은 하루 일정으로 스코틀랜드 고원지대, 하일랜드(Highland)를 둘러보고 에든버러로 돌아와 자유의 도시 암스테르담으로 떠나야 한다. 시간과 돈에 여유가 있으면 일주일쯤 머물면서 하일랜드의 황량함과 고독함에 흠뻑 젖었으면 좋겠으나 둘 다 빠듯하다. 당일 관광코스로 분위기만 느끼는 걸로 만족할 수밖에 없다.

못 간다고 생각하니 하일랜드의 거친 풍경이 눈앞에 더 가까이 다가온다. 여러 해 전에 본 영화 '007 스카이폴'에서 봤던 그 풍경이 더 선명하게 펼쳐진다. 영화가 마지막으로 가면서, 007(다니엘 크레이그)은 보스인 M(주디 덴치)과 함께 악당 실바(하비에르 바르뎀)에게 쫓기다가 스코틀랜드 자기 생가로 달아난다. 007의 은빛 스포츠카는 황량하고 쓸쓸하고 적막뿐인 고원지대를 구불구불 관통하는 한 가닥 고속도로 위를 질주한다.

산과 들판과 구릉은 누렇게 변한 관목과 풀이 뒤덮은 지 오래다. 어딘가에는 숨 쉬며 살아가는 것들이 있을 텐데 보이지 않는다. 숨 막히는 적막을 뒤집어쓴 스코틀랜드 고원지대의 황량함과 고독감은 캄캄한 밤, 하늘 가득 박힌 별들이 머리 바로 위로 쏟아질 듯 가까이에 보일 때 클라이맥스에 오른다. 나이를 가늠할 수 없는 허스키한 목소리, 남녀의 음색을 넘나드는 가수 아델의 노래 '스카이폴'도 절정으로 치닫는다. … .

영화 덕분인지, 스코틀랜드 관광 사이트의 하일랜드 관광 안내에는 '스카이폴 투어'가 빠지지 않는다. "하늘이 무너진 듯 쏟아지는 별을 가장 가까이에서 가장 낭만적으로 볼 수 있는 곳으로 모신다"라는 문구가 곁들여져 있다. "멀고 쓸쓸한 북쪽(Remote and Lonely North)에서 고독을 느낄 수 있는 기회"라는 광고도 있다.

"먼 북쪽의 고독"이라는 말이 아련했다. 스스로 목숨을 끊기 위해 북쪽으로 북쪽으로, 서울을 떠나 여러 나라를 전전하면서 북극점 가까운 곳을 향해 올라가는 어떤 여인이 주인공인 소설도 생각났다.

"바람이 검은 북해 쪽에서 불어왔다. 나는 몸을 잔뜩 웅크리고 온몸을 극적으로 떨었다. 북극해의 심장부에서 발생하여 막힘없이 열린 수천 리 바다를 단숨에 치달려온, 차갑고 잔인한 바람이었다. 심장이 얼어붙는 것 같아서 나는 잠시 숨을 멈추고 서 있었다. 이제 막 정오를 지났을 뿐인데도 바다는 검었고, 길엔 인적이 전무했으며, 사위는 어스름 저녁처럼 어두컴컴했다."
 그 소설이 전하는 스코틀랜드 북쪽 바다 광경이다. 성추행 사실이 불거져 미투운동 때 사과문까지 발표한 작가가 쓴 것이지만 이 문장 앞뒤에서는 그런 냄새가 전혀 없다. 피할 수 없는 한기가 온몸을 찔렀다. 절대 고독의 순간에 느끼는 한기다. 온몸이 부르르 떨렸다.

 호텔 식당으로 내려가 아침을 먹으면서 선생에게 미제스와 하이에크를 어떻게 설명하나, 다시 머리를 짜기 시작했다. 어제 선생 집에서 나오면서부터 했던 고민이다. 선생 돌아가신 후 나타난 사회주의가 자유주의와 시장경제를 어떻게 공격했으며, 자유주의와 시장경제가 지켜진 데는 선생의 가르침을 발전시킨 미제스와 하이에크의 공이 지대하다고 이야기해야 하는데, 쉬운 일이 아니었다.
 제대로 공부한 것도 아니고, 겨우 그들 책 몇 권 읽은 게 고작인데 내가 선생 앞에서, 더듬더듬 영어로 그 길고 복잡하고 어려운 걸 어떻게 이야기한단 말인가. 몇 마디 만에 밑천이 드러나면 궁금증을 풀어주는 게 아니라 더 답답하게 해줄 것이 분명했다.
 그에게 하이에크가 『노예의 길』을 썼다는 말을 왜 했단 말인가 …. 『노예의 길』을 이야기하면 『자유헌정론』,

『법, 입법, 그리고 자유』, 『치명적 자만』 등 그의 다른 저작은 어떻게 한단 말인가? 미제스는 또 어떡하고?
 젊은 사회주의자였던 하이에크를 자유주의로 돌아서게 한 사람이 미제스이고, 그의 책 『사회주의』가 그 도구였는데, 이건 또 어떻게 설명한단 말인가? "사회주의 경제체제에서는 경제계산이 불가능하다. 따라서 사회주의도 존속 불가능하다"라고 갈파한 미제스의 정연한 논리를 스미스가 아니라 대학생에게도 제대로 설명할 수 없는 내가 스미스에게 설명한다고?

 한숨을 쉬며 식은 커피를 또 한 모금 넘기는데 이 어려움을 면할 길이 생각났다. 선생에게 "공부가 부족한 제가 그 두 사람 이야기를 선생님께 말씀드리는 건 매우 외람될 것 같습니다. 대신에 여기 영국에서든 한국에 돌아가서든 가능한 한 일찍 두 사람 책을 구해서 선생님께 보내드리겠습니다"라고 사실대로 말하고 양해를 구하는 게 최선의 방법이었다. 내 말을 듣고 나면 선생도 "그러시오"라고 할 수밖에 없을 것이다. 깊이 없는 어설픈 설명을 듣느니 그들의 생각이 일목요연이 담긴 책을 직접 읽는 게 낫다고 생각할 터니.
 대신 팬뮤어 하우스에서 선생의 프랑스 체류 때 이야기

를 들을 수 있으면 하는 바람이 생겨났다. 이야기가 잘 풀리면 선생의 연애 이야기도 들을 수 있지 않을까? 평생 독신으로 산 이유도 듣게 될 기회가 되지 않을까? 기자 일을 할 때부터 무거운 주제보다는 뒷이야기를 주워듣고 쓰는 게 더 좋았던 습성이라 일부 전기에 아주 짧게 등장하는 선생의 연애 이야기를 챙겨보고 싶었다. 물론 케네 같은 프랑스 중농주의자 경제학자들과의 만남에서 주고받은 학문적 영향에도 관심이 있었고 달랑베르, 디드로 같은 프랑스 계몽주의자들과는 어떻게 지냈는지, 당시 프랑스 왕족과 귀족 부인들이 경쟁적으로 주도하고 이끌었던 파리의 화려했던 살롱 문화에 이 검박한 스코틀랜드 학자가 어떻게 적응했는지도 관심사였다.

글래스고대학 교수로 재직한 지 12년째였던 1763년 10월 스미스는 당시 영국 정계 실력자이자 최대 지주인 찰스 타운센드에게서 두 번째 편지를 받는다. 타운센드는 이 편지에서 스미스에게 양아들 버클루 공작의 유럽 여행(Grand Tour)에 동행해 줄 것을 다시 정중히 요청한다. 스미스는 타운센드가 여러 달 전에 보낸 첫 번째 요청을 강의를 중간에 그만둘 수 없다는 이유로 정중히 거절한 바 있다. 두 번째 편지에서 타운센드는 전보다 훨씬 좋은 조건을 제시했다. 여행 중에는 연봉 500파운드를 지급하고, 평생 매년 300파운드를 연금으로 지급하겠다는 게 그 조건이었다. 당시 스미스가 글래스고대학에서 받던 연봉은 제일 많을 때가 300파운드였다.

 더 이상 정중할 수 없고 더 이상 조건이 좋을 수 없는 이 제안은 거부될 수 있는 게 아니었다. 스미스는 지금 맡은 강의가 끝나면 가겠노라고 답했으나 타운센드는 자신이 세워놓은 일정을 따라주기를 고집했다. 버클루 공작이 조금이라도 일찍 해외여행을 경험하고 영국으로 돌아와 왕실과 의회에 데뷔해야 한다는 게 타운센드의 계획이었다. 세습 귀족은 성인이 되면 자동으로 상원의원이 되는 게 영국의 관행이다.

 스미스는 타운센드의 계획을 받아들인다. 스미스의 깔끔하고 책임감 있는 인품을 보여주는 일화가 이때 또 하나 생겨났다. 법학 강의를 다 끝내지 못하는 게 미안했던 스미스는 학생들에게 수업료를 돌려주려고 했다. 학생들이 "그러는 게 아닙니다, 돌려줄 필요가 없습니다"라고 하자 스미스는 바로 옆에 있던 학생을 붙잡아 코트 주머니에 수업료를 찔러 넣고는 어서 가라고 그를 떠밀었다. 스미스가 이렇게까지 하자 학생들은 더 이상 거절하지 못하고 수업료를 '환불'받았다.

물론 스미스는 급여와 연금 등 대우만 보고 프랑스 여행을 결정하지는 않았다. 볼테르 등 좋아하는 프랑스의 계몽주의자들을 직접 만날 수 있다는 기대 외에 영국보다 인구가 세 배나 많으면서, 왕권이 약해진 영국과는 달리 봉건적 절대왕정이 유지되는 나라, 그러면서도 경제는 지역마다 제각각인 나라, 프랑스를 직접 경험해보는 기회가 될 터였다. 프랑스에서 『도덕감정론』을 읽는 사람이 늘어나고 있다는 사실도 스미스를 부추겼다.

오래 사귀어서 이제는 서로 둘도 없는 친구처럼 지내는 데이비드 흄이 프랑스 주재 영국대사의 비서로 파리에 머물고 있다는 것도 좋은 이유였다. 흄을 다시 만나는 것도 기대되지만, 흄이 프랑스의 상류층 인사들을 소개해주면 프랑스 여행을 편안하고 쉽게 할 수 있으리라는 기대도 있었다. 여러 저서로 이미 프랑스 상류층에 '팬덤'을 형성하고 있던 흄은 영국대사의 비서라는 날개까지 달았으니 스미스를 팬들에게 소개하는 것쯤은 일도 아니었다.

흄은 프랑스 계몽 지식인들은 물론 살롱을 운영하던 귀부인들에게도 스미스를 소개했다. 그중 한 명은 흄이 한때 정부(情夫)가 되어볼까 생각도 했던 부플레르 백작부인이었다. 흄보다 열네 살 젊은 부플레르 부인은 매혹적인 외모 외에도 문학과 철학과 예술에 조예가 깊었으며 흄의 사상과 유머러스하고 관대한 인품에 반해 그가 파리에 오기 전부터 달콤한 연애편지를 보내 구애했지만 흄이 점잖게 거절한 사이였다. 부플레르 백작 부인은 흄이 스미스를 칭찬하는 것을 들었는지 그를 만날 무렵 『도덕감정론』을 읽기 시작한 듯하며, 몇 년 후에는 이 책을 프랑스어로 번역하려고 생각한 것으로 알려졌다.[95] 스미스는 부플레르 부인의 환대를 받고 감사하다는 편지를 보냈으나 그 이상으로 발전할 수 있는 관계는 아니었다.

스미스와 버클루는 파리에 잠깐 머문 후 타운센드의 지시를 따라 당시 프랑스 제2의 도시 툴루즈로 향했다. 타운센드는 인구는 많으나 젊은이를 유혹에 빠트릴 요소가 많은 파리와는 달리 묵직한 전통 속의 고등법원과 유서 깊은 툴루즈 대학이 있고 공무원 과학자 예술인이 많아 살아 차분하고 지적인 분위기를 자아내는, 에든버러와 닮은 이 도시가 버클루에게 적당하다고 보았다.
  스미스와 버클루는 툴루즈에서 18개월을 머물렀다. 버클루는 훗날 "프랑스에 2년 이상 머무는 사이 스미스 선

---

[95] 라스무센 『무신론자와 교수』 182쪽

생과 한 번도 불편한 적이 없었다. 선생은 나를 진심으로 돌봐줬고 많은 것을 가르쳐 줬다"라고 회고했다. 버클루는 평민인 스미스에게 귀족 티를 내지 않으려 애쓰고, 스미스는 엄격하고 딱딱한 선생티를 내지 않았기에 가능했던 두 사람의 '선한 관계'는 이후에도 계속 이어졌다. 스미스는 버클루의 평생 멘토였으며, 버클루는 스미스의 '든든한' 제자로서 그의 세속적 문제-스코틀랜드 관세청장 취임 때 보여준- 해결에 현실적 충고와 해결방법을 제시해주는 든든한 배후가 되었다.

하지만 스미스는 영국 상류층 자제들이 어린 나이에 해외에 나가 3~4년씩 보내고 돌아오는 소위 '그랜드 투어'를 바람직하지 않다고 봤다.[96] 배우는 것은 별로 없는데, 방종해지고 정신적으로 타락하기 쉽다는 게 이유였다.

"그렇게 어린 나이에 여행함으로써, 그의 양친과 친척의 감시 및 통제로부터 멀리 떨어져 가장 경박한 바탕으로 그의 인생의 가장 귀중한 시기를 보냄으로써, 그의 초기교육으로부터 형성될 수 있었을 모든 유용한 습관이

---

96) 영국 상류층의 '그랜드 투어' 유행은 『그랜드 투어:엘리트 교육의 최종단계』(설혜심, 웅진 지식인 하우스) 참조

강화/확립되지 않고 거의 필연적으로 약화/말살된다."
(『국부론』 5편 1장)

그랜드 투어에 대한 스미스의 비판은 물론 옥스퍼드 교수들에 대한 비판에 뿌리를 두고 있다. "대학이 스스로 초래한 불신 때문에 인생의 초기에 여행하는 것과 같은 아주 불합리한 행위가 좋은 평판을 얻을 수 있게 된 것이다."

법학부가 유명했던 툴루즈 대학 도서관은 정치와 교역, 재정 관련 장서가 풍부해 버클루에게는 물론 스미스 본인에게도 도움이 되었다. 툴루즈는 또 스미스가 조만간 착수하게 될 국부론을 더 생생하고 알차게 해줄 현장 자료가 풍부한 곳이었다. 스미스가 이곳에 오기 약 100년 전인 17세기 중반에 개통된 '두 바다 운하(Deux Mer Canal)'가 그런 곳이었다. 지중해와 대서양을 연결하는 길이 240km의 이 운하가 완공됨으로써 지중해 쪽 프랑스 항구에서 대서양 쪽 프랑스 항구로 사람이나 물자를 옮길 때 스페인과 포르투갈을 지나가야 하는 시간과 번거로움이 크게 줄었을 뿐 아니라 인근 도시와 농촌의 상업과 농업이 크게 발전했다. 스미스는 운하 건설의 효과를 점검하면서 공공공사 착공과 관리의 주체는 누가 되어야 하는가, 세금은 어떻게 부과하고 징수해야 정의로운가 등등에 관한 생각을 다시 정리할 수 있었다.

 스미스는 툴루즈에서 친구에게 보낸 편지에서 "심심해서 책을 한 권 쓸 생각"이라고 썼는데, 전기작가들은 이 책이 『국부론』일 것이라고 확신하고 있다. 『국부론』이 스미스의 머리에서 배태된 곳은 글래스고였지만 세상에 내놓을 수 있을 만큼 무르익은 곳은 툴루즈였다는 말이다.
 '국가의 세입'을 다룬 『국부론』 5편 곳곳에 스미스는 당시 유럽 여러 나라 조세제도의 변천과 실제 부과된 세액도 세밀히 언급하는데 특히 프랑스의 토지세에 대해서는 "그 지역 지사의 재량에 따라 자유로이 결정되므로 상당히 독단적으로 될 수밖에 없다"라고 비판한다.
 프랑스의 세제와 세정에 대한 스미스의 이 같은 비판은 이후에도 연이어 등장하는 툴루즈 체류에서 체득한 경험과 자료가 비판의 바탕이 됐음은 물론이다. 스미스가 국부론 5편 2장에 제시한 '조세 일반원칙' 4개 항은 이때 완숙된 것으로 보는 게 타당할 것이다. 이 4개 항은 현재에도 조세의 징수와 집행에 있어 금과옥조로 꼽힌다.

스미스의 조세 일반원칙

1) 국가의 백성은 정부를 지탱하기 위해 각자의 담세능력에 가능한 한 정확하게 비례해 조세를 부담해야 한다. 즉 국가의 보호 속에서 각자가 얻는 소득에 따라 납세해야 한다. 과세의 공평성 또는 불공평성은 이 원칙의 준수 여부에 달려 있다. (공평의 원칙)

2) 각 개인이 납부해야 하는 조세는 반드시 명확하게 확정될 필요가 있으며 자의적이어서는 안 된다. 즉 납세의 시기와 방법, 금액은 납세자와 기타의 사람들에게 간단명료해야 한다. (명확의 원칙)

3) 조세는 납세자가 지불하기에 가장 편리한 시간에 [또는 방법으로] 징수되어야 한다. 납세자가 지불하기에 가장 편리할 때 또는 납세자가 납부할 금액을 가지고 있을 가능성이 높을 때 징수해야 한다. (편의의 원칙)

4) 모든 조세는 국민의 주머니로부터 끄집어내는 금액이 국고에 들어가는 금액보다 될 수 있는 한 너무 크지 않도록 고안되어야 한다. (경비 절약의 원칙)

1765년 가을 스미스와 버클루는 툴루즈 체류를 끝내고 남프랑스 마르세유를 거쳐 스위스 제네바로 떠났다. 두 달을 머문 제네바에는 스미스가 무척 좋아한 볼테르가 살고 있었다. 희곡 소설 등 여러 계몽주의 작품으로 이미 유럽 전역에서 명성이 확고했던 70세의 볼테르는 제네바 외곽의 자그마한 마을에 살면서 이곳을 순례지처럼 생각하며 자신을 찾아오는 예술가들과 문인, 학자들을 골라 만나면서 프랑스는 물론 유럽 지식인들에게 여전히 영향력을 발휘하고 있었다. 스미스는 글래스고대학에서 가르쳤던 제자의 아버지이자 볼테르와 절친한 사이였던 스위스 정계 거물 인사의 소개로 볼테르를 만나 대여섯 번 저녁을 함께하는 사이가 됐다.

스미스는 프랑스에 오기 전부터 볼테르를 흠모하고 있었다. 프랑스에서 귀족과 말싸움을 벌인 후 영국으로 몸을 피해 1726년부터 3년간 머물렀던 볼테르는 왕권이 축소되고 귀족의 영향력도 프랑스보다 크게 제한된 이 나라를 좋아할 수밖에 없었다.

1727년 3월 사망한 뉴턴의 장례식이 웨스트민스터에서 치러지는 것을 본 볼테르는 "나는 일개 수학 교수가 단지 자신의 천직에 뛰어났다는 이유만으로 백성들의 뜻에 따라 나라를 훌륭하게 다스린 왕처럼 매장되는 것을 보았다"라고 말하기도 했고 파리에는 없는 런던증권거래소를 방문해서는 "법원들보다 더욱 존경받아야 마땅한 곳"

이자 "자유롭고 평화로운 회합들 속에서 탄생한 곳"97)이라는 찬사를 보냈다. 이런 볼테르를 스미스가 좋아하지 않을 이유는 없었다.

　당시 제네바에서는 오랫동안 제네바의 모든 것을 좌우해 온 200여 귀족 가문과 그들의 권력을 축소하려는 평민들의 대립이 격화되고 있었다. 볼테르는 평민들의 배후였다. 스미스와 볼테르의 대화 내용은 상세히 알려진 바 없으나 아마도 그런 갈등에 대해서도 많은 이야기를 나누었을 것이다.

　제네바에서 태어나 제네바에서 많은 책을 쓰고 제네바에서 여러 활동을 펼치며 '제네바 시민'을 자처한 루소는 스미스가 만나지 못했다. '이단적' 사상 때문에 프랑스와 스위스 양쪽에서 체포령이 떨어진 루소는 제네바를 떠나 이곳저곳 피해 다니고 있었다. 피신을 거듭하던 루소는 1766년 1월 영국으로 건너가는데 루소의 영국 도피는 흄을 연모했던 부플레르 백작 부인 덕분에 가능했다. 부플레르 부인은 루소가 가는 곳마다 나타난 반대자들이 돌팔매질 등으로 박해하자 대사 비서직을 끝내고 영국에

---

97) 볼테르 외 디드로와 몽테스큐도 이 시기 영국을 높이 평가한 프랑스 철학자들이다. 로이 포터 『근대 세계의 창조(영국 계몽주의의 숨겨진 이야기)』(최파일 역, 교유서가) 1장 참조.

돌아온 흄에게 루소가 피해 있을 만한 곳을 찾아달라고 부탁, 루소가 영국으로 달아날 수 있도록 했다.

흄은 루소를 별로 좋아하지 않았다. 흄은 루소가 오만하고 변덕 심한 성격 탓에 다수의 프랑스 계몽주의 사상가들에게서 외면당한 지 오래라는 것을 알고 있다. 루소가 영국행을 결심할 무렵 프랑스에 있던 스미스도 프랑스 지식인 사회에 나도는 루소의 평판을 들었고, 흄이 루소를 도울 건가 말 건가를 고심한다는 사실을 알고는 그에게 루소 문제에 발을 담그지 말라고 당부하는 편지를 보냈다. 하지만 흄은 '인도적' 견지에서, 또 영국을 대표하는 지식인인 자신이 프랑스를 대표하는 지식인 루소를 돕는 것은 당연하다는 생각에 영국에서 루소의 후견인 역할을 맡아 거처를 찾아주는 등 물심양면으로 지원했다. 그러나 루소는 흄이 자기의 명성을 시기해 영국 시골 바닥에 처박아놓았다고 의심하다가 슬그머니 프랑스로 돌아갔다. 이때 영국에서 루소를 도운 사람들 가운데는 진화론의 아버지 찰스 다윈의 조부 이레이즈머스 다윈[98]도 있었는데 루소는 그의 호의도 차버리고 도버해

---

98) Erasmus Darwin(1731~1802). 의사이면서 계몽사상과 산업발전에도 관심이 높아 '달빛클럽'을 조직, 영국 버밍햄 지역의 지식인과 기업인의 교류를 이끌었다.

협을 건너는 작은 배에 몸을 싣고 프랑스로 돌아갔다.99)

 루소의 영국 도피 생활 자초지종은 영국 계몽주의자 진영에서 말석을 차지하고 있던 토마스 데이(1748~1789)의 이상한 삶을 기록한 『완벽한 아내 만들기(How to Create a Perfect Wife)』에서도 읽을 수 있다. 이 책은 루소의 『에밀』을 읽은 데이가 남편에게 '절대적으로 복종하는 아내'를 만드는 실험에 착수했다가 실패로 끝나는 과정을 당시 영국 사회상에 비춰서 풀어내고 있다. 데이는 루소가 『에밀』에서 '교육으로 아이를 자신이 마음먹은 대로 양육'할 수 있다고 주장한 것에 영향을 받아 이 실험에 착수했다. 하지만 정작 루소는 데이가 여성을 상대로 한 괴이한 실험이 비극으로 끝났다는 사실을 나중에 알고는 "이렇게 어리석은 자가 있나. 나도 그런 생각은 못 했는데"라며 혀를 찼다고 한다.100)

 커피 한 모금을 마시고 시계를 봤다. 팬뮤어 하우스로 떠나기에는 좀 일렀다. 밖에는 비가 내리고 있었다. 좀 더 앉았다가 일어서기로 했다.

---

99) 루소의 영국 생활은 라스무센 『무신론자와 교수』 7장 참조
100) 영국 저널리스트 웬디 무어가 영국 보육원의 자료와 사료를 뒤져서 18세기 영국 사회의 한 단면을 복원한 논픽션 『완벽한 아내 만들기』는 이진옥 번역으로 글항아리에서 출간됐다.

제네바에 두 달 체류하면서 좋은 시간을 보낸 스미스는 그해 크리스마스 무렵 파리에 도착해 열 달을 머물렀다. 영국식 옷차림에 프랑스 말도 프랑스 매너도 서투른 스미스는 이런 '단점'에도 불구하고 프랑스 상류사회의 환영을 받았다. 『도덕감정론』의 저자였기 때문이다. 계몽주의 지식인들은 말할 것도 없고, 왕족과 귀족 및 그 부인들까지도 스미스를 환영하고 그와 대화를 원했다. 저자도 모르는 사이에 프랑스에서 '형이상학'이라는 제목으로 번역된 『도덕감정론』을 읽었거나 들어서 내용을 알게 된 사람들이었다. 책이라면 연애소설로 대화를 이어가던 귀부인들은 이제 『도덕감정론』의 내용과 문장을 놓고 대화하고 있었다.

스미스는 케네와 튀르고 등 프랑스 중농주의 경제학자들과 달랑베르, 돌바크, 엘베시우스 등 프랑스 계몽주의를 이끄는 학자들을 만나 새로운 지식과 의견을 나누는 한편 귀부인들의 살롱에도 드나들며 오페라와 연극 구경에도 시간을 많이 보냈다. 어떤 기록에는 귀부인들과의 만남이 늘어나면서 스미스가 새로 사들인 옷 목록이 적혀 있는데, 모두 꽤 비싼 고급의상이었다.

화려한 나이트 라이프에는 염문이 빠질 수 없다. 스미스 본인은 이에 관해 한마디도 남기지 않았음은 물론이다. 스미스의 염문도 파리에서 스미스를 만났던 사람들의 편지나 일기 같은 기록을 뒤진 스미스 연구자들의 추측이 나돌 뿐이다.101) 제일 먼저 스미스와 특수 관계로 의심받은 여성은 이 책 1장에서 잠깐 언급한 마리 장 리코보니다.

유명 배우였던 리코보니는 소설가로도 이름이 높았다. 리코보니는 스미스를 귀부인의 살롱이 아니라 프랑스를 좋아해 프랑스에서 살던 독일 귀족 돌바크의 살롱에서 처음 만났다. 돌바크는 스미스가 프랑스에 오기 전, 자신과 생각이 비슷한 프랑스 지식인을 모아 『도덕감정론』을 공동 번역시키고 그 작업을 총감독한 스미스 지지자였다.

리코보니 부인은 1766년 5월 스미스를 만난 직후 친구에게 보낸 편지에 "어제 스코틀랜드 사람 하나를 만났어. 왜 그리도 못생겼는지! 프랑스말도 잘 못 해. 큰 치아 사이로 말이 빠져나오는데, 참 힘들어 보였어. 이름은 스미스. 그가 쓴 책은 아직 안 읽어봐서 스코틀랜드에

---

101) 엔리크 게라 푸욜(University of Central Florida 교수)의 논문 「Adam Smith in Love」(경제의 저널 웟치 18-1)이 대표적이다. 이하 리코보니의 편지 등 205쪽까지 스미스의 여성 관계 문헌 인용은 이 논문에서 발췌.

산이 많다는 따위의 이야기만 나눴어. (하략)" 처음 만났을 때 스미스를 보잘것없이 본 리코보니는 10월에 동료 배우에게 편지를 쓸 때는 스미스의 매력에 푹 빠져 있었다. "스미스 선생의 일행이 된 게 너무 기뻐. 나는 애인이 언젠가는 떠나리라고는 전혀 생각하지 못했던 여학생처럼 그에게 깊이 빠졌어. 그와 있으면 언제나 즐겁고 기쁘니 이상하네. (이런 말하는) 나를 꾸짖고, 때리고, 죽여도 좋아. 그래도 나는 그를 추앙해! 악마가 지상의 모든 철학자를 데려가도 스미스만은 돌려주기를 바랄 뿐이야."

스미스도 리코보니의 풍부한 감정과 함께 문학적 재능을 인정해 『도덕감정론』 개정판에서 리코보니를 "사랑과 우정을 가장 섬세하고 아름답게 읊고 묘사한 문학인" 중 한 명이라고 기록했다.

스토아학파의 냉담(stoical apathy)함은 결코 사람들을 유쾌하게 할 수 없으며, 이런 종류의 냉담함을 지지하는 모든 형이상학적 궤변(Sophism)은 잘난 체하는 인간들의 가슴 속에 바람을 불어넣어 그들의 철석같은 심장을 이 철학이 본래부터 가지고 있던 뻔뻔하고 무례한 정도를 열 배나 키워주는 것 외에는 아무런 역할도 할 수 없다. 이런 점에서, 사랑과 우정을 가장 섬세하고 아름답게 읊고 묘사한 시인과 소설가, 개인의 감정과 가정적인 감정을 가장 잘 읊고 묘사한 시인과 소설가들, 즉 라신과 볼테르, 그리고 리처드슨과 모리보와 리코보니 등은 스토아학파의 철학자들인 제노와 크리시푸스, 또는 에픽테투스 등에 비하여 훨씬 좋은 교사들이다. (『도덕감정론』 3부 3장)

리코보니는 스미스의 매력-지성과 인품-에 반해 생각을 180도 바꾸었고, 스미스도 리코보니의 문학적 재능을 높이 사 『도덕감정론』에 그 이름을 남겨뒀지만 두 사람이 그 이상으로 엮인 증거는 없다. 리코보니가 스미스에 대한 열렬한 감정이 끓어 넘치는 편지를 남긴 것은 버클루 공작의 동생이 파리에서 급사하는 바람에 스미스와 버클루가 유럽 여행을 중단하고 귀국해야 하는 상황 탓일지도 모른다. 스미스가 갑자기 떠나게 되자 리코보니가 감정을 누르지 못한 상태에서 쓴 과장된 글이라는 분석도 있다.
스미스는 툴루즈에 머물 때 대수도원 원장 콜베르의 도움을 많이 받았다. 스코틀랜드 하일랜드의 중심 도시인 인버스 출신으로 흄의 사촌이기도 한 그는 일찍이 프랑스에 귀화해 커스버트(Cuthbert)라는 스코틀랜드식 성을 콜베르(Colbert)라는 프랑스 성으로 바꾸고 수도원장까지 지내게 됐다. 그가 1766년 9월 스미스에게 보낸 편지에도 스미스의 '여인' 이름이 다수 등장한다.

전혀 수도원장 같지 않은 어투로 쓴 편지에서 콜베르는 "야, 너 스미스, 이 글래스고 철학자, 귀부인들의 영웅이자 아이돌인 너 스미스, 어떻게 지내냐? 당빌 공작부인과 부플레 백작부인은 잘 다스리고 있지? 니콜 부인을 사랑하는 네 마음, 파이프(Fife-스미스의 고향 커콜디 지방)에 감춰둔 여인을 사랑하는 네 마음은 여전하지?"라고 여러 여인의 이름을 나열한다. 당빌 부인과 부플레 부인은 살롱을 하면서 스미스와 친해진 이름이지만 니콜 부인은 누구인지 드러난 적이 없다. 또 파이프의 숨겨진 여인은 스미스가 젊을 때 커콜디에서 잠깐 사귀었던 소녀일 가능성이 높으나 확실하지는 않다.

스미스의 연사가 언급된 기록은 이 외에도 몇 건 더 있으나 어느 것도 명확하지는 않다. 어떤 연구자는 스미스의 어머니와 함께 스미스를 평생 돌보다가 스미스보다 2년 전에 세상을 뜬 이종 누이 재닛 더글러스가 그의 숨겨진 애인이라고 주장하기도 한다. 역시 명확하지는 않다. 어쨌든, "여성에게 매우 무감각한 남자는 남자들로부터도 어느 정도 경멸의 대상이 된다"라는 말을 『도덕감정론』에 쓴 스미스에게 애인이 없었다고는 생각할 수 없을 것이다. 『도덕감정론』에는 이외에도 남녀 간의 애정과 심리 차이를 다룬 대목이 많다. 사랑해보지 않은 사람이 쓰기는 어려운 경험이 느껴지는 진실한 글들이나 스미스 전기작가들 가운데 이 문제를 진지하게 다룬 이는 별로 없다.[102]

다시 커피잔을 들어 남아 있는 커피 전부를 입에 털어 넣었다. 식었지만 맛이 있었다. 단맛까지 느껴졌다. 미제스와 하이에크를 스미스 선생에게 설명해야 한다는 중압감에서 벗어난 덕이리라. 식당에서 일어나 팬뮤어 하우스로 향했다.

하지만 내가 걱정해야 했던 것은 미제스와 하이에크에 관한 것이 아니었다. 현관 안으로 들어서자 문을 열어준 하녀가 낮은 목소리로 선생이 몸이 불편하니 말을 많이 시키지 않는 게 좋겠다고 말했다. 옆에는 열 살 안팎의 소년이 서 있었다. 하녀도 소년도 얼굴이 굳어 있었다.

---

[102] 로스는 "전기작가가 스미스의 여성 관계를 다루면서 고작 승화의 역사에 각주 하나 붙이는 것 외에 할 게 없으니 한심스럽다"라고 결론 맺었다. 『The Life of Adam Smith』 214쪽

소년은 스미스가 커콜디에서 에든버러로 이사할 때 데려온 조카 데이비드 스미스다. 스미스는 데이비드가 노인들만 사는 집에 활기를 불어넣어 줄 거라고 기대하고 데려와 상속자로 정했다. 데이비드는 스미스 사후 스미스의 저서 판권 등의 문제를 맡아 처리했다. 하녀는 스미스 선생이 장폐색으로 누워있다가 내가 온 걸 알고는 자리에서 일어나 앉아서 나를 기다리고 있다고 했다.

"어서 오시오."
 거실에 들어서자 그가 두꺼운 담요를 무릎에 덮은 채 의자에 앉아서 애써 쾌활한 목소리로 맞아주었다. 나를 걱정시키지 않으려는 배려가 깊이 느껴졌다.
"선생님, 편찮다는 말씀을 들었습니다. 속히 쾌차하시기를 바랍니다."
 이렇게 인사하고 그의 얼굴을 쳐다봤는데 병색이 뚜렷했다. 그는 하녀에게 "잠깐쯤 대화하는 건 괜찮겠지?"라고 말하고는 나를 보더니 "어제 모처럼 오이스터클럽 친구들과 점심 먹고 예전 이야기 나누면서 즐겁게 시간을 보내는데 갑자기 통증이 왔어요. 하지만 곧 괜찮아질 거요. 전에도 이런 일이 자주 있었거든. 이번에도 그때처럼 좀 쉬고 나면 거뜬해져서 친구들 만나러 다닐 겁니다.

그러니 정 선생은 걱정 그만해도 됩니다. 아직 만날 수 있는 친구가 있다는 게 얼마나 좋아. 허허허."라고 말했다.

그가 친구 좋아한 사람이라는 것은 일찍부터 널리 알려졌다. 친구들과 어울리려고 만든 클럽도 여러 개였다. 말년에 만든 오이스터클럽도 그중 하나다. 존 래는 스미스 전기에 "지금까지 스미스만큼 태어날 때부터 우정으로 가득한 사람은 없었다. 그는 인생의 모든 단계에서 친구들에게 둘러싸여 최고의 위안과 즐거움을 누렸다. 예외가 있다면 학교 당국과 교수들에게 시달렸던 옥스퍼드 유학 시절 6년뿐"103)이라고 썼다. 스미스도 『도덕감정론』을 마지막으로 개정하면서 새로 집어넣은 제6부 2편을 우정을 설명하는데 할애했다. "우정은 고상한 도덕적인 사람들 사이에서만 존재하고, 어느 한 사람에게만 국한되어 있을 필요가 없으며, 변덕이 죽 끓듯이 반복되는 친교는 아무리 좋은 것처럼 보인다고 해도 결코 우정이라는 신성하고 존경할 만한 이름으로 불릴 가치가 없다"라는 게 스미스의 생각이었다.

"그래, 글래스고는 잘 다녀왔지요? 어떻던가요?"

---

103) 존 래 『Life of Adam Smith』 27쪽

이렇게 물은 선생은 내가 대답하려는데 혼잣말처럼 계속했다.

"당연히 변했겠지. 거의 300년이 지났는데 변하지 않을 수 없지. 그저께 나가봤던 에든버러도 변했는데 …. 글래스고가 에든버러보다 변화가 더 빠를걸. 매일매일 번창하던 도시였으니까."

"예, 선생님 말씀이 맞습니다. 글래스고대학도 선생님 계시던 곳에서 다른 곳으로 옮겼던데요?"

"교수와 학생이 늘면 옮길 수밖에 없겠지요. 하지만 '로빈슨 크루소'를 쓴 대니얼 디포 선생이 대학교 교회를 '높고 위엄이 있어 글래스고 스카이라인을 지배하는 석조건물'이라고 찬탄했던 학교인데 그게 없어졌다는 말을 듣고서는 아쉬웠답니다."104)

"새로 옮긴 학교에는 선생님 이름을 붙인 건물이 있더군요. 경제학부로 쓰이는 그 건물도 벌써 고색이 창연해 선생님의 업적과 권위가 느껴졌습니다. 대학 본부에는 선생님 동상도 있었습니다."

"허허. 좋아요. 정 선생, 우리 이제 오늘 하기로 한 이야기를 합시다. 하이에크라는 사람이 왜 인류가 다시 노예의 길로 들어서고 있다고 걱정했나요? '노예의 길'이

---

104) 니컬러스 필립슨 『Adam Smith: An Enlightened Life』 39쪽

라는 제목으로 책도 썼다고 했지요? 나 죽은 다음에 무슨 일이 벌어졌기에 그런 말, 그런 책이 나오게 된 건 건가요?"

선생은 몸이 불편한 것은 아랑곳없다는 듯 질문을 시작했다. 자신의 사후 인류에게 닥친 불행, 인류를 다시 노예의 길로 밀어 넣으려는 세력이 생겨났다는 게 믿어지지 않기 때문일 것이다.

"선생님 돌아가신 후 인류는 대단한 경제적 진보를 이뤘습니다. 굶는 사람이 21세기에도 완전히 사라지지는 않았지만, 예전보다는 크게 줄었습니다. 선생님 활동하실 때, 그러니까 200여 년 전에는 95%의 인류가 극빈 상태에서 살았고, 1980년대 말에는 그 수치가 세계 인구의 3분의 1로 하락했으며, 2022년에는 10% 미만이 됐고, 지금도 하락 중입니다. 그 기간에 세계 인구는 10억 명에서 80억 명으로 늘어났는데도 말입니다."

"내가 예측했던 것이지요. 구체적인 숫자는 말하지 못했지만 추세는 그렇게 될 거라고 내다봤습니다."

"그러셨지요. 그렇지만 선생님 돌아가신 약 100년 뒤쯤 사회주의라는 풍조가 생겨났습니다."

"사회주의?"

"예, 선생님이 내다보신 것처럼 산업과 자유무역의 발

전으로 인류는 이전과는 비교할 수 없을 만큼 경제적 진보를 이뤘으나 그 진보가 가져온 이득을 즐기고 누리는 사람은 일부 자산가와 권력층일 뿐 서민들은 여전히 가난하다, 이를 바로잡으려면 국가는 가만 있을 것이 아니라 적극적으로 개입해야 한다는 게 사회주의의 요지라고 말씀드릴 수 있겠습니다만 ….”

"내가 부자들의 탐욕을 조심해야 한다고 그렇게 경고했건만 지켜지지 않았군요. ….”

말을 계속하려던 그가 갑자기 얼굴을 찌푸리면서 배를 눌렀다. 통증이 또 찾아온 것이다. 하녀가 이제 그만하라는 눈치를 보냈다.

"선생님, 곧 일어나실 겁니다. 쾌차하실 줄 믿습니다.”

그가 이제 곧 세상을 떠날 것임을 아는 나는 이 말만 하고 주섬주섬 일어섰다. 팬뮤어 하우스를 나와 무심코 캐넌게이트 길을 따라 내려오는데 교회 묘지를 지나게 되었다. 얼마 뒤면 "도덕감정론과 국부론의 저자 애덤 스미스의 유해가 여기 누워있도다.”[105]라는 비명(碑銘)이 '1723. 6.5~1790. 7.17'이라는 생몰 일시와 함께 무덤

---

[105] "Here are deposited the remains of Adam Smith author of the Theory of Moral Theory and Wealth of Nations.” 하일브로너는 『세속의 경제학자』 스미스 편에 "이보다 더 오래 갈 기념비를 생각하기는 어려울 것(It would be hard to conceive of a more durable monument.)"이라고 적었다.

위에 새겨질 터였다. 울컥해졌다. 그의 업적을 안다면 누군들 그냥 스쳐 지나갈 것인가.

10. 미제스와 하이에크, 스미스의 후계자들

<미제스가 사회주의의 물결을 멈추게 하고, 자유주의 시장경제 사상을 이끌어 갈 것으로 기대한, **"명확한 안목과 열린 마음을 가진 새로운 세대"**에는 프리드리히 폰 하이에크도 있었다.>

10. 미제스와 하이에크, 스미스의 후계자들

 오스트리아 출신 루트비히 폰 미제스와 프리드리히 하이에크, 사제 관계로 출발한 두 자유주의 경제학자는 스미스 사후 100년쯤 뒤에 나타난 사회주의가 그 달콤한 약속으로 사람들을 현혹하는 데 성공하고 세력을 전 지구적으로 확대해 나가려는 즈음, 사회주의의 허구를 밝혀내고, 사회주의는 결국 인류가 오랜 세월 어렵게, 어렵게 획득해온 자유를 파멸시킬 것이라고 과감히 예언했다. 사회주의가 상당 기간, 상당수의 사람을 고통과, 고통스러운 투쟁과, 고통 끝의 죽음으로 몰아넣은 것은 잘 알려진 사실이니 이들의 예언이 맞았네 틀렸네 더 거론할 필요는 없을 것이다.

 미제스와 하이에크 외에도 여러 학자와 정치인이 사회주의는 한낱 미망일 뿐임을 갈파하고 실증에 나섰지만, 이 둘만큼 일관되게 학술논쟁의 전면에 나선 사람은 찾기 어렵다. 미제스와 하이에크의 자유주의가 스미스에게서 비롯된 것처럼 사회주의 비판자들 역시 미제스와 하이에크에게 빚진 게 많다. 지난 세기, 사회주의의 물결 속에서 분투한 그들의 모습은 소수정예로 막강한 적군의 포위망을 뚫은 뒤 적군의 심장부를 정밀타격, 역습에 성공한 장수와도 같다는 생각이 든다.

■ 루트비히 폰 미제스(1881~1973)

미제스는 "분업이 인류를 자유롭게 했고, 자유는 분업을 촉진했다"라는 스미스의 기본 개념을 계승했다. "우리가 식사할 수 있는 것은 정육점 주인·양조장 주인·빵집 주인의 자비에 의한 것이 아니라 자기 자신의 이익에 대한 그들의 관심 때문이다. 우리는 그들의 인간성에 호소하지 않고 그들의 이기심에 호소하며, 그들에게 우리 자신의 필요를 이야기하지 않고 그들의 이익을 이야기한다"라는 스미스의 통찰은 미제스의 위대한 저서 『인간행동 Human Action』106)에서는 다음과 같이 서술된다.

"노동분업은 교란 없는 평화를 필요로 하기 때문에, 자유주의는 평화를 유지하기 쉬운 정부 체제, 즉 민주주의의 수립을 지향한다."(『인간행동』 2부, '사회와 노동 분업')

---

106) 독일어로 쓴 『인간행동』은 1949년 영어로 번역돼 비로소 국제적인 명성을 얻었다. 한국에서는 박종운 번역으로 '지식을 만드는 지식'에서 2011년 10월 출간됐다.

"자본주의에서 인간의 자유는 경쟁의 결과다. 노동자는 고용주의 총애에 의존하지 않는다. 소비자는 **상점 주인이 자비를 베풀어 주길 바라지 않는다**. 재화와 서비스의 교환은 상호적이고, 물건을 사거나 파는 것은 호의를 베푸는 것이 아니라 **각자 모두의 이기주의가 지령한 거래이기 때문이다**."(『인간행동』 4부, '자유')

미제스가 1940년 독일어로 출간한 『인간행동』은 "하나의 통일체로서의 경제과학을 마침내 달성한 책"이자 "제대로 된 경제학이 제시된 책"이라는 평가를 받은, "경제학에 관한 최초의 전반적인 이론서"이다.107) 미제스는 이 책에서 스위스의 시계제조업자와 캐나다의 밀재배 농가를 들어 분업과 자유의 관계를 설명한다.

"스위스 쥐라 지방 주민들은 밀 재배보다는 시계 제조를 선호한다. 그들에게 시계 제조는 밀을 얻기 위한 가장 저렴한 방법이다. 캐나다 농민들에게는 밀의 재배가 시계를 얻기 위한 가장 저렴한 방법이다. 쥐라 사람이 밀을 재배하지 않고 캐나다 사람이 시계를 만들지 않는다는 사실은 양복 만드는 사람이 자기 신을 구두를 만들

---

107) 미레이 라스바드 『루트비히 폰 미제스, 삶과 업적 핵심 정리』 61쪽.

지 않고 구두를 만드는 사람이 자기가 입을 양복을 만들지 않는다는 것만큼이나 뻔한 사실이다."(『인간행동』 4부)

분업에 관한 미제스의 견해는 쥐라 사람에게 "오늘부터 밀을 재배하라"라고 명령을 내린들 밀 농사가 제대로 될 수 없으며, 캐나다 농부에게 "당장 시계를 만들라"고 지시한들 시계가 만들어지지 않는다는 명백한 사실에 바탕을 두고 있다.

사람은 자기가 알아서 하는 존재이며, 자기가 알아서 하도록 하는 것이 풍요를 가져온다는 미제스의 믿음은 이런 사실로 더욱 확고해진다. 국가가 국민의 필요를 알아서 해줄 수 있다는 사회주의적 발상을 미제스가 혐오한 것은 이 믿음 때문이다. 사회주의의 이런 발상은 결국 개인의 자유를 박탈한다고 본 것이다.

"시장경제를 사회주의 계획경제로 대체하는 것은, 개인에게 모든 자유를 없애고 단순히 복종할 권리만을 남긴다. 모든 경제 문제들을 지휘하는 당국은 한 개인의 삶과 활동의 모든 면을 통제한다. 당국이 유일한 고용주다."

"시장경제가 그 구성원들에게 부여한 경제적 자유가 제

거되는 순간, 모든 정치적 자유와 권리장전들도 빈껍데기가 된다."

"자본주의 사회는 소비자들이 원하는 바에 따라 그들에게 보다 높은 보수로 보상해 주는 것 외에는, 사람들의 직업이나 일자리를 바꾸도록 강요할 수단을 가지고 있지 않다."

"소비자로서의 자격 면에서도 인간은 그에 못지않게 자유롭다. 자기 자신만이 무엇이 그에게 더 중요한지와 덜 중요한지를 결정하기 때문이다. 그는 자기 자신의 의지에 따라 그의 돈을 어떻게 써야 할지를 선택한다."(『인간행동』 4부 자유 편)

미제스는 "인간은 누구나 평등하게 태어났다"라는 말을 부정한다. "모두 평등하게 태어났다면 분업이라는 생활양식이 출현하지 못했고, 인류가 문명과 번영을 이룰 수 없었다"고 말했다. "인간은 불평등하게 태어났으며 이 불평등이 사회적 협동과 문명을 형성했다"라고 주장한 미제스는 지름이 같은 원들이 모여 있는 모습을 상상해 보라고 주문한다. "유클리드 기하학에서, 직경이 같은 원은 다른 원과 똑같은 것처럼 한 사람이 다른 사람들과 똑같다면 사람들은 분업을 하지 않았을 것이다."[108]

사람들이 모두 똑같다면, 모두 평등하다면, 그리고 그들이 처한 환경까지 동일하다면 캐나다 사람들은 밀 농사를 짓고 스위스 사람들은 시계를 만드는 분업은 나타나지 않을 것이다. 모두가 똑같다면 왕이 나타나지 않았을 것이고 대통령이 되겠다고 나서는 사람도 없을 것이다. 지름이 똑같은 원처럼 사람이 모두 똑같다면-즉 평등하게 태어났다면-서로 다른 일을 해야 할 이유가 없다.

사람은 알아서 선택하고 알아서 행동하는 존재이다. 미제스가 생각한 유클리드 기하학의 원은 공을 내려다본 모양이다. 크기가 제각각인 공을 커다란 통에 집어넣고 흔들면 각각의 공은 제 자리를 '알아서' 찾아 들어간다. 큰 공과 작은 공은 자연스럽게 어울린다. 인류가 문화적으로 진화해 온 과정도 마찬가지다. 각자가 알아서 해온 결과가 지금의 인류 문명이다.

"사람은 불평등하게 태어났다"라는 미제스의 믿음은 "법 아래에서는 누구나 평등해야 한다"는 믿음으로 발전된다. 미제스가 생각한 법 아래의 평등은 태어날 때의 불평등-신분, 재산, 신체적 불평등을 평평하게 하기 위한 것이 아니다. 어떤 법도 모든 사람을 같은 신분으로

---

108) 『인간행동』 314쪽

만들지 못하고, 어떤 법도 모든 사람의 재산을 평등하게 나누게 할 수 없고, 어떤 법도 모든 사람의 신체적 조건을 동일하게 만들 수 없다. 그러나 법 아래에서 평등하면 누구나 자신의 처지를 개선할 기회를 갖는다. 불평등이 분업을 촉구했고, 문명 발전을 가져왔으며, 물질적 복지를 향상시킨다. 미제스는 결과의 평등이 아니라 기회의 평등이 평등의 본질임을 '법 아래서의 평등'으로 강조한 것이다.

법 아래서의 평등은 인류 전체에게 거기서 도출될 수 있는 최대한의 편익을 보장하기 위한 장치였다. 법 아래에서의 평등은, 그것이 모든 사람의 이해관계에 가장 잘 봉사하기 때문에 좋은 것이다. 그것은 누가 공직을 맡을 것인가는 투표자에게 맡기고, 누가 생산활동을 지휘할 것인가를 결정하는 것은 소비자에게 맡긴다. (『인간행동』 서론)

미제스가 생각한 자유주의는 간단명료하다. "자유주의는 인간의 내면생활을 발전시켜 나아가는 데 필요한 외형적 전제 조건을 마련할 뿐이다." 미제스의 언명은 자유주의는 인간의 먹고사는 문제에만 관심이 있다는 뜻이다. 자유주의는 인간의 정신적, 형이상학적 욕구를 증진시키는 것과는 직접적인 관련이 없다는 뜻이기도 하다. 이 언명은 "배부르고 등 따습고"라는 한국 속담으로 바꿀 수 있다. 이 속담은 또 "곳간에서 인심 나고"라는 속담과 항산(恒産)이 항심(恒心)"[109]이라는 맹자의 가르침으로 대신할 수 있다. '깨닫기 위해' 스스로 고행을 자초하는 극소수를 제외한 대부분 인간은 배가 부르고 등이 따뜻해진 후에야 비로소 정신적 행복을 누리기 시작하기 때문이다. "더 많이 가졌다고 더 행복하고 덜 가졌다고 해서 덜 행복한 게 아니다"라는 말이 참이기는 하지만 아무것도 없는 상태에서는 결코 행복할 수 없는 게 인간이다. 자유주의의 본질에 대한 미제스의 생각을 그의 목소리로 직접 들어보자.

자유주의는 인류의 외부적이며 물질적인 복지를 증진하는 것 이외에는 관심이 없으며, 인간의 내면적이며 정신적이고 형이상학적인 욕구들에 대해 직접적인 연관이 없다. (중략)

---

[109] "재산이 어느 정도 있어야 바른 생각을 하며 사람 행세를 할 수 있다."는 뜻. 맹자 양혜왕(梁惠王) 편 상.

그러나 이와 같은 맥락에서 자유주의를 비판하는 것은 비판자들이 보다 더 높고 고상한 이러한 욕구들에 대하여 아주 불완전하며 물질적인 관념을 지니고 있음을 드러낼 뿐이다. 사회정책은 주어진 수단을 사용하여 인간을 부유하거나 가난하게 만들 수는 있으되 사람들을 행복하게 하거나 가장 내면적인 바램을 만족시켜주지는 못한다. 사회정책이 할 수 있는 일이란 고통과 고난의 외형적 원인을 제거해주는 것일 뿐이다.

배고픈 사람들을 먹이고 헐벗은 자들을 입히며 집이 없는 이들에게 집을 마련해주는 제도를 더욱더 발전시켜 나아갈 수는 있다. 그러나 행복이나 안분, 자족은 의식주의 풍요함에서 얻어지는 것이 아니다. 오직 각자가 내면적으로 소중히 가꾸어 나아가고 있는 것들에서 나오는 것이다.

자유주의가 인류의 물질적인 복지에만 관심을 쏟는 것은 그것이 정신적인 것들을 경멸하고 있기 때문이 아니라 어떠한 외형적인 규제로도 인간의 가장 내밀하고 고상한 것에 도달할 수 없다는 확신 때문이다. 인간의 내면적이며 정신적인 풍요는 밖에서 주어지는 것이 아니라 마음에서 나오는 것임을 알기 때문에 자유주의는 인간의 외형적인 복지만을 추구하는 것이다. 즉 자유주의는 인간의 내면생활을 발전시켜 나아가는 데 필요한 외형적 전제조건들을 마련하는 것만 목표로 하고 있다. (『인간행동』 34쪽)

『인간행동』을 출간하기 훨씬 전인 1922년 미제스는 사회주의 비판서 『사회주의』110)를 내놓았다. '사회주의의 종말을 내다본 예언서'로 평가받는 책이다. 윤리적, 철학적 근거로 사회주의를 비판했던 이전 사회주의 비판자들과는 달리 미제스는 이 책에서 부인할 수 없는 경제이론 -경제적 계산에 관한 이론-으로 사회주의가 허망한 이념임을 증명했다.

『사회주의』에서 미제스는 "사유재산을 인정하지 않는 사회주의 체제에서는 가격이 시장에서 정해지지 않는다. 시장가격이 없으므로 어떤 경제적 행위도 계산할 수 없다. 사회주의는 존립할 수 없다. 사회주의는 망한다"라고 역설했다.

미제스는 사회주의 계획경제를 속도계를 운전자가 조정할 수 있는 자동차에 비유했다. "정부와 같은 시장 외부의 힘이 가격의 결정에 간섭하는 것은 달리는 자동차의 속도를 속도계의 바늘을 움직여 규제하려는 것과 다를

---

110) 『사회주의』도 '지식을 만드는 지식'에서 국내 출간됐다.

바 없다."

실제로는 시속 50km로 달릴 수밖에 없는 자동차의 속도계를 시속 100km에 고정해놓고 "이 자동차는 시속 100km까지 달립니다"라고 속이는 게 사회주의 계획경제라는 말이다. 탑승자들이 속도를 알지 못한 채 굴러가는 자동차(가격을 알 수 없는 경제체제)는 조만간 어딘가에 부딪히거나 굴러떨어져 자동차는 못 쓰게 되고, 타고 있는 사람은 크게 다치거나 죽는 상황을 피할 수 없다.

경제계산이 불가능하므로 사회주의는 존속할 수 없다는 미제스의 확신은 소련이 붕괴함으로써 증명됐다. 아래 한국의 한 사유주의지의 칼럼은 미제스의 확신이 현실로 나타나는 과정을 쉽고 정확하게 설명해준다.

미제스의 통찰력은 예리했다. 그는 일찍이 사회주의 '경제계산 논쟁'을 통해 소련의 붕괴를 예언했다. 사회주의는 생산수단의 사적소유를 금지하는 체제다. 따라서 사회주의 체제에선 생산수단의 거래가 이뤄질 수 없고 화폐 가격이 매겨질 수 없어 그 희소성 정도를 알 수 없다. 그 결과 여러 생산방법 중에서 어떤 방법이 가장 저렴한지 판별할 수 없다.

자본재 시장이 존재하지 않음에도 사회주의가 그나마

굴러갈 수 있었던 것은 자본주의 국가의 자본재 각각의 '시장가격'을 참고했기 때문이다. 자본재 가격체계를 모방함으로써 가격정보 부족을 메울 수 있었다. '지하경제' 도 한몫했다. 계획경제에서 일종의 불법 기업인 '톨카치' 는 부족할 것으로 예상되는 생산자원을 비축하고 비싼 가격에 이를 필요로 하는 공식 부문과 '암거래'했다. 권력층과 먹이사슬을 형성해 부패를 수반했지만, 일정 부분 자원배분 역할을 수행하는 '유사 시장'으로 기능했다. 이 같은 '유사 시장'이 효율적으로 작동할 수는 없었다. 비효율이 누적된 소련은 서서히 붕괴했다. 경쟁을 통한 시장규율이 작동하지 않는 체제는 비효율적이고 부패할 수밖에 없다는 미제스의 통찰이 옳았던 것이다."[111]

분업이 자유와 풍요를 가져오고 풍요로 자유가 유지되는데, 자유를 억압하고 풍요도 사라지게 할 사회주의가 세력을 얻게 된 이유를 미제스는 도시에 살면서 '수렵적' 혹은 '농경적' 사고로 사는 사람들 때문이라고 봤다. 도시가 발전, 팽창하면서 뒤늦게 도시로 이주한 수렵민 혹은 농경민이 도시적 생활에 적응하지 못하고 예전의 생

---

[111] 조동근(1953~ . 전 명지대 교수)「미제스의 경제계산 논쟁과 공기업 개혁」 2013.12.20.일자 한국경제.

활 습속을 계속하려는 사람들이 오래전에 그런 습속에서 벗어난 도시민들과 빚게 되는 갈등-주로 폭력을 통해 표출되는-이 사회주의가 힘을 갖게 한 원인이라는 게 미제스의 생각이었다. 여기서 도시는 현대적 도시가 아니다. 분업에 기초한 교환경제가 이뤄지는 곳, 즉 시장이 형성된 곳, 그 시장을 중심으로 경제가 돌아가는 곳, 둘 이상의 씨족이 모이고, 둘 이상의 부족이 모인 곳이 미제스가 생각한 도시다. 미제스는 사회주의 세력이 강력해지면서 자유주의를 기반으로 발전해온 우리의 문화-부르주아 정신으로 채워진-가 파멸되는 것처럼 보인다고 우려했다.

이주자들은 곧 도시에서 자리를 잡았고, 외적으로는 도시적 생활방식과 의견을 받아들였다. 그러나 상당 기간 그들의 사고는 도시적 사고에 이질적인 채로 남아 있었다. 사람은 얼굴에 화장을 새로 하는 것처럼 자기 자신의 사회 철학을 쉽게 만들 수 없다. 그것은 사고를 하는 노력을 통해서 획득해야 한다. 그래서 우리가 역사에서 거듭 발견하는 것은, 사고 면에서 자유주의 세계가 강하게 진보적 성장을 보이는 시기, 부가 노동의 분업 발전과 함께 증대하는 시기와 폭력의 원리가 우월성을 획득하고 노동의 분업이 쇠락해서 부가 줄어드는 시기가 서로 교대한다는 점이다.

 도시의 성장과 도시 생활의 성장은 엄청나게 빨랐다. 그것은 내적으로 심화된 것이라기보다는 외적으로 확장된 것이었다. 도시에 새로 거주하는 사람들은 겉으로만 시민이 되었을 뿐, 사고방식은 시민이 아니었다. 그들이 우세해지면서 도시의 정서도 쇠퇴했다. 이러한 암초에 걸려 자유주의라는 부르주아 정신으로 채워진 모든 문화적 시기도 파멸되어 갔다. 이러한 암초에 걸려 역사에서 가장 경이로운 것이었던 우리의 부르주아 문화도 파멸되어 가는 듯이 보인다. 외부에서 장벽으로 쇄도하는 야만인들보다 더 위협적인 것은 내부의 겉만 그럴듯한 시민들, 몸짓을 보면 시민이지만 사고에서는 시민이 아닌 사람들이었다."(『사회주의』51~52쪽)

 미제스가 자신의 사상을 형성하고 발전시키던 19세기 말~20세기 초 오스트리아 빈은 파리, 베를린과 함께 유럽 문명, 유럽문화의 중심지였다. 문학 미술 음악 등 예술은 물론 철학과 자연과학 연구도 물이 오르고 있었다. 경제학, 법학 등 사회과학에서도 뛰어난 연구 성과가 쏟아지고 있었다. 당연히 미제스와 같은 빈의 지식인들은

빈의 문화에 대한 자부심도 높았다.112)

폴란드에서 태어난 유대인인 미제스는 조부를 따라 오스트리아로 왔다. 그의 조부 때인 1867년 오스트리아 제국은 "황제의 모든 신민은 생명과 재산의 안전을 보장받는다. 모든 신민은 표현과 언론의 자유, 직업과 기업 설립의 자유, 종교의 자유, 주거이전의 자유, 모든 인종은 법 앞에 평등하다"는 내용으로 헌법을 개정했다. 오랫동안 시민권과 경제적 자유에 제한을 받고, 심지어는 주거지까지 제한됐던 오스트리아 유대인들에게 처음으로 상업적, 시민적 자유가 허용됐다. 빈의 모든 분야에서 유대인들은 존재감을 형성하게 됐다.

20세기 초반 빈 변호사와 의사의 50% 이상이 유대인이었으며, 진보적 매체 대부분이 유대인 소유였고, 유대인이 편집했다. 빈 기자협회 회원 50% 이상이 유대인이었으며, 빈 대학 법대 교수 37%, 의대 교수 51%가 유대인이었다. 문학과 연극, 음악 그리고 미술에서도 유대인은 확실한 존재감을 보였다.113)

미제스도 헌법 개정의 혜택을 보았다. 미제스의 학부

---

112) 이 시기 빈의 문화적 상태는 칼 쇼르스케의 『세기말 빈』(김병화 역, 글항아리) 및 판 빌리하스의 『세기말과 세기초:벨 에포크』(김두규 역, 까치글방) 참조.
113) Richard M. Ebeling, 「Ludwig von Mises and the Vienna of His Time (part 1.)」, Foundation of Economic Education, 2005.3.1

시절, 빈 대학 재학생의 44%가 유대인이었다. 친구로서 함께 빈 대학을 다닌 한스 켈젠(1881~1973)처럼 법률가가 되려던 미제스는 앞 세대 자유주의 경제학자였던 칼 맹거(1840~1921)와 오이겐 뵘바베르크(1851~1914)의 영향으로 전공을 경제학으로 바꾸었다. 졸업 후 오스트리아 재무부에서 들어간 미제스는 1차세계대전에 장교로 참전, 우크라이나와 이탈리아, 루마니아 전선에서 싸웠으며, 종전 후에는 재무부로 돌아가 오스트리아 경제 재건에 참여하는 한편 빈 대학에서 강의했다.

빈 대학 교수가 되려던 미제스의 희망은 이뤄지지 않았다. 하이에크는 그가 '유대인을 반대한 유대인'이었던 게 이유라고 보았다. 사회주의자가 훨씬 많았던 당시 빈 대학 유대인 교수들은 미제스가 교수가 되면 사회주의의 공격에 앞장설 것을 우려했다는 것이다. 하지만 빈의 문화계와 학계에 유대인 진출이 늘어나면 빈의 정신이 유대화되는 것을 막으려던 반유대주의 때문이라는 분석도 있다.114) 빈의 산업과 금융은 이미 유대인 자본이 깊이 진출한 상태였다.115)

교수가 되지 못한 미제스는 강사로서 대학에서 강의하

---

114) Ebeling. 위의 논문.
115) 당시 빈 최고의 부자는 유대인으로 철학자였던 비트겐슈타인의 아버지였다. 그는 철강업으로 부자가 됐다.

면서 1920년에는 일터인 빈 상공회의소에 방을 얻어 매주 금요일 저녁 사설 세미나를 열어 자유주의에 기반한 경제학을 강의했다. 미제스가 양보 없는 주장과 허점이 안 보이는 논리를 마음껏 발휘한 이 세미나는 곧 수백 명이 참석하는 빈 최고의 세미나이자 포럼으로 자리 잡았고, 세미나 참석 초대장은 그 자체로 영광의 증명서가 됐다.

　미제스는 금요일 저녁 세 시간에 걸친 세미나가 끝나면 열렬 지지자들을 근처 카페로 끌고 가 다음 날 새벽까지 2차 '세션'을 진행했다. 빈에는 19세기 말~20세기 초까지 지식인과 예술가들이 진을 치고 학문과 예술과 삶을 논하던 저마다의 단골 카페가 수없이 많았다. 1876년에 개업한 후 프로이트 알덴베르크 트로츠키 클림트 심지어 히틀러도 단골이었던 카페 '첸트럴Central'처럼 일부는 현재에도 영업 중이지만, 미제스가 추종자들과 함께 2차 세션을 열었던 카페 '쿤스틀러(Kunstler)'는 사라졌다. 남아 있었더라면 자유주의 경제학자들의 순례지가 되었을 것이다.

　빈 지식인 사회에 자유주의의 영향력을 넓혀 준 미제스의 사설 세미나는 1934년에 막을 내렸다. 나치 독일의 유대인 탄압이 갈수록 잔혹해지리라고 내다본 미제스가 스위스 제네바로 도피했기 때문이다. 제네바에서의 미제스의 삶은 수입이 크게 줄어들어 곤궁했다. 물질적 여유는 줄었어도 제네바에서 미제스의 정신적 만족도는 높아졌다. 제네바 대학이 교수로 뽑아주었기 때문이다.

미제스의 스위스 생활은 오래 가지 못했다. 1939년 나치 독일의 폴란드 침공으로 시작된 2차 세계대전이 네덜란드, 벨기에, 노르웨이, 덴마크, 스웨덴 등 유럽 전역으로 확전되자 미제스는 1940년 가을 미국으로 도피했다.

미국에서 미제스는 처음에는 강의를 맡지 못했다. 정부의 적극 개입을 전제로 하는 루스벨트의 뉴딜정책을 부정하는 미제스의 자유주의-정부 간섭은 무조건 극소화해야 한다-는 환영받을 수 없었다. 경제적으로도 곤궁해져 늦은 나이에 결혼한 부인과 함께 삼류 호텔 방을 전전하며 비관에 빠져 있던 미제스는 비관주의는 아무 도움이 안 되며, 경제학자로서 자신의 본분을 다하겠다고 결심하게 된다. 또 그를 도우려던 미국 자유주의자들의 노력도 열매를 맺어 볼커 재단(Volker Foundation)[116]에서 경제적 지원을 받은 데 이어 뉴욕 대학교 경영대학원에

---

116) 미국 캔서스주의 부자 윌리엄 볼커가 1932년 설립한 자선재단. 자유주의 시장경제주의자들을 지원했다.

서 초청 교수로 강의도 하게 됐다.

 미제스는 빈곤을 경험하지 않고 성장한 사람들이 사회 실상을 거짓되게 설명, 해석하는 것을 한심하게 생각했다. 오스트리아에서 그랬던 것처럼, 미국에서도 '강남좌파'를 경멸했다. 그가 1956년에 출판한 『자본주의 정신과 반자본주의 심리(The Anti-Capitalistic Mentality)』[117]는 미국식 강남좌파 경멸에 많은 부분을 할애하고 있다. 이 책에서 미제스는 미국판 강남좌파들은 당시 지식인 사회의 유행에 따라 사회주의 이론을 먼저 접한 상태, 즉 이미 '사회주의에 오염된' 상태에서 사회를 보았기 때문에 그들의 자본주의 비판은 오류가 가득할 수밖에 없다고 비판했다. 그들이 묘사한 불쌍한 사람들의 처참한 모습은 자본주의 때문이 아니라 자본주의를 부정한 사회주의적 발상 때문이라는 걸 모르거나 무시한 결과라고 분석했다. 자본주의로 인해 가능해진 대량생산 덕분에 왕정 시대, 귀족 시대의 노예 상태에서 벗어나 예전보다 월등히 잘살게 됐음은 망각하고 오히려 자본주의 때문에 삶이 나빠졌다는 엉터리 주장을 펼쳤다는 것이다.

---

117) 김진천 번역으로 한국경제연구원에서 나왔다.

미제스는 불우한 환경에서 태어나 자신이 성장한 환경, 굶주리고 헐벗은 채 자라난 자신의 이야기를 사회주의적 소설이나 희곡으로 '상품화'해서 예술적, 경제적 성공을 거둔 문화·예술인들을 경멸했다. 자본주의 덕분에 성공했음에도 사회주의를 찬양하자고 지속적으로 주장하는 이런 사람들의 작품은 본질상 거짓이며 비윤리적이라는 것이다. 이런 사람들이 지성인의 표상이 되고 그들의 작품이 인기를 얻는 것을 미제스는 걱정했다.

미국 전역을 여행하며 자유주의를 강연했던 미제스는 할리우드에서는 배우와 감독 등 영화산업 종사자들이 자본주의적으로 부와 명성을 얻었으면서 사회주의자가 되어 영화나 드라마로 사회주의를 옹호하고 자본주의를 무너뜨리는 데 앞장서게 된 것도 마찬가지라고 비판했다.

브로드웨이와 할리우드의 공산주의-이들이 누리는 부의 본질은 재화를 생산하는 기업가와 같다. 그러나 기업가는 예측을 어느 정도 할 수 있지만 연예에 대한 대중의 기호는 예측이 안 된다. 대중들은 권태롭기 때문에 오락을 갈망한다. 그리고 이미 여러 번 경험하여 익숙해진 오락처럼 사람들을 지겹게 하는 것도 없다. 연예업의 본질은 다양성이다. 고객들은 새롭고 예기치 못한 것, 놀라운 것에 가장 많은 박수갈채를 보낸다. 연예계 인물들은 언제나 변덕스러운 대중을 두려워한다. 불안감이 깊다. 그래서 공산주의야말로 모든 사람을 행복하게 해준다는 말에 속아 여기에 빠진 것이다. (『자본주의 정신과 반자본주의 심리』)

신념의 강도에 따라 자유주의 경제학자들을 한 줄로 늘어세워 사진을 찍는다면 맨 앞에 서 있을 사람은 미제스이다. 2차 세계대전이 끝나고 약 2년이 지난 1947년 4월 1일부터 열흘간 제네바 호수가 내려다보이는 스위스 몽페를랭 산속 호텔에서 열린 '몽페를랭 소사이어티' 창립총회에서 있었던 미제스의 언행이 그 첫 번째 증거가 될 것이다. 다음은 그 세미나에 참석했던 밀턴 프리드먼(1912~2006, 1976년 노벨 경제학상 수상자)이 회고록에 남긴 그 장면과 앞뒤 사정.

"(갑자기) 미제스가 일어나더니 참석자 모두에게 '당신들 모두 사회주의자로군!'이라고 소리치고는 밖으로 뛰쳐나갔다. 그 회의는 어떤 기준으로도 사회주의자라고 불릴 만한 사람이 하나도 없는 자리였는데도 말이다."[118]

---

118) Milton Friedman, 'Two Lucky People-Memoir'. Richard M.

몽페를랭 소사이어티 창립총회는 하이에크의 구상으로 열리게 됐다. 2차 세계대전이 끝나기 전에 이미 독일의 패배를 내다본 하이에크는 종전이 되면 승전국 러시아 (옛 소련)의 공산주의자들과 이들에게 동조하는 서유럽 사회주의자들이 서유럽 국가들의 정치 경제 사회 문화 분야를 침식, 이들 나라를 지탱해온 자유주의를 근본부터 위협할 것이라고 보았다. 그는 1944년에 쓴 『노예의 길』에 이런 전망을 펼쳐놓았는데, 이 책이 미국과 서유럽에서 예상 밖의 주목을 받게 되자 하이에크는 자유주의를 지키는 방법을 함께 모색해보자며 당대의 자유주의자들을 몽페를랭으로 불러 모았다.

참석자는 하이에크, 미제스, 카를 포퍼, 프랭클린 나이트, 조지 스티글러, 라이오널 로빈스, 마이클 폴라니 등등 39명[119]. 한 명도 빠짐없이 개인적 자유와 경제적 자유의 중요성을 전파하고 지키는 데 앞장선 사람들이다. 미제스가 예순여섯으로 가장 연장자였고, 프리드먼이 서른다섯으로 가장 젊었다. 모두가 사회주의에 반대했지만

Ebeling, 'In the Beginning: The Mont Pelerin Society, 1947', American Institute for Economic Research, 2022.5.29.에서 재인용
[119] Richard M. Ebeling, 'In the Beginning: The Mont Pelerin Society, 1947', American Institute for Economic Research, 2022.5.29. Ebelimg의 이 글은 2022년 4월 몽페를랭 소사이어티 창립 75주년을 맞아 발표됐다.

모두 자유방임주의자도 아니었다. 다수는 자유를 보호하기 위해서는 "국가의 개입이 필요한 부분이 있다"[120]고 믿은 반면 미제스는 "중앙은행이 관장하는 화폐 발행도 자유롭게 해 '경쟁력(구매력)'이 가장 높은 화폐를 소비자가 선택하도록 하자"라는 주장까지 서슴없이 내놓았다.[121] "어쨌든 창립총회는 미제스 한 사람 대 나머지 참석자 전원의 대결이었다."[122]

열흘 동안 열아홉 번 회의를 열기로 예정된 몽펠르랭 창립총회 첫날 첫 번째 회의에서 고함과 함께 회의장을 떠난 미제스가 나머지 회의에서는 어떻게 했는지 모르지만, 그의 이처럼 철저한 자유주의 신념이 사회주의의 기세를 꺾는데 크게 기여했다고 봐야 한다. 비록 그때는 괴팍한 망명 원로학자의 별 효용 없는 고집으로 받아들여졌을지도 모르지만.[123]

---

120) 빈곤층을 자유롭게 하려면 '부의 소득세(Negative Income Tax)'를 도입해야 한다고 한 밀턴 프리드먼을 말한다. 몽페를랭 창립총회에서 미제스가 자리를 박차고 일어난 것은 프리드먼이 소득분배와 관련해 '부의 소득세'를 도입해야 한다고 주장했기 때문이라는 설명도 있다. 니컬러스 웝숏, 『케인스와 하이에크』(김홍식 역, 부키)
121) 비트코인 등 중앙은행과는 무관하게 민간이 발행한 가상화폐의 등장이 미제스의 이 주장을 뒷받침하는 것인지도 모른다.
122) Richard M. Ebeling, 'In the Beginning: The Mont Pelerin Society, 1947', American Institute for Economic Research, 2022.5.29
123) 머레이 라스바드는 『루트비히 폰 미제스, 삶과 업적 핵심 정리』에서 미제스의 업적을 정리하면서 "그는 신념을 지키는 데는 단호했지만, 인

좋은 책은 좋은 서문으로 시작한다. 좋은 서문은 독자를 자연스럽게 본문으로 인도한다. '행운'이 작용해 미제스의 책을 몇 권 읽게 된 사람으로서, 이런저런 사정으로 아직 미제스를 못 읽은 분을 위해 감히 말한다면, 어떻게든 시간을 내서 『사회주의』의 서문만이라도 읽기를 권한다. "사회주의는 왜 안 될 수밖에 없는가?", "마르크스는 왜 사회주의라는 장막으로 세계를 뒤덮으려 했는가"를 '과학적', '역사적'으로 날카롭게 분석한 서문은 22쪽 전체(번역판 기준)가 독자에게 주는 자유주의의 교훈으로 가득하지만, 그중에서도 가장 감동적인 부분은, 마지막 세 문단이다.

"대중에게는 사회주의의 표어들이 매혹적으로 들리고, 그들이 열병(熱病)을 앓으면서 사회주의가 완전한 구원을 가져올 것이라고 기대하고 자신들의 복수 염원까지 충족할 것이라고 기대하기 때문에, 사람들은 초조하게 사회주의를 바란다. 그래서 그들은 사회주의를 위해서 계속 일하려고 할 것이고, 그럼으로써 서구 민족들이 수천 년 동안 쌓아 올린 문명이 불가피하게 쇠퇴하는 것을 도울 것이다. 그렇게 되면 우리는 불가피하게 혼돈과 비참, 야

간적으로는 매우 따뜻한 사람"이라고 했다.

만주의의 암흑 그리고 멸종을 향해 표류할 수밖에 없다.
 나는 이런 우울한 견해에 공감하지 않는다. 그런 일이 일어날 수는 있다. 그러나 그렇다고 해서 그런 일이 일어날 필연이 있는 것은 아니다. 인류 대다수가 어려운 일련의 사고들을 따라갈 수 없다는 것, 어떠한 학교 교육이라고 해도 가장 간단한 명제조차 파악할 수 없는 사람들로 하여금 복잡한 명제들을 이해하도록 돕지 못하리라는 것은 옳다. 그러나 대중은 스스로 생각할 수 없기 때문에 교양이 있다고 불리는 사람들의 지도를 따른다. 일단 대중에게 이 점을 설득하면, 우리는 게임에서 승리한 것이다. 그러나 나는 이 자리에서 이 책 제5부 제35장 3절 '사상전'에서 말한 것을 되풀이하진 않아도 될 것이라고 본다.
 사회주의 사상의 열정적인 지지자들에게 그들의 견해가 말도 안 되고 어리석은 것이라고 논리적 입증을 통해 설득하는 것이 얼마나 가망 없는 짓인지는 나도 잘 알고 있다. 나는 그들이 들으려 하지 않고, 보려 하지 않고, 혹은 무엇보다도 생각하려 하지 않는다는 것을, 그리고 어떤 주장에도 마음을 열지 않고 있다는 것을 잘 알고 있다. 그러나 **명확한 안목과 열린 마음을 가진 새로운 세대**가 자라고 있다. 그들은 사심이 없고 편견에 치우치지 않은 관점에서 사물들에 접근할 것이고, 저울질도 하고 검토도 할 것이며, 생각도 할 것이고, 사전에 숙고하고 난 뒤 행동할 것이다. 이 책은 그들을 위해서 쓴 것이다."

미제스가 사회주의의 물결을 멈추게 하고, 자유주의 시장경제 사상을 이끌어 갈 것으로 기대한, **"명확한 안목과 열린 마음을 가진 새로운 세대"**에는 프리드리히 폰 하이에크도 있었다.

■ 프리드리히 A. 하이에크(1899~1992)

2019년 3월 초 영국 경매회사 소더비의 온라인 경매에 낡은 책 두 권이 나왔다. 애덤 스미스의 『국부론』 1권과 2권이다. 애덤 스미스가 이 책을 쓴 것은 1766년. 경매에 나온 책은 1911년 판. 인쇄된 지 108년이 됐으니 이 책도 골동품으로서의 가치가 전혀 없지는 않겠지만 세계 최고의 경매인 소더비에 나올 만한 물건은 아니었다.

그럼에도 이 경매는 상당한 주목을 받았다. 영국 일간지 가디언 등 다수의 매체가 기사로 다뤘다. 원래 주인이 자유주의 시장경제의 수호자 프리드리히 A. 하이에크였기 때문이다.

　책 여백에는 연필로 쓴 주석과 메모가 있었고, 흰 종이를 찢어서 만든 북마크가 여러 페이지에 꽂혀 있었다. 어떤 페이지는 귀퉁이가 살짝 접혔다. 소더비 측이 판매 가격을 3,000~5,000파운드로 예상한 이 책은 50명이 경쟁을 벌여 15만 파운드를 제시한 사람의 소장품이 되었다.[124] 자유주의 시장경제 체제를 사랑하는 사람일 것이다.

　소더비 온라인 경매에는 국부론 외에도 하이에크의 유품이 여러 점 나왔다. 1974년에 받은 노벨 경제학상 메달과 그가 여러 명저를 쓸 때 사용한 타이프라이터와 책상도 있었다. 책도 여러 권 경매에 부쳐졌는데, 제일 돋보이는 건 1944년에 출간돼 영국과 미국 자유주의자와 보수 정치인들에게 사회주의의 위협을 일깨운 『노예의 길(The Road to Serfdom)』 번역판 모음이었다.[125]

　마거릿 대처 전 영국 총리가 하이에크를 기리기 위해 의회에서 낭독한 연설문 원본, 하이에크가 로널드 레이

---

124) 2019년 3월 19일 소더비 홈페이지 'Friedrich von Hayek: His Nobel Prize and Family Collection' 참조
125) 『The Road to Serfdom』은 한국에서도 여러 차례 번역, 출간됐다. 이 책은 2018년 자유기업원에서 출간된 『노예의 길』(김이석 역)을 참조, 인용했다.

건 전 미국 대통령과 찍은 기념사진 및 레이건이 그에게 수여한 메달과 커프스링크도 나왔다. 대처와 레이건은 하이에크가 제시한 작은 정부, 최소한의 시장 개입 등을 기본 뼈대로 경제정책을 수립, 집행했다. 대처 총리는 옥스퍼드 재학 중 『노예의 길』을 읽은 후 평생 하이에크 신봉자가 됐다.126)

1940년에 쓰기 시작, 3년이 걸려 완성한 『노예의 길』은 "우리는 그동안 경제적 문제에서 자유를 야금야금 포기해 왔다. 하지만 지난 역사를 보면 경제적 자유 없이는 개인의 자유와 정치적 자유도 존재하지 못했다."127)라는 인식에서 출발한다.

『노예의 길』에서 하이에크는 "국가이건 민족이건 개인의 자유보다는 사회 전체, 집단 전체의 이익을 중시하는 순간 그 사회는 인류가 간신히 빠져나온 노예의 길로 되돌아가게 된다"라고 봤다. 그는 이 생각을 "세상을 천국으로 만들어 주겠다는 사람들 때문에 세상은 지옥으로 떨어지게 된다"라고 압축했다.128) "모든 집단주의자는

---

126) 대처는 자신의 경제정책에 의원들이 왈가왈부하자 핸드백에서 하이에크의 『자유 헌정론(Liberty of Constitution)』을 꺼내 테이블에 던지면서 "여기에 모든 게 다 들어있소!"라고 소리쳤다. "하이에크부터 읽은 후 반대하라"라는 거였다.
127) 『노예의 길』 역자 서문.
128) "국가가 지옥이 된 것은 국가를 천국으로 만들려고 했기 때문"이라는

자신들의 말을 듣고 따르면 천국과 같은 삶, 풍족하고 평등하게 살 수 있다고 사람들을 유혹하지만, 그 말을 듣는 순간 사람들은 그들의 노예가 되어 지옥으로 가는 길을 걷게 된다"고 믿었다.

 하이에크가 "노예의 길로 가지 말라"라고 우선 경고한 국가는 런던대학 경제학 교수로서 활동하고 있던 영국이었다. 오스트리아 출신으로 독일을 피해 영국에서 학생들을 가르치며 시민권까지 취득한 그는 영국 지식층과 지도층이 나치 독일의 국가사회주의와 소련의 마르크스-레닌 사회주의에 경도되는 것을 보고 경악했다.
 그는 『역사란 무엇인가』로 한국에서도 이름이 알려진 역사학자 E.H. 카(1892~1981)를 '몽매한 영국 지식인'의 대표로 꼽았다. 하이에크는 『20년의 위기』와 『평화의 조건』 등 카의 저작을 읽다가 "앞으로 전쟁을 막으려면 서유럽 국가들은 사회주의 경제 체제를 선택해야 한다"라는 대목 앞에서는 분노를 견딜 수 없었다.
 하이에크는 카의 이 말을 놓고 "동유럽 사회주의 혁명에 쓰였던 독일식 전쟁표어를 완전히 자신의 것으로 삼고 있다"라고 개탄했다. 다음은 하이에크가 카를 비판하

독일 시인 프리드리히 횔덜린(1770~1843)의 시를 인용한 것이다.

기 위해 『노예의 길』에 옮겨 놓은 카의 언사 중 일부.

"승전국들이 평화를 잃었고, 소비에트 러시아와 독일이 평화를 얻었다. 그 이유는 승전국들은 한때 유효했으나 이제는 파괴적 이상이 된 국민의 권리와 자유방임 자본주의를 아직도 계속 설교하고 있으며, 부분적으로 이를 적용하고 있지만 20세기의 물결에 실려 의식적이든 무의식적이든 전진해온 패전국들은 중앙계획과 통제 아래 대규모 사회에서 세계를 구축하려고 노력했기 때문이다."
"지난 전쟁에서 시작된 혁명, 지난 20년 동안 모든 중요한 정치적 운동의 추진력이 되었던 이 혁명은 … 19세기의 지배적 사상들, 즉 자유민주주의, 국가 자결주의와 자유방임 경제사상에 대한 혁명이다."
"일정한 정도의 자급자족을 인위적으로 창출하는 것이 질서 잡힌 사회적 존재의 필수조건이다."
"'무역장벽의 제거' 혹은 '19세기 자유방임 원칙의 소생'을 통해 보다 분산되고 일반화된 세계무역으로 복귀하는 것은 '상상할 수 없게 되었다."
"히틀러가 실행한 것처럼 유럽의 생활을 의도적으로 재조직할 때 우리가 바라는 결과를 비로소 얻을 수 있다!"
(『노예의 길』256~260쪽)

하이에크는 카의 이런 발언에 대해 "카 같은 천부적 재능을 가진 영국 학자가 이런 말을 할 것이라고 누가 상상했겠는가?"라고 개탄한 후 "이 모든 것을 알고 나면, 누구도 그의 책에서 '전쟁의 도덕적 기능'이라는 소제목을 발견한다고 해서 별로 놀라지 않을 것"이라며 카를 맹렬히 비판한다.

"카 교수는 19세기 전통에 흠뻑 젖어 '좋은 의도'를 가진 사람들-특히 영어 사용권 사람들-이 전쟁을 몰상식하고 맹목적인 것으로 간주하는데 이것은 안타까운 일이라고 연민을 보인다. 반면 그는 '사회적 연대감을 위한 가장 강력한 도구'인 전쟁이 창출하는 '의미와 목적의 생생한 느낌'에 대해서는 기쁨을 감추지 못하고 있다. 카 교수의 이런 태도는 과거의 독일에서 매우 친숙하게 보던 현상이다. 그러나 누가 카 교수와 같은 영국 학자의 저술에서 이런 견해를 발견하리라고 예상이나 할 수 있었겠는가?"

"전쟁에 도덕적 기능이 있다"는 허황한 말을 믿는 지식인들은 물론, 영국 정치 지도자들 가운데도 사회주의 계획경제가 바람직한 경제체제라고 본 사람이 적지 않았다. 전시 비상경제 상황이 초래한 후유증이었다. "평화의 시기에도 의회의 승인을 받은 경제계획을 통해 경제 전체를 전시와 같이 하나의 사무실, 하나의 공장처럼 조직함으로써 더 합리적으로 '더 큰 평등'이나 '직업과 소득의 보장'과 같은 사회주의의 이상을 민주주의와 함께 실천할 수 있다는 생각이 커다란 인기를 얻었던" 것이다.129)

영국 사회에 닥칠 사회주의 계획경제의 위험을 직감한 하이에크는 저술을 통해 지식인과 정치인 등 사회 지도층의 각성을 촉구하기로 한다.

"경제 전체를 조직화하려는 사상적 흐름이 궁극적으로는 독일에서 나치의 등장을 초래했고, 소련에서는 레닌주의와 스탈린주의에 도달하도록 하였음을 직시한 하이에크는 영국의 지식인들과 정치인들에게, 특히 이 책을 바친 모든 정당의 사회주의자들에게 이런 사회주의의 길이 '자유'의 길이 아니라 '독재'와 '노예'로 가는 길임을 밝히기 위해, 이 책을 썼다."130)

하이에크의 경고에도 불구하고 2차 대전 승리 직전인 1

---

129) 『노예의 길』(김이석 역, 자유기업원) 역자 서문.
130) 『노예의 길』역자 서문.

945년 7월 영국 국민은 전쟁 승리를 이끈 보수당을 외면하고 사회주의 노선을 걸어온 노동당을 선택한다. 사회주의 노동당이 정권을 장악한 기간에 승리국인 영국 경제는 피폐해졌다. 반면 미제스-하이에크적 자유주의 시장경제를 따른 패전국 독일은 눈부신 발전을 이뤘다. 영국 경제는 종전 30년이 지나, 하이에크 신봉자 마거릿 대처가 총리로 뽑힌 이후 비로소 성장 가도로 방향을 틀 수 있었다. 30년! '승자의 저주'를 보여주는 이 이상의 아이러니는 없다.

젊을 때 하이에크는 사회주의자였다. 오스트리아 빈의 상류층 집안에서 태어난 그가 사회주의자가 된 것은 1차 세계대전에 참전하면서 전쟁의 참상을 직접 겪었기 때문이다.[131] 전장에서 돌아와 1921년 빈대학에 입학한 그는 경제학과 법학을 선택했다. 나중에 그는 "경제학 자체보

---

131) 하이에크는 조부(생물학)도, 외조부(법학)도 학자인 집안에서 태어났다. 아버지(식물학)도 학자였고 두 형(물리학, 화학)도 학자였다. 하이에크가 친가를 대표하는 학자라면, 외가 쪽 대표는 동갑내기 철학자 루트비히 비트겐슈타인(1899~1951)이다. 철강업으로 재산을 쌓아온 비트겐슈타인 집안은 오스트리아 최고 부자 가문이었다. 어머니가 친정에서 방대한 토지를 유산으로 받은 하이에크의 집안 역시, 비트겐슈타인의 집안만큼은 아니었지만, 빈 상류층 어느 집안과 어울려도 크게 기울지 않는 부자였다. 하이에크는 비트겐슈타인 외에도 물리학자 에르빈 슈뢰딩거(1887~1961), 생물학자 콘라트 로렌츠(1903~1989) 같은 당시 오스트리아의 문화적 경제적 엘리트 집안의 아이들과 가까이 지낸 사이였다.

다 인류를 전쟁에 밀어 넣는 원인을 찾아 전쟁을 막기 위해 경제학을 공부하기로 했다"라고 말했다. 전쟁으로 피폐해진 오스트리아, 상상하지 못한 궁핍과 기아에 짓눌린 오스트리아 사람들의 삶은 전장에서 갓 돌아온 청년 하이에크에게 "사회주의가 그 해답이 아닐까?"라는 생각을 불어넣었다.

그는 통신병으로 이탈리아 전선에 투입됐다. 알프스산맥의 한 줄기인 눈 덮인 돌로미테의 험난한 암벽을 올라 유리한 고지를 선점하려는 오스트리아와 이탈리아의 전투에서는 양측 합해 약 110만 명이 총과 대포, 그리고 혹한에 희생됐다.132) 그도 한쪽 귀가 먹었다. 전쟁이 끝나고 빈으로 돌아온 그는 빈의 거리에서 전쟁 이상으로 참혹한 모습을 매일 목격했다.

파리와 함께 유럽의 세련된 문화를 이끈, 화려하고 풍성하며 섬세하고 아름다운 빈은 사라지고 가난과 굶주림에 짓눌리는 도시로 전락했다. 클림트와 쉴레, 말러와 슈트라우스, 슈니츨러와 무질 같은 화가와 음악가와 문학인들을 자랑하던 도시는 거지와 부랑자와 날품팔이와 좀

---

132) 돌로미테 전선은 총연장 400마일이었다. 이 길고 황폐한 전선에서 펼쳐진 2년여의 전투에서 이탈리아는 689,000명, 오스트리아는 400,000명의 생명이 사라졌다.

도둑, 죽지 못해 몸을 파는 여자들의 도시가 됐다.

"전쟁에는 도덕적 기능이 있다"라는 카의 말이 '헛소리'에 지나지 않음은 슈테판 츠바이크도 증언한다. 미제스와 같은 해 빈에서 태어난 츠바이크(1881~1942)는 빈을 사랑하고 빈의 예술과 빈 사람을 사랑한, 이 시기 오스트리아를 빛낸 문필가이다. 외국에 있다가 전쟁이 끝나고 빈에 돌아온 츠바이크는 그 도시를 덮친 가난, 그 절망적 상황을 자서전『어제의 세계』에 그림처럼, 동영상처럼 생생하게 담았다. 6·25전쟁 직후 서울을 뒤덮은 암울하고 절박한 풍경과 전혀 다르지 않다.

그에 따르면 히틀러의 지시로 '독일-오스트리아인'이라고 불리도록 강요당한 오스트리아인 600만~700만 명 중에서, 빈에서만 벌써 200만 명이 추위에 얼어 굶주리고 있었다. "오스트리아를 여행하려면 마치 북극지방을 탐험하는 것 같은 준비가 필요"한 게 당장 눈앞에 닥친 엄혹한 현실이었다.

맨 처음 빵 배급표와 육류 배급표가 나누어지기까지 굶지 않도록 스위스가 허락하는 한도 내에서 식료품과 초콜릿을 휴대했다. 아무리 비싸도 수하물은 보험에 들었다. 대부분의 수하물차는 약탈되었고, 구두 하나, 옷 한 가지가 둘도 없는 것이었기 때문이다. 내가 이와 꼭 같은 준비를 한 것은, 10년 뒤 러시아로 한 번 여행했을 때뿐이었다.

빈에 돌아온 츠바이크의 눈에는 굶주리고 헐벗은 채 처절하게 파괴된 도시의 폐허를 유령처럼 헤매는 사람들의 비참하고 끔찍한 모습만이 비쳤다. 6·25전쟁이 지나간 직후 서울을 뒤덮은 암울하고 절박한 풍경이다.

처음으로 나는 기아라는 것의 위험한 황색 눈을 보았다. 빵은 까맣게 부서져 역청과 점토의 맛이 났다. 커피는 불에 태운 보리의 끓인 즙이고, 맥주는 누런 물이고, 초콜릿은 색깔이 다른 모래이고, 감자는 얼어 있었다. 대부분 사람은 고기의 맛을 잊어버리지 않기 위해 집토끼를 사육했다. 우리 뜨락에서는 젊은 사나이가 일요일 요리로 작은 다람쥐를 쐈다. 영양이 좋은 고양이나 개는 상당히 오래 산보한 뒤에는 집으로 돌아오는 경우가 드물었다. 사나이들은 거의 전적으로 옛 군복 차림이 아니면 러시아의 군복 차림을 하고 다니고 있었다. 그들은 그 군복을 보충 부대나 병원에서 가지고 온 것이고, 그것을 입고 이미 여러 사람이 죽었던 것이다. 낡은 자루로 만든 바지도 드물지는 않았다. 거리 위의 쇼윈도는 약탈당하기라도 한 것처럼 빈 채로 있었고, 석회 칠은 습진처럼 파괴된 집에서 흐물흐물 떨어졌고, 분명히 영양부족인 사람들은 간신히 일자리로 몸을 이끌고 가는 것이었다.133)

 빈 대학에 입학한 하이에크는 미제스를 만난다. 미제스와의 만남으로 사회주의에서 벗어난다. 자칫하면 깊이 빠질 뻔했던 '노예의 길'에서 벗어난다. 미제스가 미래를 이끌어나갈 '젊은 세대'를 위해 쓴 『사회주의』를 읽은 후, 미제스의 그 유명한 사설 세미나에 참석하면서, 미제스와 같은 직장에 다니면서 철저한 자유주의자의 길을 걷는다.
 하이에크는 미제스가 『사회주의』 독일어판 서문에서 "명확한 안목과 열린 마음을 가진 새로운 세대가 자라고 있다. 그들은 사심이 없고 편견에 치우치지 않은 관점에서 사물들에 접근할 것이고, 저울질도 하고 검토도 할

---

133) 전쟁의 참상을 전한 츠바이크의 글은 『어제의 세계』(곽복록 역, 지식공작소) 358~366쪽에서 발췌.

것이며, 생각도 할 것이고, 사전에 숙고하고 난 뒤 행동할 것이다. 이 책은 그들을 위해서 쓴 것이다"라며 사회주의 물결을 가로막아 주리라 기대한 '**새로운 세대**'를 대표하게 됐다.

하이에크는 빈 대학 2학년 때 『사회주의』를 읽었다. "이 책을 읽은 우리 젊은 세대 중 누구도 세상이 절대로 예전과 같지 않음을 알았다"가 그의 독후감이다. 당시 빈의 지식사회를 지배한 사회주의의 분위기에 대항하기 쉽지 않았지만 『사회주의』를 읽은 후 미제스의 논리를 인정하지 않을 수 없었다는 토로다. 세계를 사회주의적 시각만으로 봐서는 안 되겠다고 자각한 것이다. 하이에크는 사회주의 세상을 동경했던 친구들도 미제스를 읽고 '전향'하게 됐음을 아래와 같이 고백했다.

"우리가 당장 그것을 모두 소화했다는 것은 아닙니다. 그러기에는 그것은 너무나 강한 약이었고 너무나 쓴 알약이었습니다. 그러나 모순을 불러일으키는 것을, 그를 이끌었던 사상들을 다른 사람들에게 스스로 생각하게 만드는 것은 혁신자의 주요한 기능입니다. 비록 우리가 저항하려고 했고, 심지어는 그의 불온한 생각들을 우리 체제 밖으로 내몰고자 엄청나게 노력했지만, 우리는 성공하지 못했습니다. 그 주장의 논리가 가차 없는 것이었기 때문입니다." "그것은 쉽지 않았습니다. 미제스 교수의 가르침은 우리가 믿도록 길러졌던 그 모든 것에 반하는 쪽으로 보였습니다. 당시에는 유행하는 모든 지적 주장들이 사회주의로 향한 것처럼 보이고, 지식인 중에 거의 모든 '훌륭한 사람들'이 사회주의자일 때였습니다. 비록 그 책의 즉각적인 영향력이 우리가 바라는 것만큼은 크지 않았지만, 그것이 가졌던 큰 영향력은 어쨌든 놀라운 것이었습니다. 그것은 당시의 젊은 이상주의자에게는 자신이 희망을 걸고 있는 모든 것에 도전하는 것을 의미했습니다." (『사회주의』 1,154··1,155쪽 역자 해설)

 미제스가 자유주의 시장경제를 사회주의가 위협하게 된 이유를 "도시에 새로 거주하는 사람들은 겉으로만 시민이 되었을 뿐, 사고방식은 시민이 아니었기 때문"이라고 분석한 것처럼 하이에크도 비슷한 논리로 분석한다. 다만 미제스가 '도시'라는 공간을 빌려 설명한 것과는 달리 하이에크는 '현대에 살고 있는 원시공동체'라는 시간 개념에 담아 설명한 게 다를 뿐이다.
 하이에크는 18세기 초반 네덜란드와 영국에서 활동했던 사상가 버나드 맨더빌[134])의 말을 빌려 "사람들은 원시시대 인간이 살았던 최초의 환경인 소규모 집단에 무한한 매력을 느낀다. 그러나 이와 동일한 모습을 현대의 대규모 사회에 접목하려는 시도는 유토피아적이고, 폭정에 이르게 된다"라는 말로 사회주의가 동력을 얻게 된 이유를 설명하는 한편 그 종말은 사회주의의 폭정이라고 단언했다.

하이에크 사상 전파자인 민경국[135)]에 따르면 하이에크의 사회주의 비판은 "폐쇄적이었던 소규모 원시사회의 모럴(이를테면 '사회정의')을 열린 현대사회에 적용하려는 헛된 노력에 대한 비판"이다. "원시 씨족사회의 질서 원칙인 '연대'는 규모가 커진 열린 사회의 질서 원칙에 어울리지 않는다"라는 하이에크의 발견을 민경국은 자신의 저서 『하이에크 자유의 길』에서 아래와 같이 설명하고 있다.

"원시 씨족사회 같은 소규모 그룹은 개인들이 서로를 알고 있는 사회이다. 소규모 그룹의 구성원들은 각자 그

---

134) Bernard de Mandeville(1670~1733)에 관해서는 이 책 6장 각주 32 참조.
135) 민경국. 전 강원대 교수. 한국하이에크소사이어티 회장. 『국가란 무엇인가』, 『하이에크, 자유의 길』, 『자본주의의 오해와 진실』, 『자유민주주의란 무엇인가』 등의 저서를 통해 한국에 하이에크 사상을 확산시켜왔다.

그룹의 다른 구성원들에 대해 적극적인 의무를 지니고 있고, 그들의 욕구에 자신의 행동을 적응시켜야 한다. 즉 원시사회의 질서 원칙은 '연대의 원칙'이었다. 300만~400만 년 동안 인류는 이러한 도덕적 감정 속에서 살아왔다. 그렇기 때문에 연대의 원칙이라는 소규모 그룹의 도덕적 감정은 인간의 본능에 고착되어 있다.

그러나 거대한 사회, 열린 사회에서 인간이 살아가는 방법은 원시적인 소규모의 닫힌 사회, 즉 자연적 질서에서 그들이 살았던 방법과는 완전히 다르다. 열린 사회의 인간은 '연대 규범체계' 대신에 계약의 충실성을 인정하고, 타인들의 소유를 존중하며, 타인들에게 가한 피해에 대해서 그리고 자신의 행위에 대해서 스스로 책임을 지며, 또한 타인들의 노력과 실적을 높이 평가하는 도덕적 심성 속에서 생활한다. 그들은 원시사회에서처럼 추장이나 지도자의 명령에 따라 사는 것이 아니라, 위와 같은 도덕규범 체계 속에서, 즉 추상적인 행동 규칙 속에서 스스로 자신의 목적을 설정하고 자신의 지식을 이용하면서 그리고 스스로 책임지면서 생활한다.

거대한 열린 사회에 소규모의 폐쇄된 사회의 도덕규범으로부터 기원한 사회정의를 실현하려는 노력은 원시사회로의 회귀를 의미하고, 따라서 그것은 시장 질서 및 거대한 사회의 기초가 되는 도덕규범을 파괴할 뿐, 필연적으로 실패할 운명에 처해 있다."136)

나에게 애덤 스미스를 만나고 싶다는 생각을 품게 한 러셀 로버츠도 결혼해서 가족을 꾸린 사람, 즉 가정이라는 폐쇄적 사회에 살면서 직장이라는 열린 사회에도 적응해야 하는 현대인의 모습으로 하이에크의 이런 생각을 설명한다.

"경제적 상호작용을 시작하는 동시에 결혼을 하고 가족을 꾸린 사람이라면, 두 세계 간의 극명한 차이를 확실하게 느끼게 된다. 사랑하는 배우자와 자녀들, 그들과 만들어가는 세계는 따뜻하다. 반면 손익 계산에 따라 협력이 이뤄지는 이해타산적인 세계는 차갑기 그지없다.
　우리 삶에는 이렇게 다른 두 개의 세계가 존재한다. 그러나 우리는 그 두 세계의 차이를 받아들일 준비를 미리 하지 않는다. 하이에크가 치명적 자만에서 지적했듯, 현대인이라면 누구나 동시에 두 세계에서 살아야 한다. 하이에크에 따르면, 사람들은 사회생활을 가족생활처럼 만

---

136) 민경국 『하이에크 자유의 길』, 455~457쪽 요약

들고 싶어 한다. 가족의 평등한 문화를 사회 전체로 확대함으로써, 사회의 경제를 또 다른 버전의 가족으로 만들려고 한다는 주장이다. 하이에크는 그러면서 사회를 가족처럼 만들려는 시점에 바로 독재가 탄생한다고 경고했다."[137]

1923년 법학박사가 된 하이에크는 오스트리아 정부의 전쟁부채청산청에서 일했다. 이 기관의 책임자는 미제스였다. 하이에크는 미제스 아래에서 일하는 한편 빈에서 가장 중요한 경제학 연구기관이 된 미제스의 사설 세미나에도 열심히 참여하면서 경제학 지식을 넓혔다. 세계적 대공황을 눈앞에 둔 1927년에는 미제스와 함께 경기변동연구소를 설립했다. 불황의 원인은 무엇인가, 불황은 언제 닥치는가를 연구하는 경기변동이론은 당시 경제학계의 중심 과제였는데, 하이에크는 1931년 이 이론을 주제로 런던경제대학(LSE)에서 강의할 기회를 얻게 됐다.
케임브리지 대학의 존 메이너드 케인스를 싫어했고, 케인스 이론-불황에는 정부가 개입해야 한다는-을 받아들이지 않았던 런던경제대학 교수 라이오널 로빈스(1898~1984)의 초청으로 런던에 간 하이에크는 "정부는 어떤

---

[137] 러셀 로버츠 『내 안에서 나를 만드는 것들』 298쪽

경우에도 경제의 흐름에 직접 간섭해서는 안 된다."라는 자유주의 이론-미제스의 뿌리 위에서 자신이 발전시킨-으로 케인스 비판 강연을 성공적으로 마쳤다. 이를 계기로 하이에크와 미제스는 경제에 관한 정부의 간섭 등을 주제로 수년에 걸친 논전을 벌이게 된다.[138] 하이에크는 곧바로 런던경제대학 교수가 되었고, 오스트리아가 나치 독일에 합병된 1938년에는 시민권을 얻어 영국에 머무르게 된다.

1944년 3월 영국에서 출간된 『노예의 길』은 여섯 달 뒤 미국에서도 나왔다. 시카고 대학 출판부가 내놓은 이 책은 "미국 독자들에게 호소력을 발휘할 수 있을까?"라는 관계자들의 우려가 무색하게 커다란 반향을 일으켰다. 이 책을 "슬프고 분노에 찬 소책자"라고 소개한 뉴욕타임스의 서평 등에 힘입어 초판 2,000부는 금세 매진되고 5,000부씩 재판에 재판을 거듭하다가 곧 1만 부로 인쇄 부수가 늘어났다.
  이듬해 4월 '리더스 다이제스트'가 출판한 『노예의 길』 축약본은 60만 부 이상 배포됐다. 한국에서는 1954년에

---

[138] 하이에크와 케인스의 논쟁은 니컬러스 웝숏의 『케인스와 하이에크』(부키, 김홍식 역) 참조.

첫 번역본이 나왔으며, 이후에도 여러 자유주의 학자들이 새로이 번역해 내놓았다. 시카고대학 출판부는 1994년 4월 『노예의 길』 출간 50주년을 맞아 '50주년 기념판'을 내놓았다. 이 기념판 서문은 밀턴 프리드먼이 썼다. 다음은 프리드먼이 쓴 서문의 마지막 부분.

"출판된 지 50년이 지나면서 시카고대학 출판부는, 장정본으로 8만 천 부, 보급판으로 17만 5천 부, 합계 25만 부가 넘는 부수의 『노예의 길』을 판매하였다. 시카고대학 출판부의 첫 보급판은 1956년에 출판되었다. 하이에크의 아들 로런스에 따르면 『노예의 길』은 거의 20개의 외국어로 번역본이 출간되었다. 이에 더해 동유럽이 철의 장막 아래 있을 때 『노예의 길』은 러시아어, 폴란드어, 체코어, 여타 다른 언어들로 몰래 번역되어 유통되었던 것으로 추정된다. 하이에크의 저술들, 특히 이 『노예의 길』이 우리 자본주의 진영뿐만 아니라 철의 장막에 있던 공산주의 진영에서도 공산주의에 대한 신뢰를 붕괴시키는 데 기여한 중요한 지적 원천이었음에는 의심의 여지가 없다."

『노예의 길』 출판은 하이에크의 명성을 높여줬을 뿐 아니라 그의 지적 지평을 활짝 넓히는 계기가 됐다. 그의 지적 관심은 경제학을 넘어서 정치학 심리학 진화론 언어학 사상사 뇌과학 법학 등등 전방위적으로 확장됐다.[139] 민경국에 따르면 "특히 이 책은 하이에크가 경기변동론이나 또는 화폐이론과 같은 좁은 의미의 경제학 대신에 넓은 의미의 경제학으로, 요컨대 사회철학으로 학문적 지평을 넓히는 계기였다."

 미제스처럼 하이에크도 '사람은 알아서 하는 존재', 즉 자유로워야 하는 존재라고 봤다. 미제스가 인간은 평등하지 않게 태어났기 때문에, 즉 인류는 지름이 똑같은 원들의 모임과는 다르기 때문에 서로 알아서 하는 존재가 됐다고 밝혀낸 것처럼 하이에크는 '자생적 질서'라는 개념으로 인간은 알아서 하는 존재가 됐음을 증명한다.

'자생적 질서(Spontaneous Order)', 혹은 '확장된 질서(Expanded Order)'는 광대한 하이에크의 학문적 지평을 꿰고 있는 일관된 개념이다. 하이에크는 도덕, 전통, 관습, 법 등등 인류가 지키려 노력해온 모든 질서를 '확장된 질서'라고 불렀다. 확장된 질서는 신의 명령에

---

139) 애덤 스미스도 『도덕감정론』과 『국부론』을 쓴 이후 관심을 법학으로 돌려 법학책 저술을 필생의 목표로 삼았으나 병으로 인해 이루지 못했음을 생각하면 스미스의 꿈을 하이에크가 이뤄줬다는 느낌도 든다.

의해 만들어진 것도 아니고 몇몇 뛰어난 지도자가 고안해낸 것도 아닌, 오랜 인류의 역사에서 스스로 생겨난 '자생적 질서'라고 말했다. 하이에크는 1988년 『치명적 자만』140)에서 "너희는 너희에게 필요한 것이 무엇인지 아무것도 모른다. 우리가, 국가가, 위원회가 다 알아서 해주겠다라는 치명적 자만 때문에 사회주의는 멸망할 수밖에 없다."라고 쓰면서 자생적 질서에 대해서 설명했다.

"이 책은 우리 문명은 그 발단에서뿐만 아니라 보존도 정확하게 인간 협동의 확장된 질서, 다소 **오해의 소지가 있는 표현이긴 하지만** 좀 더 일반적인 표현을 사용한다면 자본주의의 질서에 의존하고 있음을 논증하려고 한다. 우리의 문화를 이해하기 위해서, 우리는 확장된 질서가 인간의 기획이나 의도에서 나온 것이 아니라 스스로 생겨났다는 사실을 이해해야만 한다. 확장된 아무런 의식 없이 어떤 전통과 주로 도덕적 실천을 따르는 과정에서 발생하였다. (하지만) 확장된 질서 가운데 많은 부분은 사람들이 싫어한다. 보통 사람들은 그 질서의 의미를 이해하지도 못한다. 그 질서의 타당성을 증명하지도 못

---

140) 『치명적 자만』은 하이에크의 마지막 저서이다. 2014년 자유기업원에서 신중섭 역으로 국내 출간됐다.

한다. 그럼에도 불구하고 그 질서는 그것을 따르는 집단들의 진화적 선택(인구와 부의 상대적 증가)에 의해 대단히 빠르게 퍼진다. 이러한 실천에 대한 무의식적이고, 내키지 않고, 고통스럽기까지 한 적응은 그 집단을 하나로 묶어주고, 다양한 정보에 접근할 수 있는 계기를 증가시켜줌으로써, 그들이 '생육하고, 번성하여 땅에 충만하고, 그리고 땅을 정복할 수 있게'(창세기 1 : 18) 해주었다. 아마도 이 과정은 인간 진화에서 우리가 최소한 인정해야만 하는 과정이다."(『치명적 자만』 저자 서문)

하이에크가 치명적 자만 서문에서 자본주의 질서를 언급하면서 "다소 오해의 소지가 있는 표현이긴 하지만"이라는 조건절을 단 이유는 '자본주의'라는 용어가 자본소유자와 프롤레타리아 사이에 실제로 존재하지 않았던 이익의 충돌을 실제로 초래했기 때문이라고 봤기 때문이다. 그는 자본소유자의 특별한 이익에 봉사하는 체제를 연상시키는 이 용어가 프롤레타리아를 자극하고 있다며 자본주의 대신 시장경제라는 용어가 더 만족스럽다고 말했다. 치명적 자만 서문에서 그의 말을 직접 들어보자.

자본주의와 사회주의라는 두 개념은 모두 오류가 있으

며 정치적으로도 편견이 있는 말이다. 특히 자본주의라는 말은 (1867년에 마르크스도 이 말을 알지 못했으며, 사용하지도 않았다) 1902년에 좀바르트[141]의 '근대 자본주의'에서 처음 사용됐으며 "사회주의에 대한 자연적 반대체제로서 갑자기 정치적 토론을 불러일으켰다." 이 개념은 자본소유자의 특별한 이익에 봉사하는 체제를 연상시키기 때문에, 당연히 이익을 받는 사람의 반대편에 있는 사람, 즉 프롤레타리아를 자극하였다. 프롤레타리아는 자본소유자의 활동에 의해 생존하고 증식할 수 있었다. 실제로 어떤 의미에서는 자본소유자가 프롤레타리아를 낳았다고 할 수 있다. 자본소유자가 인간 사이의 친교의 '확장된 질서'를 가능하게 하였다는 점은 참이며, 이러한 사실이 어떤 자본가를 그들의 노력의 결과로서 자본가라는 이름을 자랑스럽게 받아들일 수 있도록 했다. 그럼에도 불구하고 실제로 존재하지 않았던 이익의 충돌을 말하는 것은 불행한 일이다.

협력에 대한 확장된 질서를 부를 수 있는 더 만족스러운 이름은 독일에서 들어온 '시장경제'라는 개념이다. 그러나 시장경제는 엄격한 의미에서 실제로 시장경제가 아

---

141) Werner Sombart(1863~1941). 독일의 경제학자. 마르크스의 영향을 받아 계급투쟁 사관을 믿었으나 나중에는 민족사회주의를 주장하며 나치즘에 접근했디.(네이버 지식백과)

니고, 약간의 명시적 특징을 공유하고 있지만 특징 모두를 결코 공유하지 않은, 많은 사람이 상호작용하는 개인경제의 복합체이다.

하이에크의 '확장된 질서', '자생적 질서'는 스미스의 '보이지 않는 손'이다. 스미스가 "보이지 않는 손이 인류를 풍요롭게 해주고, 그 풍요가 인류를 자유롭게 했다"고 생각한 것처럼 하이에크는 확장된 질서가 인류에게 풍요와 자유를 가져왔다고 생각했다. 확장된 질서를 무시하는 사회주의에 의해 이 풍요와 자유가 위협받고 있지만 사회주의는 자체의 모순 때문에 망하게 된다고 예언했다. 그의 예언이 현실이 됐음은 우리가 너무나 잘 아는 사실이다.142)

어떤 이들은 "20세기 말 동서냉전에서 서방이 이겼기에 21세기 들어서 '평등'을 강조하는 사회주의가 자본주의라고 불리는 자유주의 시장경제보다 열등한 것으로 인식되고 있을 뿐이다. 냉전에서 사회주의가 이겼더라면 21세기 이후의 세계 질서는 지금과 사뭇 다를 것"이라고

---

142) 1990년 12월, 무너진 장벽을 넘어 동독 사람들이 서베를린으로 쏟아져 들어올 때 서독 프라이부르크 대학병원에 노환으로 입원한 하이에크는 아들에게 "얘야, 내가 뭐랬니. 사회주의는 무너진다고 하지 않았니?"라며 TV에서 눈을 떼지 않았다고 한다. 민경국 『하이에크, 자유의 길』 하이에크 연보.

사회주의에 미련을 버리지 않고 있다. 이런 사람들에게 하이에크는 "그래서 -불가능한 경제적 평등을 목표로 삼았기에- 사회주의가 진 것 아닌가?"라고 되묻고 있을 것이다.

하이에크는 '자생적 질서'가 생기고 발전하면서 인류사회에 자리 잡아온 과정을 '진화론'적으로 설명한다. 하이에크가 의지한 진화론은 찰스 다윈에 기원을 두는 진화론이 아니다. 오히려 그는 다윈의 진화론은 17세기 초 스코틀랜드 계몽주의의 일각에서 탐구된 언어의 진화에 주목한 애덤 스미스 등의 영향을 받았다는 견해다. 말하자면 계몽주의자 몬도보 경143) 등이 연구, 발표한 언어 진화 과정이 스미스의 도덕철학과 경제학에 녹아들어 갔고 다윈은 스미스 등과 교류했던 할아버지 이레이즈머즈 다윈의 영향을 받아 스미스의 철학과 경제학을 공부했으며 그런 과정을 겪은 후『종의 기원』을 썼다는 생각까지 하고 있다.

하이에크는 한 걸음 나아가 "생물학에서조차 엄격히 말하면 '진화론적 변화는 일반적으로 자원의 효용을 최대

---

143) Lord Monboddo(1714~1799). 스코틀랜드 판사. 언어의 발전을 연구해 '비교언어학 역시' 연구이 선구자로 꼽힌다. (위키피디어)

한 높이는 방향으로 일어나며, 진화는 자원의 최대한 이용이라는 노선을 맹목적으로 따른다'"라고 보았다. 그는 또 "윤리학은 자원을 할당하는 방식에 관한 연구"라는 생각도 품고 있었다. 자연 속의 자원을 서로 나눠 갖는 인간(생물) 사이에는 어떤 원칙 혹은 규칙이 존재하는가, 그 원칙과 규칙은 누가 정했고 어떻게 작동하게 되었는가를 연구하게 된 것이 윤리학이라는 생각이다.144)

"진화의 이념은 자연과학에서보다 인문학과 사회과학에서 더 오래된 생각일 뿐 아니라, 나는 다윈이 진화론의 기본적인 생각을 경제학에서 취하였다는 주장을 전개할 준비가 되어 있다. 다윈은 진화론을 구상할 때인 1838년에 애덤 스미스를 읽고 있었다."145)

'자생적 질서'가 생긴 과정을 설명하는 하이에크의 글을 되풀이해 읽다가 "우리는 서로 갈고닦아주며, 일종의 원만한 부딪힘을 통해 서로의 모서리와 거친 면을 갈아 없애준다"라는 섀프츠베리의 성찰이 떠올랐다.146) 자생적 질서는 인류에게 '서로 원만한 부딪힘'을 유도해 온 과정

---

144) 『치명적 자만』 1장
145) 『치명적 자만』 부록
146) 이 책 6장. '암스테르담의 자유' 참조

이라는 생각이 들었다.

 강 상류의 **날카로운** 돌멩이들은 하류로 쓸려 내려오면서 **서로 부딪혀** 모서리가 깨지고 다듬어져 **동글동글, 예쁜** 모양이 된다. 처음부터 예쁜 돌멩이는 없다. 높은 산, 강의 상류 먼 계곡에서 출발해 때로는 빠르게, 때로는 눈에 띄지 않을 정도로 아주 천천히 물길에 쓸려 내려오면서 예쁘게 모양이 잡힌다. 돌들은 하류의 얕고 평온한 곳에 모여 평안하고 평화로운 조화를 만들어낸다. 아주 별종이 아닌 한, 인간은 누구든 날카로운 돌멩이보다는 예쁜 돌멩이를 더 좋아한다.
 자생적 질서가 나타나는 과정은 '인간의 날카로운(이기적인) 본능이 동글동글한(배려하고 양보하는) 성격으로 변해온 과정'이 아닐까? 상류의 뾰족한 돌이 예쁜 돌멩이로 변한 것이 명령이나 계획을 따른 결과가 아닌 것처럼 인류가 문명사회를 이뤄 살게 된 것도 신을 포함 어느 누구의 명령이나 계획에 따른 것이 아니지 않을까? 오랜 세월 살아오면서, 문명의 물결에 휩쓸려 내려오면서, 성격이 동글동글해야만 다른 사람들과 어울리고, 다른 사람의 인정을 받을 수 있음을 깨우친 결과가 현재의 우리 문명 아닐까?

자유롭기 위해서는 자유주의 시장경제를 따라야 하며 사회주의를 피해야 한다는 『노예의 길』 이후 하이에크가 도덕과 법과 법치주의에 깊은 관심을 보인 것은 자연스러운 흐름이다. 그 관심은 1960년에 출간한 『자유 헌정론(Liberty of Constitution)』과 1978년에 나온 『법, 입법, 그리고 자유(Law, Legislation and Freedom)』, 그리고 『치명적 자만』으로 나타났다.

 그는 자생적 질서 속에서 관습 전통 도덕법 등 '자유'를 구속하는 '추상적인 규칙'들이 탄생했다고 봤다. 세찬 물결 속을 오래 굴러 내려온 돌멩이 가운데 부드럽게, 약하게 부딪힌 것들만이 동글동글 예쁘고 탐스럽게 다듬어진 것처럼 인류도 자생적 질서를 통해 형성된 도덕과 법이라는 추상적 규칙을 통해 서로 불필요한 부딪힘을 줄이고 있다고 생각했다.

"모든 사람을 위한 최대의 자유를 어떻게 확보할 것인가? 이러한 자유는 추상적인 규칙에 의해 모든 사람의 자유를 균등하게 제한함으로써 확보할 수 있다. 간단히 말하면 공통의 구체적 목적은 공통의 추상적인 규칙으로 대치되었다. 정부는 오직 이러한 추상적 규칙을 시행하고, 다른 사람의 강제에서 개인을 보호하고, 그의 자유

영역에 대한 다른 사람의 침범을 막는 데 필요하다. 공통의 구체적 목적에 대한 강제적 복종은 예속과 다름없지만, 공통의 추상적 규칙에 대한 복종은(여전히 성가시긴 하지만) 비상하게 가장 많은 자유와 다양성의 영역을 제공한다. 다양성은 관련된 질서를 위협하는 혼란을 초래할 것이라고 여겨지기도 하지만, 더 많은 다양성은 더 많은 질서를 가져온다는 사실이 밝혀지게 되었다. 따라서 제한에서의 자유와는 다르게 추상적 규칙에 충실함으로써 얻을 수 있는 자유는 프루동147)이 지적했듯 **"질서의 딸이 아니라, 질서의 어머니다."** (『치명적 자만』 129쪽)

『자유헌정론』, 『법 입법 그리고 자유』 등 법과 자유에 관한 하이에크의 저술을 읽다가 법학책 저술을 필생의 업으로 삼았으나 신병이 심해지는 바람에 이루지 못한 스미스의 뜻을 그가 이어받은 게 아니냐는 생각이 들었다. 법이 자유를 보장해주고 자유가 풍요를 가져온다고 생각한 경제학자라면 법의 탄생과 발전, 어떤 법이 옳고 어떤 법이 그른가에 관심을 두는 게 당연하지 않을까?

---

147) 피에르 조제프 프루동(Pierre-Joseph Proudhon. 1809~1865). 프랑스 철학자, 스스로를 아나키스트(무정부주의자)로 칭한 최초의 인물이다.

법학에 쏟은 스미스의 관심은 지대했다. 법학에 관한 스미스의 관심은 도덕감정론 마지막 판본인 제6판 저자 서문에 간략하지만 절절한 울림을 주는 문장으로 실려 있다.

"이 책의 제1판 마지막 문단에서 나는 또 다른 논저를 통해서, 정의(正義)에 관련된 것뿐만 아니라 경찰(警察), 세입(歲入) 그리고 군비(軍)에 관련된 것, 그리고 법(法)의 대상이 되는 모든 것에서 법과 정부의 일반원리와 이 원리가 서로 다른 시대와 시기에 겪었던 큰 변화를 설명하도록 노력하겠다고 말한 바 있다. 국부론에서 나는 이 약속 중 일부를 수행했는데, 적어도 그곳에서 경찰, 세입 그리고 군비의 문제는 다루어졌다. 나머지, 즉 내가 오랫동안 계획했던 법학(法學) 이론에 관한 약속을 지금까지 이 책을 수정하지 못하게 하였던 동일한 여러 가지 일거리들 때문에, 이행하지 못하고 있다. 이제 내가 늙어 이 작업을 만족스럽게 수행할 수 있으리라는 기대가 거의 없다는 사실을 인정하면서도 나는 아직 이 계획을 전부 포기하지는 않았고, 또한 내가 할 수 있는 것을 해야겠다는 의무감을 계속 갖고 싶기 때문에, 30년 전에 썼던 것을 그대로 남겨 두기로 마음먹었다. 그때 나는 내가

공언한 모든 것은 수행할 수 있을 것으로 믿어 의심하지 않았었다." (『도덕감정론』 6판 서문)

스미스는 왜 '법학책'을 쓰지 못하고 늙어가는 것을 아쉬워했는가? 젊을 때부터 앓아온 장폐색이 곧 자기 목숨을 앗으리라는 것을 예감하면서도 "아직 이 계획을 전부 포기하지는 않았다"라고 법학책에 애착을 보였는가? "어떤 인간이든 더 나은 삶을 살려면 자유로워야 하고, 모든 사람이 자유로워지려면 정의가 지켜져야 하며, 정의가 지켜지려면 법이 지배하는 사회, 법치가 기본인 사회가 되어야 한다"라고 믿었기 때문일 것이다.

누구도 자유롭지 않고는 자기 삶을 개선할 수 없다. 노예나 하인에게는 선택권이 없다는 사실을 떠올리면 지극히 당연한 말이다. 정의는 다른 사람의 자유를 인정하는 것이다. 다른 사람의 생명과 재산을 그 사람의 것으로 인정하지 않고 멋대로 빼앗는 순간은 그 사람의 자유가 사라지는 순간이다.
스미스의 이런 생각이 압축된 것이 '정의는 기둥, 선행은 장식'이라는 불멸의 명제이다. 이 책 3장에서 이미 이 명제를 살펴본 바 있지만 여기서 한 번 더, 다시 곱

씹어 보는 것이 한국에 정의와 공정, 법치를 뿌리내리게 하는 데 도움이 될 것이다.

스미스는 "'선행(Beneficence),' 즉 남의 불행을 안타까이 여기는 심정, 남을 돕는 행위는 권할 만한 것이기는 하지만 건물에 비유하면 건물을 아름답게 꾸미는 장식이므로 꼭 그렇게 하라고 권할 필요는 없다"라고 보았다. 하지만 정의(Justice)는 건물을 지탱하는 기둥이므로 누구나 그것을 꼭 지켜야 하고, 지키지 않는 사람에게는 지키도록 강제해야 한다고 말했다. "정의가 사라지면 위대하고 거대한 인간사회라는 구조물은 순식간에 사라지고 말기 때문"이다.

스미스는 독자들이 이 말을 더 쉽게 이해하도록 다음처럼 바꿔 말하기도 했다. "정의의 준칙은 문법에, (선행을 비롯한) 나머지 준칙은 글을 고상하고 격조 높게 쓸 수 있는 방법에 비교할 수 있다. 문법은 정밀하고 정확하며 없어서는 안 되지만 나머지 글쓰기 원칙은 모호하고 명확하지 못하며 절대적으로 확실한 지침을 주는 것은 아니다." 글을 써서 소통하려면 최소한의 문법에는 맞아야 한다. 고상하고 격조 높고 아름답게 쓰는 것은 그다음 일임을 안다면 스미스가 하려는 말의 뜻이 파악된다.

그렇다면 정의는 무엇인가? 무엇이 정의인가? 스미스는 육체적 힘이든 정치적 권력이든 권력이 남의 것(생명도 포함된다)을 빼앗는 것을 보고 분노하는 감정이 정의감이라고 보았다. 이웃이 억울하게 생명이나 재산을 빼앗기는 것을 본 사람들이 나는 저런 꼴을 당하지 말아야겠다는 각오, 빼앗긴 사람들에 대한 공감, 앗아가는 자들에 대한 분개가 형성된 순간이 정의감이 생겨나기 시작한 때라고 봤다.

스미스는 '도둑의 사회에도 정의가 있다'는 다소 시니컬한 분석으로도 정의가 중요함을 거듭 강조한다. "만약 강도와 살인자들 사이에서도 어떤 사회가 존재하려면, 주지하는 바와 같이, 적어도 그들 간에 서로 강탈하거나 살해하는 것을 자제해야만 한다. 따라서 자혜(慈惠-선행)는 사회를 유지하는 데 있어서 정의보다 덜 중요하다. 비록 최선의 상태는 아닐지라도, 사회는 자혜 없이도 존속할 수 있다. 그러나 불의의 만연은 사회를 철저히 파괴해 버린다."

정의를 강조한 스미스의 논점은 이제 법의 탄생 과정과 법을 지켜야 하는 당위, 법치가 정의를 지키는 유일한 길이라는 것으로 넘어간다.

"현재 소유하고 있는 것을 박탈당하는 것은 단지 기대하고 있을 따름인 것을 얻지 못하게 되는 것보다 더 큰 해악이다. 따라서 우리가 소유하고 있는 것을 빼앗아 가는 소유권의 침해, 즉 절도, 강도는 우리가 기대하던 것을 실망시키는 계약의 위반보다 무거운 범죄다." "위반했을 때 가장 강한 보복과 처벌이 요구되는 법은, 우리 이웃의 생명과 신체를 보호하는 법이며 그다음은 그의 재산과 소유권을 보호하는 법이며 마지막으로 소위 개인적 권리, 바꾸어 말하면 다른 사람과의 약속으로부터 그가 기대하는 것을 보호하는 법이 중요하다." 스미스가 '법학책'을 썼다면 아마 이 지점에서 시작되지 않았을까? 나는 이런 생각을 하면서 하이에크가 『노예의 길』 이후의 저작에서 법과 법치의 뜻을 전하는데, 삶의 대부분을 바친 이유도 여기에 있을 것이라고 믿기로 했다. 스미스의 후계자임을 내놓고 말하기보다는 스미스가 착수하지 못한 법학을 완결하는 것으로 그 역할을 수행한 것이 아니냐는 생각이다.

하이에크는 '사회적 (Social, Socio)'이라는 접두어를 벌레 보듯 싫어했다. 그는 『치명적 자만』 7장에 사전에서 찾아낸 이 접두어가 붙은 단어 160개를 알파벳 순으로 여러 페이지에 나눠 싣고는 이중 어느 것도 좋은 의미로 사용되지 않고 있다고 썼다. 또 사회적이라는 접두어가 가족사회 지역사회 학교사회 공동체사회 민족사회 등등 수많은 사회 중 어느 것을 가리키는지 명확히 밝히지 않은 채 무조건 '사회적'인 것은 좋다고 했을 때는 그 의미가 헷갈릴 수밖에 없다는 게 그의 소신이었다.

 앞에서 언급한 '사회(적)정의'라는 사회주의 모토의 허구를 하이에크의 이런 주장으로 밝혀낼 수 있을 것 같다. "사회정의를 이뤄야 한다"는 말은 분배를 골고루 평등하게 해서 차이나 차별 없는 사회를 만들자는 뜻으로 쓰인다. 여기서 차별 없는 사회는 수많은 사회 중 어떤 사회를 지칭하는 것인가?
 가족끼리도 평등한 분배를 이루지 못해 피를 뿌리기까지 하는 참담한 비극은 세계 도처에서 거의 매일 쏟아진다. 가족사회에서도 평등한 분배가 불가능한 이런 상황에서 소위 민족사회 국가사회의 평등한 분배가 가능할까? "사회라는 나쁠 것도 좋을 것도 없는 중립적 단어가 사회적이라는 접두어로 변하면 무조건 '선한' '착한' '좋은'이라는 의미로만 쓰이고 있는 게 옳은 거냐"는 하이에크의 질문에 사회주의자들은 어떻게 대답할 것인가?

하이에크는 분배라는 개념도 자유의 원리와 어긋난다고 봤다. 분배는 누군가가 무엇을 가른다는 것이다. 그 누군가는 누가 정하는가? 그 누군가가 공정한 분배를 한다고 믿는 근거는 무엇인가? 왜 그가 꼭 분배를 해야 하는가? 누가 그에게 분배할 권리를 부여했는가? 하이에크는 이런 의문을 던져 놓고 '분배는 자연스럽게, 어떤 인위적인 것도 작용하지 않는 상태에서 이뤄져야 한다"고 했다. 그게 인류가 자생적 질서를 통해 시장을 구축하고 그 시장을 통해 자신의 용역과 생산물을 교환해온 과정이라는 게 하이에크의 결론이었다.148)

하이에크는 "우리 시대 인간 양심의 가장 훌륭한 표현 가운데 하나"149)라고 최고의 찬사를 받은 유엔 인권선언도 비슷한 이유로 비판한다. 예를 들어 "모든 사람은 노동시간의 합리적 제한과 정기적인 유급휴가를 포함하여 휴식과 여가의 권리를 가진다"는 인권선언 24조에 대해 하이에크는 "농부나 에스키모 같은 사람들은 합당한 노동 시간의 한계와 정기적인 유급휴가를 비롯한 정의롭고 호의적인 보수에 대한 권리를 보장할 수 있는 어느 한

---

148) 『법, 입법 그리고 자유』 9장 1절 요약
149) 요한 바오로 2세, 1995년 제55회 유엔 인권선언 선포 기념 축사

조직의 고용된 구성원이 아니라는 점을 인권선언 작성자들은 결코 생각하지 못했다"라고 꼬집었다.

이러한 조항이 선언 이상의 의미가 있으려면 농부나 에스키모도 규정의 범위에 들어야 하는데, 그들은 누구에게 합당한 노동시간과 정기적 유급휴가를 요구해야 하는가, 하는 합리적 의문의 제기다.

"모든 사람은 공동체의 문화적 삶에 자유로이 참여할 권리를 가지고 있어야 한다"는 인권선언 27조 1항에 대해서도 하이에크는 "여기에서의 모든 사람은 또 누구이며 이들에게 문화적 삶에 자유롭게 참여할 권리를 보장해줘야 할 사람은 또 누구인가"라는 식으로 묻고 있다. 모호하고 명확하지 못한 권리 개념은 "무책임한 게임을 하는 것에 지나지 않고, 그 결과 권리에 대한 존경심이 파괴될 수 있을 뿐"150)이라는 지적은 적절하고도 적실한 주장이 아닐 수 없다.

하이에크는 1974년 기이하게도 사회주의적 경제학자였던 스웨덴의 군나르 뮈르달151)과 함께 노벨 경제학상을 받았다. 1970년대는 케인스적 시각이 세계 경제학계의

---
150) 『법, 입법 그리고 자유』 9장 보론.
151) Gunnar Myrdal(1898~1987). 스웨덴 경제학자. 『아시아의 비극』, 『풍요에의 도전』 등의 저서가 있다.

주류를 이루고 미제스와 하이에크 같은 자유주의자들의 생각은 변방으로 밀려나 있을 때다. 그런 판에 노벨상 주관자들이 하이에크에게 상을 준 것은 당시의 기준으로는 '사건'이었다.

오늘날 뮈르달은 잊혔고, 하이에크는 여전히 살아 있다. 구글에서 뮈르달로는 947,000개가 검색되지만, 하이에크는 7,970,000개가 검색된다. 1973년 하이에크에 앞서 노벨 경제학상을 받은 미국 경제학자 레온티예프의 검색 결과도 734,000개에 불과하다. 하이에크는 1978년 전경련 초청으로 방한했다. 몇 차례의 강연과 기자회견에서 그가 자유와 경쟁, 시장의 가치를 역설했음은 물론이다.

하이에크를 읽는 것은 자유에 관한 우리의 의식을 날카롭게 벼르는 도정이자 지적 탐험이기도 하다. 예술 분야를 제외한 거의 모든 분야를 망라한 그의 지식 체계를 따라가 보는 것은 글 읽는 사람의 즐거움이다. 그러나 하이에크의 책, 문장은 어렵다. 술술 읽히지 않는다.

"뒤로부터 되감아 올라가는 그의 긴 문맥 연결에 얼마나 수고하셨는가. 그에게서 시달리다 현실의 정책 프로그램들을 자주 언급하는 프리드먼류 책은 오히려 쉽게 여겨지리라." 민경국 등과 함께 '하이에크 소사이어티'를 결성했던 김행범152)은 2022년 5월 하이에크 탄생 123주년을 맞아 SNS에 공개한 글에서 하이에크의 저술을 읽어낸 독자들을 이렇게 격려했다.

그는 또 "수많은 국가가 실패한 근간에는 위대한 이상향에 대한 환상이 있었다. (…) 근래 우리 사회를 교묘히 현혹하는 차별 없는 세상, 인민이 주인 되는 나라가 그것이다. (…) 하이에크는 국가가 위대한 유토피아의 환상을 덧입고 나타나 개인 위에 올라설 때 인류의 자유는 가장 큰 비극을 맞게 된다는 사실을 갈파하고자 했다"라며 "하이에크 저술의 함의는 '나에게 자유를 달라. 내 행복은 내가 알아서 하겠다'라는 것"이라고 요약했다.153)

하이에크를 읽으면서 행복을 느끼는 사람은 이미 자유로운 사람이다.

자유에 관한 미제스와 하이에크의 언명 몇 개를 살피면서 이 책을 끝내는 것이 좋겠다는 생각이 든다.

1. 인간은 목적을 선택하는 것과 목적을 달성하는 데

---

152) 김행범(1957). 부산대 교수. 한국공공선택학회 초대 회장. 제도경제학회 부회장. 주요 저서는 『새 테마 행정학』『정책학: 이론과 사례의 통합』『나쁜 민주주의』『오스트리아 경제학파의 고급 입문서』 등이다.
153) 『내 마음속 자유주의 한 구절』(복거일·남정욱 엮음, 살림) 중 김행범 「자유만 달라, 천국은 개인이 만들겠다」.

사용되는 수단을 선택하는 것이 허용된 한에서만 자유롭다. 인간은 서로 양립할 수 없는 목적을 달성할 수는 없다.

2. 소비자의 자격 면에서도 인간은 그에 못지않게 자유롭다. 자기 자신만이 무엇이 그에게 더 중요한지와 덜 중요한지를 결정하기 때문이다. 그는 자기 자신의 의지에 따라 그의 돈을 어떻게 써야 할지를 선택한다.

3. 시장경제를 계획경제로 대체하는 것은, 개인에게 모든 자유를 없애고 단순히 복종할 권리만을 남긴다. 모든 경제 문제들을 지휘하는 당국은 한 개인의 삶과 활동의 모든 면을 통제한다. 당국이 유일한 고용주다.

4. 시장경제가 그 구성원들에게 부여한 경제적 자유가 제거되는 순간, 모든 정치적 자유와 권리장전들도 빈껍데기가 된다.

5. 자유는 사회에서 타인에 대한 강제가 가능한 한 줄어든 인간조건이다.

6. 자유는 전적으로 사람과 다른 사람간의 관계를 가리킨다. 자유에 대한 유일한 침해는 다른 사람의 강제이다.

7. 자유는 바람직하지 않은 것의 부재를 뜻한다.

(1~4는 미제스『인간행동』4부 2장 '자유', 5~7은 하이에크『자유 헌정론』1부)

참고 도서

<도덕감 정론> 박세일 민경국 역, 비봉출판사
<국부론> 김수행 역, 동아출판사
<Account of the Life and Writings of Adam Smith> Dugald Stuart
<Life of Adam Smith> John Rae
<The Life of Adam Smith> Ian Simpson Ross, Clarendon Press, Oxford
<Adam Smith: An Enlightened Life> Nicholas Phillipson , Penguin Books, London
<세속의 철학자들(Worldly Philosophers)> 로버트 하일브로너, 장상환 역, 이마고
<지식경제학 미스터리(Knowledge andn the Wealth of nations)> 데이비드 워시, 김민주·송희령 역, 김영사
<지식인과 사회> 이영석, 아카넷
<근대세계의 창조-영국 계몽주의의 숨겨진 이야기(The Creation of the Modern World-the Untold Story of the British Enlightenment)> 로이 포터, 최파일 역, 교유서가
<내 안에서 나를 만드는 것들(How Adam Smith Can

Change Your Life)> 러셀 로버츠, 이현주 역, 세계사
<무신론자와 교수*(The Infidel and the Professor)>* 데니스 라스무센, 조미현 역, 에코리브로
<반항하는 인간*(Homme Révolté)>* 알베르 카뮈, 김화영 역, 민음사
<클래식 영국사> 박지향, 김영사
<제국의 품격> 박지향, 북21
<죽도록 즐기기*(Amusing Ourselves to Death: Public Discourse in the Age of Show Business)>* 닐 포스트먼, 홍윤선 역, 굿인포메이션
<괴테와의 대화> 요한 페터 에커만, 장희창 역, 민음사
<지상의 인간*(Albert Camus: A Biology)>* 허버트 R. 로트먼, 한기찬 역, 한길사
<재능*(The Gift)>* 블라디미르 나보코프, 박소연 역, 을유문화사
<영혼의 일기> 니코스 카잔차키스, 안정효 역, 열린책들
<인간행동> 미제스, 박종운 역, 지식을 만드는 지식
<사회주의> 미제스, 박종운 역, 지식을 만드는 지식
<루트비히 폰 미제스, 삶과 업적 핵심 정리> 머레이 라스바드, 바른북스
<세기말 빈> 칼 쇼르스케, 김병화 역, 글항아리

<세기말과 세기초: 벨 에포크> 판 빌리하스 김두규 역, 까치글방
<자본주의 정신과 반자본주의 심리> 미제스, 김진현 역, 한구경제연구원
<케인스와 하이에크> 니컬러스 웝숏, 김흥식 역, 부키
<노예의 길> 하이에크, 김이석 역, 자유기업원
<치명적 자만(The Fatal Conceit)> F.A. 하이에크, 신중섭 역, 자유기업원
<자유 헌정론(The Liberty of Constitution)> F.A. 하이에크, 김균 역, 자유기업센터
<법, 입법 그리고 자유(Law, Legislation and Freedom)> F.A. 하이에크, 민경국 이화용 역, 자유기업센터
<어제의 세계> 슈테판 츠바이크, 곽복록 역, 지식공작소
<꿀벌의 우화> 버나드 맨더빌, 최윤재 역, 문예
<하이에크 자유의 길> 민경국, 한울아카데미
<내 마음속 자유주의 한 구절> 중 김행범, 「자유만 달라, 천국은 개인이 만들겠다」.

후기

"우리가 역사에서 거듭 발견하는 것은, 사고 면에서 자유주의 세계가 강하게 진보적 성장을 보이는 시기, 부가 노동의 분업 발전과 함께 증대하는 시기와 폭력의 원리가 우월성을 획득하고 노동의 분업이 쇠락해서 부가 줄어드는 시기가 서로 교대한다는 점이다."-미제스

지금은 역사를 교대하기에 딱 좋은 시기다."
최근 수년간 한국의 자유주의 정신을 황폐케 하고, 경제적 풍요를 위축시켜온 가짜 진보, 위장 민주 세력이 스스로 모순을 드러내면서 퇴보하고 있기 때문이다.
나는 이 거룩한 교대가 조금이라도 더 일찍 이뤄져, 우리의 머리와 가슴 속에, 우리의 삶 속에 자유주의의 공기가 흡입되기를 바라면서 이 책을 썼다.
그 공기가 다시 우리에게 정신적 물질적 풍요를 가져올 것이라고 확신하면서, 지난해 5월 이후 나와 같은 생각을 하는 사람이 점점 많아지고 있음을 확인하면서.

2023.4 성복동 광교산 기슭에서

감사를 드려야 할 분들

김필년: 내가 이 책을 그나마 알차게 쓰려면 꼭 읽어야 할 책들을 소개해줬다.
김달진: 일일이 거론할 수 없을 정도로 이 책을 씀에 도움을 많이 줬다. 이 책 제목에도 그의 아이디어가 크게 들어 있다.

이 책을 쓰고 있다는 사실을 페이스북을 통해 알고 댓글로 응원을 보내준 '페친' 여러분에게도 감사를 드린다.

그리고 누님, 형님들, 아내와 두 딸 내외. 보고 있기만 해도 내가 행복한 이유가 되는 세 손녀 ….